U0455337

洪晓丽 著

早期儒家

A Study on the Evolution of
Early Confucian Concepts of Individual and Community

群己观念
流变考

社会科学文献出版社
SOCIAL SCIENCES ACADEMIC PRESS (CHINA)

目　录

第一章　当代中西哲学视域下的
"群"与"己"

　　群体之于人类社会具有根基性意义。在中国文化中，个人不是原子，而是在社会关系连续体中的关联性存在，人的价值是在其与家庭、他人发生关联的环境中产生的。儒家自先秦开始就在自身的理论逻辑中嵌入"群-己"问题的思考，论"群己之辨"，明"有群"之义。奠基于以"仁"为核心的伦理学之上，儒家对"群""己"的理解在于"走出自我而走向他人"。从本体论上看，儒家认为人存在的本质并不是个体的独自生存，而更取决于人的关系。儒家的"自我"，是在共同体中形成的非孤立个体，是与共同体共在的个体，而"仁"是个体通向共同体的交往方式和规范。儒家的"群"，则体现了人们生活在共同体的理想，人只有在与他人的交往过程中才真正成为共同生活的整体。① 既关注作为个人的他者，更重视作为他者而延伸的共同体，是儒家群己观念的基本立场。

第一节　问题的缘起

　　儒家思想曾一度陷入意义危机，即儒家的传统观念在当今社会还有意义吗？如果答案是肯定的，那么它在当代中国社会又该如何存在？自近代以来，随着传统社会向现代社会的转型，社会政治制度发生巨大改变，儒学的现代困境不言自明。列文森说："儒家思想在产生它并需要它的社会

---

① 陈来：《仁学本体论》，生活·读书·新知三联书店，2014，第82~84页。

开始解体之后，变成一片阴影，仅仅栖息在少数人的心底，无所作为地被像古玩一样珍爱着。"① 甚至余英时也从社会制度的层面指出，随着 20 世纪以来传统社会制度和结构的解体，儒学与这些制度和结构的联系中断，于是现代儒学成了一种"游魂"。② 然而，儒家思想自辛亥革命以后，是不是真的"退居于人心而无所作为"？ 如果就儒家的基本价值、思想方式、行为特性而言，显然并非如此。正如杜维明所指出的，虽然从发生学上看，儒家与农业经济、官僚制度、家族社会有密切关联，深深扎根于中国的经济、政治和社会，但既不能把儒学简单还原为家族主义、官僚主义、反商主义，而且也不能认为社会根柢被摧毁，儒家思想就因此丧失了它作为人文关怀和伦理宗教的意义，这些关怀和意义与现代世界仍相关。③ 李泽厚也认为，"孔学在历史中已渗透在广大人民的观念、行为、习俗、思维、情感之中，自觉或不自觉地成为人们处理事务、关系、生活的基本原则和方针，构成了中华民族的某种共同的心理状态和性格特征，积淀为一种文化—心理结构。它不完全、不直接依赖于经济的基础或政治的变革，具有相对的独立性。它作为一种比较稳定的心理结构和民族性格，具有适应不同历史阶段和阶级内容的功能与作用"④。

尽管 20 世纪以来的现代新儒家思想与当代儒家哲学的发展依然活跃，它们对儒学的现代困境也作出了相当程度的哲学回应，甚至在现代哲学的领域中占据了重要地位，但儒学在现代中国社会政治和思想文化层面的重置依然是一个需要不断探索的问题。在新的世纪开启以来，我们需要关注的问题：儒学中的思想观念如何在新的历史条件下存在并发挥其在社会结构、政治制度以及社会生活中的作用？从宏观上看，问题意识的变化意味着社会与时代的发展，只有对儒学的思想传统（包括它和社会、政治的互动）进行深入细致地研究，才能真正认识到传统观念的断裂与延续，才能对中国文化的未来发展有真正的文化自觉，也才能回应儒学现代性转型的

① 〔美〕杜维明：《探究真实的存在》，载《儒家传统的现代转化》，中国广播电视出版社，1993，第 518 页。

② 余英时：《现代儒学论》，上海人民出版社，1998，第 230～233 页。

③ 〔美〕杜维明：《儒家传统的现代转化》，中国广播电视出版社，1993，第 517～518 页。

④ 干春松：《制度儒学》，上海人民出版社，2006，第 2 页。

挑战。

在现代个人与共同体关系微观视野下，重新理解儒家传统群己观念及其关系的转化，是儒学传统的核心价值与现代社会、政治相贯通的一种思考进路，也是重新认识传统-现代社会转型的一个重要视角。具体而言，从早期儒学就已经发端的对于个人与共同体的整体性观念是如何在儒家的仁学和心性学说的构建中形成、发展并进而影响到整个传统文化的？到了近现代，我们又何以反思这种整体性在传统之中获得对个人与共同体的现代性理解？为了回应这些重要的问题，首先就需要对早期儒家群己观念及其流变进行初步的考察，然后才能进行下一步的深入探索。

近代以来，在西方社会与政治思潮的影响下，以群己观念为代表的传统儒学思想观念一方面成为接续现代个人与国家的重要思想资源，另一方面也成为现代文明价值的对立批判之物。为了更好地发掘儒学中蕴含的具有现代性的群己观念，探讨其如何在后现代文明条件下发挥调和作用并与当下文明价值相对比，我们有必要厘清儒家群己观念在不同历史时期的衍变，分析其对中国传统社会秩序与政治理念的建构影响，并勾勒其与现代社会和政治思想的贯通与隔阂。因此，一方面，本书以"个人与共同体"的现代论域为背景，以孔子为代表的早期儒家之"群己"观念的建构为线索，梳理其观念结构、内容生成及其在近代的转化。另一方面，本书结合哲学分析与观念史研究的方法，旨在展现儒学中除"心性"观念之外的"群己"观念在早期儒家思想中的形成和发展。

第二节　观念的论域：传统群己范畴 与现代的个人-共同体

自滕尼斯从社会学的层面深刻阐明人类群体生活包括两种结合的类型开始，从人类现实中抽象概括出的共同体与社会就成为理解人类群体生活的基本形态表述。滕尼斯指出，共同体类型主要是建立在自然基础之上的群体（家族、宗族）；此外，它也可能在小的、历史形成的联合体（村庄、城市）以及在思想的联合体（友谊、师生关系等）里实现。滕尼斯还认为，共同体是建立在有关人员本能的中意，或者习惯制约的适应，或者与思想有关的共同记忆之上的，"共同体是一种持久的和真正的共同生活"，"是一种原始的或者天然状态的人的意志的完善的统一体"①。在人类发展史上，共同体的类型早于有目的建立的、人类结合的"社会"类型。

社会产生于众多个人思想和行为有计划的协调，个人预计共同实现某一特定目的会对自己有利，因而聚合在一起共同行动。社会是一种目的的联合体，社会也是一种"人的群体，他们像在共同体里一样，以和平的方式相互共处地生活居住在一起，但是基本上不是结合在一起，而是基本上分离的"，"社会的基础是个人、个人的思想和意志"。在人类发展史上，"社会的类型晚于共同体的类型"，所以，"共同体是古老的，社会是新的"。② 与人类共同生活的这两种形态息息相关的是人的意志。对此，滕尼斯指出，"人的意志在很多方面都处于相互的关系之中，任何这种关系都是一种相互的作用"，"任何这种关系都是多数中的统一，或者统一中的多数。它是由促进、方便和成效组成的，它们相互间有来有往，被视为意志及其力量的表现。通过这种积极的关系而形成族群，只要被理解为统一的对内和对外发挥作用的人或物，它就是一种结合。关系本身即结合，或者被理解为现实的和有机的生命——这就是共同体的本质，或者被理解为思想的和机械的形态——这就是社会的概念"③。

虽然人类一开始就以群体的方式而存在，个体依靠群体力量得以在原初简单的自然条件下生存与发展，但明确的自我及其意识还处于混沌之中。群己意识的发生、区分，开始随着人类生活的发展和改变而逐渐清晰。首先，在共同的劳动活动中，分工和协作的经验促使人们产生了"我"与"他"的区分意识。这种区分意识，随着劳动分工的进一步细化而逐渐得以明晰和强化，初步形成了人对"群"与"己"的识别，并认识到群己关系的存在。其次，财产的所有权问题是"自我"出现的又一个重要因素。随着社会经济发展水平的不断提高，当个体对群体剩余劳动产品

---

① 〔德〕斐迪南·滕尼斯：《共同体与社会》，林荣远译，商务印书馆，1999，第42页。
② 〔德〕斐迪南·滕尼斯：《共同体与社会》，林荣远译，第77页。
③ 〔德〕斐迪南·滕尼斯：《共同体与社会》，林荣远译，第52页。

发生了个别所有权之时，"自我"之所有权的意识得以不断强化。由此，个人不仅意识到身体与他人的不同，还意识到附属于人身上的不同物的区别，群己意识得以在超越主体的领域形成。此外，在人早期的共同体生活中，个人能力的发挥和表现并不是整齐和平均的，而个别突出的个人以其某些特长与众不同，成为群体生活的重大需要。这种与众不同的非凡才能一旦在群体内获得认同，于是就出现了个体意识和特殊个体意识的区别，后者的出现使得在群之共同意识基础上又出现了特殊的"自尊"意识。①

早期人类群体在融合发展中不断构成更大的群体形式。在这一融合重构的过程中，自然会出现新旧群体之自我与他者，使"自我"意识的内容更加丰富，并愈发强化和清晰了群己关系的内涵。"总体上，在人类文明发展中，群己关系意识由于私有制度和王权而有明确的表达。氏族社会仅仅由于劳动工具的个体使用和食物的个体享用而产生了自我体验，由于财产个体化所带来的普遍化而形成明确的私有观念。"②"自我"意识就在此中获得了广泛的经济基础而进一步发展，形成一股向心力，即以"身"为中心吸附着周围的一切利于"身"的物事。于是，"自我"意识日趋成熟，超越了"身"的层面而具有更广泛、深刻的内容。

通过上述对共同体、社会以及个人自我观念的初步说明，可以发现，在早期儒家思想中无疑蕴含着类似现代对个人与共同体认识的原始认知。这种对个人与共同体的原初理解是以儒家建立在其道德理论之上的人我和群己关系的模式来表达的，从而决定了儒家的群己观念必定是在生动的人伦关系中得以确立的。儒家认为整个社会结构以个体自我为起点，由血缘亲情而至家、家族，再推而至国家、天下。"己"的规定是明确的，即个体自我。与"己"相对的"群"，包括家、国、天下诸层次形式。家是群体的基本面，国常常与君相等同，天下意味着整个人类社会。在儒家看来，"群"是一个多层次的开放性系统，需要从自我与他人关系上定位群己。自我是自己，个别的他人是他之"己"，可以说人人都有一个自我。区别于自我的诸多他人连同自我一起构成"群"。这种以人伦关系为联结

① 王齐彦：《儒家群己观研究》，中国社会科学出版社，2006，第3~4页。
② 王齐彦：《儒家群己观研究》，第4页。

的"群"，实际上就是一个人伦关系的超大网络，它网罗着所有的自我和他人，甚至所有的生命和自然物。在此形式上，人伦便具有了整体性的特征。

此外，这种"突出者"的自我确定和氏族成员对其认同，标志着儒家"自我"意识的成熟并有着强大的促进力量。其中，最有代表性的就是君王被民众认同后的鲜明自我意识的出现，君王自我意识的突出，原因之一在于其具有"强"力的自尊一面，以此而区别于其他一般个人。这种原始性的自我意识可以从典籍中找到诸多例子。

例如，《尚书·汤誓》所记载的商汤征讨夏桀前的动员词："夏德若兹，今朕必往。尔当辅予一人，致天下之罚，予其大赉汝！尔无不信，朕不食言；尔不从誓言，予则孥戮汝，罔有攸赦。"这里的"朕""予一人"都是君王的自称。《礼记·玉藻》也说："凡自称，天子曰予一人。"按《说文》，"朕"即"我"也；《尔雅·释诂》则说"朕，身也"。商汤的誓言明显传达出强者（君王）的自尊意识。可以说，这种君王的自尊是最强烈，也是最典型的自我意识的表现形式，从而区别于群体（邦国）之中的其他个人。这一强烈的自我意识的发展又囊括了群体（邦国）之中的其他个体，成为邦国整体的象征，即所谓"溥天之下，莫非王土；率土之滨，莫非王臣"。（《诗经·小雅》）称王天下的君主也就对民众承担着责任，最初的君王是不能"专利"的。

《国语·周语上》说："夫王人者，将导利而布之上下者也，使神人百物无不得其极。"履行对群体中其他人（个体）的普遍责任，是君王自我意识的更高层次的内涵，即在对群体的责任上表现出自我意识。如果君王失去这种责任心而只享利，则与匹夫无异。"匹夫专利，犹谓之盗，王而行之，其归鲜矣。"（《国语·周语上》）从这里可以看出，君王不专其利而成为群的象征与需要，其自尊的意识内涵之中已经初步显示"群"的意识以及对群己关系的协调。

《尚书·夏书·益稷》载："帝曰：臣作朕股肱耳目，予欲左右有民。"《尚书·夏书·五子之歌》则说："其一曰：皇祖有训，民可近，不可下。民惟邦本，本固邦宁。予视天下，愚夫愚妇，一能胜予。"可以看到，禹以民为邦国之根本，以"有民"为王者之象，这里的"民"并不是特指具体的个人，而是用来指代庶人以上的所有人，因此，"民"在这里更多是作为一种集合的概念。

在传统儒家思想文化中，并不缺乏对个人与共同体（社会、国家）、自我与他人关系的理解，只不过以其特殊而具体的方式——群己观念来传达相关的内涵。对于社会和人生的思考必然涉及对个人与共同体及其相互关系的独特认识，而儒家思想中包含的群己观念又特别关注了这个现实性的理论思考和理想实践。由于儒家伦理政治化和社会主体自觉意识程度的不同，它对于群己和群己关系的理解伴随着社会历史进程的发展呈现出动态变化的特点。因此，关注以孔子为代表的早期儒家群己观念的演进与流变，有助于我们反观近现代以来中国社会与政治变革中传统价值观念的利弊得失。从本书来看，如果说对早期儒家群己观念的追溯与哲学分析是研究的主旨，那么在儒学传统群己观念的延续之下如何理解现代的个人与共同体及其关系则是本研究的直接动因。

综上所述，从使用方法和范围来看，本研究并非以社会学的理论框架来考察早期中国思想所处的共同体（社会）的发生和特点，而是旨在借助对共同体的理解和界定，用哲学的方法分析儒家思想传统中与此关联的独特内容、问题边界以及核心概念。也就是说，我们是在现代所谓个人与共同体理念的基本视域中来考察在早期儒学中与此种理解范围相关的主要思想、观念和论题，包括以群己关系为核心所涉及的诸如"仁""礼""天下""成己""成人""公私""义利"等关联主题。在以孔子思想为代表的早期儒学中，"仁""礼""天下"等观念以及"群己之辨""义利之辨"等论域，都在某种程度上关涉现代个人与共同体的问题域。其中，这些关于人的自身（"己"），以及人类群体（"群"）的一些观念、思想和主题，在近代以后成为中国社会接续西方社会与政治文明的重要载体。这些思想观念的内涵在早期儒学研究中往往被置于心性儒学的研究之中而未能凸显出独立的价值，需要以新的研究形式被发掘和整理。

伴随着人类思想史的发展，涉及个人与共同体的儒学内容和观念与其他传统思想观念一起，持续融入传统社会的文化建构之中，至今仍影响着人们的生活，因而对这一主题的挖掘和研究也就具有重要的现实意义。需要注意的是，"个人""共同体"在不同的语境中可以有不同的内涵。这里，我们主要把"个人"理解为关于人之自我及其自我认识的个体，也即用儒家之"己"来概括。"共同体"虽以滕尼斯所规定的内容为基础起点，但它将会在本研究中根据不同讨论的中心语境而分别特指对社群、政治共同体、宇宙生命共同体等，即用儒家之"群"来表达。① 作为时刻生活于共同体中的独立个体，我们是现代的；而同时身处文化传统与现代文明融合之中，我们又是传统的。因此，立足于现代个人与共同体及其关系的问题视域，去重新整理、认识和发现文化传统中可与现代社会与政治发展相对比和会通的古典思想观念，在文化发展上，有益于我们在古今中外的双重维度中回溯并反思古典思想资源；在学术研究层面，则有助于进一步分析梳理古代儒学思想中所具有的多重维度；在社会实践中，更可以促进我们深入思考传统自我与现代自我双重身份下的共同体发展问题——新型社会关系的建立、制度理念的转换以及共同体价值的重构。

第三节　研究现状："群""己"问题及其关系的探索

一　传统"群己"观研究

在儒学研究中，群与己、个人与社会，都是个人与共同体关系的构成内容，而群与己、社会与个人历来是儒家特别关注的问题，对该问题的思考一直贯穿儒家思想演化的历史进程。先秦儒者早在春秋战国社会政治转变之际，对人及社会（共同体）本身展开省察和反思（陈来，2014），并逐步在"仁""礼"问题的探讨中形成了对群己及其关系的基本认识（杜维明，2002）。汉代以后，儒家的群己原则逐渐走向整体主义，进一步影响中国在文化和社会上形成独特的以伦理关系为本位的价值取向（梁漱溟，2005），进而形成中国传统社会乃至近现代社会群体秩序有别于西方社会

---

① 此外，狭义的（政治）个人与共同体及其关系在现代政治哲学领域中还涉及自由主义与社群主义之争的论题，将放在后续研究中展开，本书不专门讨论这部分内容。

的特点（张东荪，1968）。

20 世纪以降，以自由主义与社群主义为参照，传统儒家思想的现代价值开始得到关注与重视（狄百瑞，1983；任剑涛，2006），儒家群己思想作为独具特色的传统资源再次进入当今理论研究的视野。学界开始重新思考儒家群己思想的哲学内涵与价值，并由此产生了一系列积极成果。事实上，近代自严复迻译《群己权界论》为始，有康有为"自主之权"以及梁启超"新民说"，就重新申明"群"的现代内涵（黄宗智，2008），并试图以传统儒学对人的认识为基础，逐步导向对现代个体自由和个体权利的理解。在此之后，现代新儒家则着力从体用论和道德形而上学的进路探寻"己"之真我，以反思个人、族群和人类存在危机（马一浮，2013；熊十力，1956；牟宗三，2005），并将对个人（己我）的认识提升到非孤立且具有价值自觉能力的实体层面（余英时，2002）；另外，经由检讨儒学的特质，勾勒出"伦理本位的社会"结构及其与之相应的群己关系特点（梁漱溟，2005），并在此基础上意识到己与群二者相互显发且嵌入到自我与人群、物、天浑然一体的格局之中（冯友兰，2012；钱穆，2002）。可以说，19~20 世纪中期，群己问题的研究已初步展开，对群己的探讨各有侧重，或着重"群"的政治意蕴，或着重"己"的道德价值，又或强调群己关系在社会结构中的影响。

二 现代个人-共同体视域中的群己问题研究

20 世纪中后期到 21 世纪的群己问题研究，分别在上述基础上进一步推进与细化。研究者围绕先秦以来哲学史中出现的群己之辨，分析个体价值如何在群体认同和关怀中融入（杨国荣，2002；陈卫平，2005）；或者经由搭建自我与群体关系的变化谱系，认可传统中自我与群体认同的一致性价值取向（向世陵，2018）。有研究者在后现代价值系统中，反思传统群己观走向带来的问题（贺来，2006），强调根据儒家与西方对个体理解的差异来转化传统群己思想的价值（李景林，1996；孙向晨，2017），甚至提出了儒家社群主义的理论尝试（胡伟希，2006；谢晓东，2010），也有的在社会理论视野下检视儒家群己原则在构建中国传统社会人与人之间关系中的影响（费孝通，2008；范丽珠，2018），更有一些人注意到传统群己界线在概念层次上的模糊性会造成从传统向现代转变的障碍（金耀基，1992）。

值得注意的是，近年来以杜维明为代表，强调回归"仁""礼"来讨论群己关系。学者们认识到儒家的群观念通过"仁"将个体自我与共同体紧密联系（陈来，2014），"仁""礼"互动过程中个人道德自主性与社群伦理之间存在不可分割的内在关联（白奚，2008；林远泽，2016）。上述研究均不同程度地涉及对群己及其关系在政治、道德与社会领域的理解，代表了承古续今背景下的哲学思考，为群己思想的深入研究奠定了基础。

此外，20世纪以来，受自由主义与社群主义思潮的影响，儒家的群己思想作为重要资源进入海外汉学研究的视野，展现出非西方文明的独特价值。Herbert Fingarette（2002）的研究显示，儒家个体的发现来自人性在人类礼仪行为中的展开；与之相仿，艾琳·布洛姆（1989）也认为，对个人以及个人与社会不同结构之间关系的探究，是理解中国古代"人"之概念的核心。Henry Rosemont Jr.（1991）则注意到，儒家之"己"与抽象简化后"背负权利"的个体人完全不同，并非孤立的、抽象概念的"我"。接续 Rosemont 的思考，安乐哲（Roger T. Ames，2017）基于儒家角色伦理视角，讨论了儒家与原教旨主义的不同，并特别考察了由"修身"与"养性成仁"导出的特殊个人价值与趋群性感受。狄百瑞（W. Theodore de Bary，2012）则试图用"人格主义"（Personalism）来界定儒家传统中的"个体"，以区别于"个体主义"（Individualism）。海外学者的研究不自设藩篱，他们一方面指出现代个体主义意味的"个体"是儒家思想中所没有的，另一方面又以社群主义的视角重新审视儒家文化系统的礼法话语，体现了儒家群己思想研究的新进展。

上述观点揭示了儒家群己问题研究的重要性，但尚有以下可供挖掘的空间：（1）仅以哲学史为线索截取断面对儒家群己思想做点状研究，无法形成片状、清晰、深度、整体的理论推进。（2）以叙述儒家群己思想的主要内容、表现形态反映其固有价值传统，缺乏剖析群己概念及其关系的理论边界以清晰对应当前政治与道德的价值考量。（3）既有研究没有足够重视从道德、政治与社会的交叉共性上考察群己思想应对与衔接现代性的具体方面，凸显其非西方式传统哲学的思想特色。因此，儒家的群己思想研究需立足现代性转型的理论视野，重新考察其在儒学理论体系中的内在价值与逻辑结构，并通过当代理论系统的合理形式阐发其价值、重塑其意义构成。

要厘清以上问题，首先必须回到以孔子为代表的古典儒学思想体系中，去重新分析群己观念的生成、内容结构和意义流变，重新认识群己关系在近代以来的不同表现形式，并挖掘古典群己观念的现代性价值。需要注意的是，儒家的群己观念既不是西方个体主义式的，也不是社群主义式的，而是独特的、与儒家价值传统相统一的观念系统。只有在个人与共同体关系空间中恰当地理解儒家群己观念的现代意义，才能发挥传统儒学的思想观念对当代社会秩序和政治制度的有益影响。

第二章　问题与方法

在传统儒学研究的维度中，群己观念及其关系问题表征的是儒家的伦理政治思想及其意义；而在现代哲学的维度中，儒家群己观念则反映了传统社会中个人、共同体及其关系。按照波兰尼的"嵌入性"（embeddedness）概念，中国传统社会对人之群体或者共同体的意识是一种隐性的观念结构与观念存在，它们被嵌入到文化与思想的进程中，其所承载的哲学意义也不断融入当下观念存在的历时性语境之中。同样，在现代化进程的今天，只要我们身处人群、社群、国家、社会之中，我们也会不断意识到传统的"群""己"作为概念的使用与作为观念的存在，仍然在现实社会和思想活动之中延续和变化。

从现代性的立场出发，在具体的社会共同体或政治共同体的层面重新发现和理解个人与他者的关系时，我们同样无法忽略在自身特有文化传统中产生的"群""己"观念的认同。如果我们不能认识到自身思想文化传统的延续和割裂，那么我们将无法有效地说明中国传统社会、中国传统思想与现代西方思想文化对人与共同体理解的差异，事实上，这种东西方差异并非以任何一方为中心主义而归附另一方，而更多来源于多元思想文化下对人及其生活所有要素之共同性的不同认识与实践。

不同于西方近代以来以个体人为中心的自然权利关系而展开的人与人、人与社会的叙事，中国传统社会与思想文化中存在着基于独特的儒家群己观念而形塑出的人与人、人与社会乃至人与宇宙万物的关联叙事特点。其不同于现代意义的"集体"观念，它的出现与发展源于中国传统尤其是儒学传统对"人禽之辨"论题的思考及其由此所辐射出的对人自身、人与人、人与他者的理解与阐释。与西方源于人之自然性的个体人的认识与接受不同，中国以儒家文化为主流的传统思想更多是从一种"群"的视野看待自我（个人）及其与他者（家、国、社会）之间的关系。这种"群-己"的关系型认识深刻影响着中国社会与文化传统中的个人行为模式与价值取向，在近代以来社会转型中表现得尤为显著。

从研究对象上看，在当代哲学研究中，不管是从伦理学的视角还是从当代儒学研究的视角，都不乏对"群-己"关系或群己观的讨论，这些对传统"群-己"关系的梳理与阐释，一方面能够让我们从传统中汲取思想家们如何思考人及其所赖以生存的社会共同体的关系，另一方面也为我们提供了不同于当下社会生活的视角去观照个人与社会共同体的思想资源。上述意义，已经为学术界的诸多前辈和学者重视与发掘。然而，现有研究多将注意力集中在"群-己"观念与关系的描述层面，并未意识到在整个儒学传统"群-己"问题的背后，实际存在着一种在中国思想文化进程中不断形构的群观念。这样的群观念恰好是中国传统社会理解、处理并认同人与社会共同体关系的重要基础。换言之，儒家传统的群己观念正是建立在对"群"的认识基础之上的。

第一节　何以为"群"

在先秦思想家中，荀子首先明确将"群"作为重要的思想论题置于其政治哲学的核心。对此，梁启超曾在《先秦政治思想史》中评价荀子"群"的思想"最为精审"，更在《中国法理学发达史论》中称赞荀子是"社会学之巨擘"，荀子关于"群"的思想与"欧西学者之分类正同"。延续荀子的理路，梁启超通过沟通东西方群己观念之间所共同蕴含的社会政治伦理，重塑了近代中国人对现代社会与国家的认识。在此之后，借助于"群"观念和对群己关系的重新思考，近代思想家们带着"中国复兴自中国学术始"的期许，尝试引入近代西方社会和政治理论为改良中国提供理论依据。在"人生不能无群""明分使群""义为能群之本原"等已有传统儒家观念的基础上，近代中国理论界对群己关系的认识表现出某种符合现代社会政治伦理的转向。

尽管近代以来学者们曾致力于对"群"以及群己关系的社会政治价值和意义转向的思考，但在现代中国哲学研究视域中，与中国哲学中更具有哲学形而上学意味的核心概念研究相比，"心""性""理""气"等，"群""己"及其关系问题并没有得到足够的重视。在儒学思想研究中，围绕"心-性"思想展开的讨论一直是儒学的内核，或者说，从人性问题推展的思辨的道德形而上学研究一直是儒学思想研究的重点。因此，与儒学中的"仁""义""礼""智"，"心""性""情"，"理""气""道""器"等概念范畴相比，"群"这一概念范畴并不是儒家思想研究的主要关键词。近年来，随着政治哲学研究的复兴，对传统社会、政治思想的认识出现了新的局面，不过，他们所关注的多为对传统政治制度的经验反思，就儒学研究来看，多集中在道德政治方面，对"群"观念所涉及的人与社会共同体关系问题的讨论较少。虽然已有学者尝试用"整体主义"来概括传统思想中人与社会共同体的关系特点，但问题在于，就"整体主义"笼统模糊的字面含义看，很容易将人引入一种理解的误区，即整体主义对个人的无视、对个体的湮没，无法真正准确客观地表明儒家群观念在传统社会中的伦理价值。并且，"整体主义"也更容易遮蔽儒学传统思想中通过"群-己"观念所表达出来的观念结构与哲学内涵。相较而言，以"天下"观念为核心的研究叙事①更为深刻地推进了相关的哲学思考与理论反思。

此外，在儒学研究中，尽管荀子早在先秦时期就明确提出关于"群"和群己关系的一系列社会政治理论，但"群"和群己问题研究也似乎不如荀子思想中的"礼法""性恶""正名"等问题获得更广泛深入的关注与探索。可以说，不管是在现代哲学社会科学领域还是在当代中国哲学（史）研究中，群己观念都"备受冷落"，而且从概念、思想、观念的角度，其都没有得到应有的关注。之所以出现这样的情况，在于现代研究范式下以概念或观念为研究对象的特殊性。作为概念的"群""己"和作为观念的"群""己"，其内涵、外延以及内容构成在历时性的意义累积中既不完全相同又相互关联。因此，对于研究者来说，一方面需要考察其语义

---

① 主要以赵汀阳、唐文明、陈赟等的理论研究为代表。

的变迁和其所处文本的思想脉络来获得相对明晰的思想线索；另一方面还需要通过整合一系列与此交互的概念群或观念集合进行哲学分析、历史考察来厘清群己观念及其关系所辐射的核心内容、意义边界及其嬗变。

"群""己"从概念到观念，有不断的语义变化和意义积累，尤其在具体思想文本的表达中，又经常呈现出零散不成体系的观点叙述，或者反映为暗藏在文本之下的隐晦不彰的思想意识，甚至有时候则是作为一种逻辑前设的观念存在，比较不容易作为研究对象和分析样本，从而导致在传统的儒学思想研究中难以形成专门系统的讨论。在现代性的研究范式下，"群""己"观念的内容构成涉及一系列社会关系、社会结构和政治制度的设想，对此要展开更专业深入地梳理和讨论，需要在哲学研究之外综合历史学、政治学和社会学等现代研究方法。换言之，"群""己"观念并不类似宋儒构建的"理""气"那样，除了有相关的哲学形而上学结构和意义边界之外，还有实践性较强的伦理结构、秩序安排和制度设计需要予以考察。由此可见，对于"群""己"观念及其关系的研究需要综合诸如历史、文字、哲学、社会学、政治学等多个学科领域的研究方法和研究成果，其立体多面的研究进路，远远超出单一范式的传统儒学研究，具有相当的难度。

一 "群"字溯源

"群"字的使用早在殷商时期就已经出现，并在先秦时期逐渐具有了相对稳定的语义所指，经由早期思想家对人自身及其所处社会政治变迁的理论反思，逐渐形成了儒家对人伦与家国关系的认识结构。早期儒家对人和社会的认识，进一步形成了一种以"天下"叙事为核心的道德政治观念并延续影响古代中国传统的思想文化和社会政治。及至近代，"群"在新的语境下利用既有的观念结构并结合新的社会政治思想成为近代思想家重要的理论工具，影响了近代社会政治的变革。考察早期儒家思想中作为观念的"群"的形成时，首先需要了解在早期中国思想中，"群"作为文字概念的发展到观念形成的基本脉络。只有在这一基础上，才能进一步分析"群"概念如何在与其他重要思想来源的交互进程中，逐渐完成"群""己"

观念的塑造。这一方面有益于我们认识近现代以来"群""己"观念的变化及其意义重构，另一方面也有利于获得对传统思想和文化观念的吸收、整合，并对其哲学建构有整体性的理解。因此，无论是从学科理论的构建出发还是反思古今中外的思想交互，乃至重新理解思想传统的时代延续性，都非常有必要重新对"群""己"的发展、演化与变迁做一个梳理，以便于我们初步认识群己观念的原初形态。

"群"在古书中的用法，一表示数量多；二表示由大多数人群而形成的全体、整体及其表现出的独有的特征。王尔敏认为，中国对人群意义的了解，在古代就有缜密的思辨与发明，但到了后世却并未引起广泛注意，不再有新的发展。一直到 19 世纪末，由于知识分子的觉醒，才对"群"字意义有广泛的讨论和深层的思考。[①] 要追溯"群"的概念与观念，需要从"群"字的字形、字义出发，进而考察"群"字的使用及其历时性发展，包括"群"概念及其相关概念群的延展，及其在一定历史时段内意义演进的过程。

已有研究表明，见于传世文献的"羣"字，来自东周出土文献的"羣"字。早在殷商甲骨文中，就已经出现了"羣"字，只不过其字形字义都与后世的"群"有所不同。甲骨文中有从三羊或从四羊的字，学者有释为"羴"或"羶"，它们较可能为"羣"的初文本字，本意为群羊。由此，早先的"羣"字不用于指人群，而仅指羊群或兽群。比如《国语·周语上》："夫兽三为群。人三为众，女三谓粲。"这样一来，若将"羣"字之本义视作"羴"，其意仅在于描述羊多成聚，并没有强调字中之"君"义。殷商时期，"羣"的使用事实上与"众"相似，区别在于前者指兽，后者指人。因此，此时以"羴"为"羣"，群所体现的还只是"类聚"的意思，还没有出现群中的等级如尊卑主从，也就是所谓"群分"的含义与观念。这种"类聚"的思想，一直保留到从"君"的"羣"字的出现。[②]

根据冯时的考证，"群"字从其造字开始到后来字义的发展，还表现出一个从群聚到群分的发展进程。《说文·羊部》："羣，辈也。从羊，君

---

① 王尔敏：《中国近代思想史论续集》，社会科学文献出版社，2005，第 143 页。
② 冯时：《群聚与群分：荀子群学思想探源》，《中国文化》2019 年第 2 期，第 39~49 页。

声。"段玉裁注："若军发车百辆为辈，此就字之从车而言也。朋也，类也，此辈之通训也。《小雅》：'谁谓尔无羊，三百维群。'《犬部》曰：'羊为群，犬为独。'引申为凡类聚之称。"据此，"羣"以辈为训，意为同类、同等之称，暗含同和之意。用于指人的话，其根本的意思就是说同类之人，更进一步则可以理解为同类之人相聚可以为群，不同类的人无以成"群"。此外，"羣"之所以从"君""羊"的结构，无论是上下还是左右，都可以传达出不同的意思。

那么，早期的"群"观念是如何发展到有尊卑主从之"分"含义的呢？若从字形字义的演变所体现的思想起源看，这一变化主要通过对动物群体的观察自然产生，并随着后来人们将"群"从本指动物群体迁移用于指涉人类，"群"也就需要体现出尊卑主从的区别。一旦"群"之"分"的思想出现，这也就意味着一种初步对人禽之别的思考的出现。在这个意义上，当人类群体已不再与兽类群体相同，而体现为"类聚"的第一义时，以"君"为主导的"群聚"的意义就逐渐嵌入到"群"的概念理解之中，从而在字体上出现了从君从羊的"羣"字。①

冯时还指出，这种变"羴"为"羣"，或者说由指称羊群到指称人群的做法，至少在西周时期已经完成，并且，伴随着对人类之群的指陈，其具体内容也逐渐从以血缘纽带维系的族众关系发展为包括对非血缘关系人群的集合表述。"羣"由称同类之物、之兽，发展到称人，再进而从血亲人群又扩展到突破血缘藩篱的人群及其关系，已经初步具有了社会的意义。在以后"群"字含义的衍化过程中，出现了能够召集人群，有一定带头作用的个体。从字形的变化上看，就是从三羊"羴"到"羣"的变化；从观象取义方面看，正是源于羊群聚合中领头羊的出现。除了从"群聚"到"群分"的意义分化，"群"字意义变化的关键在于"君"的凸显，这也是后来"群"观念结构中的关键要素，是"群"观念形成的一个重要节点。② 以三羊为群，我们直观地看到均为"羊"字的书写，而后来的"羣"

---

① 冯时：《群聚与群分：荀子群学思想探源》，《中国文化》2019年第2期，第39~49页。
② 金观涛等的研究认为，近代以来特别是戊戌时期的士大夫们在使用"群"字的时候作出了某种创造，这种创造所凸显的"群"字意义与"群"字在古代文献中的使用有很大不同。这个不同就是对"君王"的强调。他统计了汉代以前的"群"字意义，（转下页注）

或"群"则是"君""羊"的书写。"群"字从非同类的物、同类的兽发展到关涉人的群体，再进展到对群体之中带头个体的位置变化，从聚众逐渐细化出"分"的意涵。①

可以看到，"羣"字从"君"，显然强调的是"君"对于"群"的关键作用。以宗氏为"群"，则有宗君；以族氏为"群"，则有族长。尽管"群"主聚合的初始意义依然存在，但已经细化出了合中有分、主从分明的意涵层次。战国晚期的荀子指出："君者，善群也。""君者何也？曰：能群也。"显然，荀子延续了西周时期"群"的含义，提出了何以为"群"、何以为"人"的命题："人之能群""人之性恶""明分使群""群居和一"。荀子对"群"的理解，首先是建立在人禽之分基础上，即人类社会的秩序来源于对群体内暴力的约束，这就需要以圣人之礼义来制约和规范群体行为，而对圣人之礼义的推行者则在于君王，且君王本身有"合群"的必然性与合法性。因此，合群的一个维度是需要构建起一种"为了要完成一件任务而结合的社会"。费孝通认为此一维度的实施者非精英阶层莫属，而对于普罗大众来说，他们只是归属于"礼俗社会"的一分子而已。由此可见，中国传统社会里群体间关系没有一种因为某一契约而结合在一起的意味，之所以出现这种情况，大概同"家天下"的理念有较大关系。在传统中国社会中，大部分个体人只是需要去"习"而"俗"，不需要去认知"法与理"，人们往往通过血缘亲情作为纽带而连接在一起。②

总的看来，"群"字在古代典籍中的使用不算少，但不是一个重要的关键词语或者说并不像儒学史上的"性""心""德""道""理"等词语那样带有鲜明的抽象的哲学内涵，它更多强调社会性、群体性的维度和政

（接上页注②）泛指多数和会合组成集团之意，极少关注君王。戊戌变法前后，主张改革的士大夫对传统"群"的字义进行选择性的强调，突出了君能"合群"的意义并通过今文经学（公羊学）进一步阐发了"合群"即意谓上下相通的组织状态。（参见金观涛、刘青峰《观念史研究：中国现代重要政治术语的形成》，法律出版社，2009）事实上，"群"从早期的字义内涵开始到以后的群观念之中，一直都包含对"君王"的关涉和强调，并不只是近代以来才凸显。这一层内涵特别是在董仲舒那里得到鲜明的表达。

① 冯时：《群聚与群分：荀子群学思想探源》，《中国文化》2019年第2期，第39~49页。
② 费孝通：《乡土中国》，人民出版社，2008，第108页。

治的含义。当然，需要指出的是，"群"字的演化所体现的观念内涵却并不完全等同于现代语境中所理解的"社会"。尽管"群"的初始含义所指涉引申的是众多个人组成的人群、团体，即人的群体或人的类群体，但这种类群体并不具备有序规则的组织原则和组织结构特征。

二　早期儒家群观念形成的特点

从"群"字到"群"观念的初步形成，是多种思想意识共同作用的结果。换言之，理解群观念，不能只局限在"群"字的意义，还需要结合构成"群"之内涵的现实存在和与之相关的观念群。儒家群己观念的形成是伴随着一系列相关思想观念的出现并与之交互联结而逐步形成的，尤其与"群"观念的发展密切相连。通过考察中国哲学史和观念史，可以基本上认为早期儒家"群"观念具有三个维度的逻辑结构特征，即以整合关系为枢纽，三个不同思想观念形成三个圈层并相互影响。

首先，第一个圈层是对人类群体的理解向度，即人自身（己）及其与其他群体成员（人）的关系的认识，这是早期儒家群观念的主体基础。其次，第二圈层是在人类群体的发展进程中，对具有特殊性个体的普遍性本质的理解向度，这是早期儒家群观念形成的客观要求。此外，在上述两个圈层之上基于对于人之自我的发现和认识扩展出的对人与他者（自然、物）的理解和把握，是早期儒家群观念形成的第三个向度，也是其最终的意义指向。

具体而言，在人与天（自然）的关系的第一圈层，呈现的是早期儒家群观念的形而上学面向（样态）。在这一范围中，主要以心性问题为中心，以孔孟荀为代表，以探索道德心性与天道的通达或者"参"为其进路。在人与人关系的第二圈层，涉及的是人之自我（己）、人与人（家、国）的关系处理，以德行教化、礼义秩序和道德修养等人伦关系为中心，呈现的是早期儒家群观念的伦理维度，也更为具体地表达为群己关系。综合上述二者，就构成第三个圈层，即哲学观念史视域中的早期儒家群观念形态呈现的整体和最高形式，也即"万物一体"关系层次的大共同体意识的存在，其中又包含了"天下"样式的观念重组，即政治层面的群观念。①

总体来说，"群"观念不同于"群"字或"群"概念，它更倾向于表征如何理解、认识与人相关的各领域、对象及其相互间的交互关系，其首要关键在于如何定位人自身（"己"）。在如何理解人自身的基础上展开对与人自身相关的对象域的探究、理解与实践。因此，群观念更倾向于表现为一系列对关系（交互关系）的识别、把握及其实践，包括但不限于人己关系、自我认识、人与自然、人与家国等内容谱系。在这一系列关系及其内容系谱构成的观念结构中，又因其所映射的特定对象的侧重不同而呈现出不同观念存在的范围边界。大体上，我们可以将之划分为两大部分：一是人之构成的生活共同体本身，二是人之生活共同体赖以存续的自然宇宙时空。这两部分的关联不是割裂的，而是以儒家传统的"天人合一"的内在逻辑形式统一其间的。

早期儒家群观念形成所依据的三个圈层及其理论向度，是重新认识和理解儒家群己观念哲学意义的基本理论框架。据此，本书后续对早期儒家群己观念及其流变的考察将会从以下五个方面为主要线索展开：第一，对人的理解与认识（人之本质问题）；第二，"己-人"关系的伦理考察（群己关系的表达）；第三，对家的认同（家的根基性存在）；第四，国（君）及其制度表达（君臣、君民两个向度）；第五，天（自然）的定位。总体上来说，早期儒家群观念的源起可以追溯到对两大关系的处理——"人与天"和"人与人"。与此同时，在对此两大关系的哲学认识上也呈现出两种表现方式："天人合一"与"万物一体"。儒家群观念的形成奠基于早期儒家对天人关系、人我关系的思考并在之后的发展中不断充实其内容组成与观念要素，其中最突出和典型的就是以群己关系、义利关系和公私关系为中心构成的群己观问题的讨论。

---

① 正是在传统"群"观念的影响下，中国近代以来的转型只集中在政治圈层，而没有深入到人事生活和社会生活，因为群观念呈现出一种嵌套式的观念结构，影响政治、社会、文化的方方面面。当然正是因为近代政治危机的迫切性，国人更偏重从政体上来完成转换，而没有足够的时间和条件从自然、社会和人的关系上全面认识传统思想观念如何与近现代文明进行适应和融合。

第二节 早期儒家群己观念研究的相关概念

在现代语境当中理解传统的儒家群己观念，不可避免地要把"群"同当下使用的同类概念语词联系在一起。与传统"群"相对应的最直接的语词就是"社会"，与"群"关联最大的传统语词则是"天下"。若从"群""天下"方面联系相关现代性词语，则是"国家"。在这一部分，我们尝试从传统和现代两个方面梳理与群己观研究直接相关的概念，包括"社会""天下""国家"等相关词语。

一 社会

中文的"社会"一词，原意为"春秋社日迎赛土神的集会"。在《说文解字》中，"社"属于"示"部，解为"地主"。"会"解为"合也，从亼，从曾者，曾，益也"。陈旭麓的研究指出，早在 1875 年日本政论家福地樱痴就把"society"译为"社会"，并于 1887 年通过黄遵宪在《日本国志》中的用法传到中国。黄遵宪这样写道："社会者，合众之才力，众人之名望，众人之技艺，众人之声气，以期遂其志也。"[1] "群"在近代中国作为对"society"的译称，是中国传统社会对西方现代观念的选择性吸收的代表之一。

金观涛、刘青峰的研究指出，1900 年前后，"社会"观念传入中国，1904 年前后，"社会"一词压倒并最终取代"群"一词指涉"society"。此时的"社会"概念不仅是人类生活在其中的组织的总称，还是个人通过各种契约形式组织的别名。1905 年到 1915 年则是中国的社会观念最接近西方的时期，而到了新文化运动时期，由于社会主义思潮的兴起，社会观念又进一步开始重构，且不再用于表达协会之意，即个人根据某一目的自行形成的组织。[2] 因此，"社会"一词的广泛使用，还与"社会学""社会主

---

[1] 陈旭麓：《戊戌时期维新派的社会观——群学》，《近代史研究》1984 年总第 20 期，第 161~175 页。

[2] 金观涛、刘青峰：《观念史研究：中国现代重要政治术语的形成》，第 11 页。

义"在近代的传入有关："20 世纪初，在涉及中国社会组织时，多用'群'表示①，'社会'一词多指'志趣相同的个人结合成某种团体'或者指'人类生活在其中的组织及其整体'，有时也作为'社会学''社会主义'②'社会党''社会伦理'等的翻译名词的附带物。"③

按照英文字典对"society"的解释，包含两重意思：第一重意思是指由人形成的各种组织，常用于作为人类生活在其中的各种组织的总称。第二重意思为家庭以外的公共领域，其中有人自行结合形成组织的含义。"society"在近代西方的含义是指人生活于其中的组织并和公共空间的兴起同步，而作为现代的"社会"观念则与人意识到社会是由个人根据契约自行组织起来这一内容紧密相关。阿伦特在《人的条件》中谈道："'社会的'（social）一词起源于罗马，而在希腊语言或者思想中却没有一个相对应的词。……拉丁语中对 societas 一词的运用最初则带有明显的，尽管是有限的政治含义；它指的是为了一个明确目标而组织起来的人与人之间的联盟，例如人为了统治他人或者犯罪而组织起来。"在《公共领域和私人领域》一文中，她又说："一个既非私人又非公共的社会领域的兴起，严格说来是一个比较晚近的现象。从起源上讲，它是随着近代开始的恶，并且在民族国家中获得了自己的政治形态。"通过阿伦特对"社会"的描述，我们还可以看到"社会"一词明确标识了公与私之间的一种非此非彼的第三种空间的出现。这个空间领域的出现也是西方晚近时期的现象。哈贝马斯则将此"公"与"私"之间的空间领域定位为介于个人与国家之间的"公共空间"，此种公共空间领域的发展成熟又是与西方现代社会的形成相同

---

① 根据金观涛等的研究，1896 年"群"字开始凸显其使用，并用来指涉"society"，且在 1903 年达到使用高峰，并由此开始，"社会"代替"群"用于指涉"society"。虽然"群"在甲午战后是第一个用来表达"society"（社会）和公共空间的用语，但它的使用时间按照金氏的研究只有大约 10 年。

② 金观涛、刘青峰的研究指出，西方早在 17 世纪就已经普遍使用"社会"（society）一词，它是市场经济和公共空间形成的产物。而"社会主义"一词是从拉丁文 socialis（社会的）蜕变而来。虽然在词义上与"社会"同源，但在思潮上却代表了对市场经济的反动和个人主义的批判。参见金观涛、刘青峰《观念史研究：中国现代重要政治术语的形成》，第 184 页。

③ 金观涛、刘青峰：《观念史研究：中国现代重要政治术语的形成》，第 183 页。

步。① 换言之，"社会"概念的使用与西方现代社会（公共空间领域）的形成过程紧密结合。

在汪晖看来，"群"或"社会"的范畴则是和创造"民族－国家"的历史任务直接相关的，这意味着近代中国的变革涉及的不仅是现代国家的创造，而且是现代社会的创造，且二者是相互依赖的关系。② 如果从近代中国变革的转型任务既包括现代社会又包括现代国家的重新塑造来看，这个转型任务所关联的观念语境正是"群"。然而，正如西方"民族－国家"的出现来自西方社会理论和经济理论中的社会/国家二元论，即其历史源起于资产阶级占据市民社会并与贵族国家相抗衡。在近代中国，既没有社会/国家二元的思想基础，也没有促成其二元论思想形态的历史条件。在这样的情况下，唯一可以借助的，只是固有的观念传统和思想资源。虽然"群"字的使用逐渐被"社会"替代，但其所标识的"群"的观念传统及其中所涉及的观念集群，仍然是近代以来重新认识社会和国家的思想基础。

若我们转换视角，不从历史进程的方面观看，而从思想传统的观念自身来审视的话，近代中国"群"观念的兴起与传播，实际上是"群"观念的传统意义边界变化的反映——从扩展到收缩。这种观念边界收缩的趋势与所处历史时代的主要问题和基本形式密切相关，但就其观念的传统意义的构成看，预示着观念传统的哲学意义和价值方向的改变。当我们对群观念的历时性内容做哲学的分析，仍会发现观念表达的基本形式虽然发生了改变，但观念的要素、结构及其核心意义仍会一直维持在一个稳定的范围之中。这种相对稳定的观念结构与要素内容成为社会文化发展中相对固定的思想基础，在近代思想变革中成为思想家用以接纳新思想、嫁接西方新概念与中国本土思想理念的基础。正是基于这种相对稳定的观念内核，反映出中国传统思想对人与社会以及自然世界的基础性认识。

不过，在中国思想传统中，历来少有社会与国家的观念对比，而是以"家－国－天下"的观念形式得以呈现，这种观念形式也是建立在早期儒家

---

①　金观涛、刘青峰：《观念史研究：中国现代重要政治术语的形成》，第180页。
②　汪晖：《现代中国思想的兴起》，生活・读书・新知三联书店，2015，第840页。

的群己观念及其对群己关系的构建之上。"群"作为中国人理解人类生存状况的一个重要词语，在蒋孝军看来，它的重要性并没有如金观涛、刘青峰的研究结论所说那样随着"社会"一词的引入而减少，尽管"社会"一词在今天的确是包罗万象，涵盖了从家庭到社区、国家乃至整个人类的范围。[①]需要看到的是，仅仅以"社会"概念以及社会学意义上的"社会"来思考人类历史存在过的生存状态，尤其是中国的传统生活，会缺乏对人类生存结构更深层次的反思，忽略类型不同生存群体之生存状态的丰富性。如果仅仅从"群"字的语义分析出发，也并不能等同于儒家传统的"群"观念。传统中国的家、国、天下，人伦道德与天人物我，共同构筑了群观念的精神疆域和意义边界。从哲学的角度看，"群"观念不仅没有突出中国人的思维方式和生存状态，还因为融入现代社会政治发展表现出丰富性和复杂性。与"社会"概念的不同，"群"概念与"群"观念的发展演化虽不能体现出现代"社会"结构的形式，但仍然表达着儒家传统对人与共同体的认识和理解，是我们重构人与共同体关系的"观念单元"。

二 天下

"天下"一词在中文文献中很早就出现了。对"天下"的理解与三代以来对"天"的理解有着密切的联系。"天"作为超越性的来源，成为"天下"之道德与政治意义的合法性基础而隐藏在传统中国伦理道德和社会政治叙事的背后。在从殷商文化到周代文化的发展中，殷人的自然宗教信仰通过祭祀制度的转化包含在周代文化中，但周人的总体文化已超越了原始的自然宗教崇拜而进入了一个新的阶段，显示出浓厚的伦理色彩，他们开始把伦理性格赋予天，成为"天意"或"天命"的确定内涵。"天"既可以是超越的神格，又总是代表着一种无所不在的自然存在和普及万物的宇宙秩序。进入春秋时期，在当时传统的社会中，这种以天的神格化为正统的宗教信仰仍然占有举足轻重的地位，并且建立在这种宗教信仰基础上的祭祀、盟誓、占卜等活动在人们生活中还处于重要位置。然而，随着

---

① 蒋孝军：《"群"与"独"：个体性问题——康有为政治儒学研究》，安徽人民出版社，2015，第95页。

社会变革的加剧，一些富有改革精神的思想家在解释自然和社会现象时，开始质疑天的神格化。这种情况的发生是由礼制体系失衡所造成的。因为礼制体系的失衡，很大程度上打破了原本稳定的以天为终极解说的信仰平衡，原本具有"神圣性"的天就遭到了质疑。神格信仰的淡化，使得对天的理解朝向自然与秩序方向偏移，于是对于人类社会而言，不再需要对上天盲目地顶礼膜拜以求护佑。既然天是伦理理性的存在，人就需要把注意力集中到道德品格上来，对自己负责，对自身行为后果负责，也就是最终对自己的命运负责。天命在政治层面上的阐释，在于体现人民大众的欲求，《诗经》中"皇天无亲，惟德是辅""民之所欲，天必从之"等说法就反映了这种政治文化向伦理道德性需求的转向。[1]

承接"天"之意义的变迁，作为具有道德政治含义的"天下"，在周代时就用于指称周天子统治的范围，更在春秋时期早期儒家代表人物孔子、孟子那里获得了充分的道德秩序的含义。金观涛认为"天下"的意义可以用天道（道德政治）所实行的范围来概括。[2] 这里可以发现，"天"-"天道"-"天下"的脉络也可以视为早期群己观念所形成的一个客观基础，即在认识人类群体及其相互关系时，仍然与自然之天和超越之天紧密关联。只有达到"形上性-道德性-政治性"的统一，"天下"才得以真正获得其意义的边界。

"天下"的另一个表达可以用孔子所谓的"大同"来指代。"孔子曰：'大道之行也，与三代之英，丘未之逮也，而有志焉。'大道之行也，天下为公。选贤与能，讲信修睦，故人不独亲其亲，不独子其子，使老有所终，壮有所用，幼有所长，矜寡孤独废疾者，皆有所养。男有分，女有归。货恶其弃于地也，不必藏于己；力恶其不出于身也，不必为己。是故谋闭而不兴，盗窃乱贼而不作，故外户而不闭，是谓大同。"（《礼记·礼运》）在孔子心目中最好的世界是"大同"世界，在这个世界中可以互相信任、互相帮助而获得高度的安全与和平。可以看到，天下大同是儒家群观念形态下对群体生活的最终想象。"天下"所蕴含的多样性的兼容性而

---

① 金观涛、刘青峰：《观念史研究：中国现代重要政治术语的形成》，第229页。
② 金观涛、刘青峰：《观念史研究：中国现代重要政治术语的形成》，第229页。

非统一性也折射出早期儒家群观念对生活世界的包容。一个社会要能够像天地兼容万物那样兼容不同的生活内容和生活方式、不同的人群和物类及其关系。因为"天地"作为一切可能性的界限和参照标准，本身就是兼容并包的，因此"天下"也同样如此兼容。

由此，金观涛认为中国传统的天下观是以儒家伦理的实现为判断的相关区域，或者是在天道统治下的领域。这样理解的"天下"仍然是从地理范围的界线来理解"天下"概念的，只不过是用"天下"中的社会价值关系来定义的地理区域。因此，在这样的理解下，天下一方面是普世的，另一方面是按照道德的高低划分等级秩序。前者表明，家国同构体是一个没有固定边界，甚至没有确定以民族为依托的集合。凡是任何实现儒家伦理的地域、民族都可以纳入这一家国同构的道德共同体。又由于道德伦理是普世的，人种、语言等区别并不具有本质意义，外夷只要学习儒家道德文化，即所谓"以夏变夷"，也能纳入这一没有边界的共同体，成为华夏的一部分。① 如此看来，似乎儒学所主张的国家具有一种世界主义的倾向，以儒家伦理为载体的国家理论上可以涵盖世界上的全部人，即为"道"实现的范围之"天下"。在这个意义上，只要能实现儒家道德秩序的政治单元均可以视为"天下"。若"天下"按道德高低划分的等级秩序，那么，根据接受儒家道德的程度来分等级，就能够构筑出以中国为中心的同心圆政治秩序。这种秩序的存在，以"礼"的亲疏等级为原则处理中心与边缘的关系。有学者将这种以华夏为中心的世界观称为"华夏中心主义"（Sino-centrism）。

赵汀阳则专门提出了对"天下"的当代性的讨论，认为结合传统儒家和道家对"天下"的理解，一种世界秩序的实践和想象是可能的。在中国传统"天下-国-家"体系中，个人只是一个生命单位和部分的经济单位，而非政治单位，因此古代中国没有所谓政治自由和个人权力的政治问题。在"天下-国-家"框架下，"天下"不仅是最大的政治单位，还是整个框

---

① 参见金观涛、刘青峰《观念史研究：中国现代重要政治术语的形成》，第230页。很多研究者只关注到华夷之辨的单一向度，即以夏变夷，而忽略了华夷之辨的另一个面向，即夏亦会变为夷，被去中心化。

架的最终解释原则，即一切政治问题都可以纳入"天下"概念中而得以解释。① 由此，"天下"的真正含义正是《尚书·尧典》所谓的"协和万邦"："曰若稽古帝尧，曰放勋，钦、明、文、思、安安，允恭克让，光被四表，格于上下。克明俊德，以亲九族。九族既睦，平章百姓。百姓昭明，协和万邦。黎民于变时雍。"

梁启超说："'天下'云者，即人类全体之谓。当时所谓全体者未必即为全体，固无待言。"② 梁启超提出当时所谓全体者未必即为全体之谓，这可以说正好反映了中国传统"群"观念的独特，即其无一固定界线，其借助"天下"，近现代以来则是"社会""国家"等一系列概念-观念群构筑其能被理解的边界，并以"道"的根本价值作为核心延展其领域。一般会认为，传统的群观念包含的"天下"指代的是以华夏为中心的部分，但实际上并不仅仅是这样一个部分，因为"群"是一个关系型的对待域，它与人及其整体发生关联的部分依然是纳入群观念之中相关概念和思想的全部。人们往往只关注从政治的角度认识群的观念所关涉的其他诸多概念或概念群，比如国家、社会、天下等，而没有更深入地意识到以概念聚合而构成的观念意义及其所依存的哲学基础与观念结构。

三　国家

根据金观涛的研究，"国家"一词由"国"和"家"两个汉字组成，国家也可称为"家国"。在西方语境中，把作为私领域的"家"和"国"连用来表达 state，是不可思议的。在语言学的背后，隐藏着中国文化对state 的独特定义。历史上"国"与"家"组成的"国家"一词之过程，是和家国同构体同步形成的。"家"与"国"连用为家国或国家，意味着在中国人的意识中，国家是整合所有家族的政治实体。秦汉之际，建立大一统帝国，"天下"和"国家"两个词几乎同时成为 state 的指称，即"国家"成为实行天道的范围，从此"天下"和"国家"成为同义词，它们往

---

① 赵汀阳：《天下的当代性：世界秩序的实践与想象》，中信出版社，2016，第13页。
② 梁启超：《先秦政治思想史》，中华书局，2016，第180页。

往可以互换使用，或者说"天下"是从"国家"中获得自己的定义的。①

从汉代起，"国家"指朝廷或政府，这一意义一直沿用到晚清。也就是说，儒家意识形态是中国传统社会大一统王朝的正当性根据，用"国家"指称 state 的意义，在通过儒学的忠孝同构的社会组织原则下，将宗族（家）整合起来，建立起以皇权为中心的大一统帝国。天下和国家是指那些实现了儒家伦理的地区。这样的国家观念是以儒家道德秩序为基础的。②此外，传统中国以天下为道德共同体，其主权由帝王行使，并没有现代主权国家的意义。而与之不同的是，西方国家观念早在中世纪就与立法权联系紧密，"国家"可以用主权拥有者来定义，西方现代民族国家观念就是在把国家等同于主权这一基础上发展起来的。

四　自我与"己"

汉学家赫伯特·芬格莱特指出，现代的社会学家一般通过使用较少的形而上学语言来界定"自我"，他们拒绝把个体自我的概念作为社会赖以建立的终极原子，而愿意把"自我"看成一个"结构"，一种类似合成分子的结构。在这样理解的"自我"概念中，自我被看成一种学习角色的复合组成，或者是一种受到条件限制的学习或操作性学习的反应倾向的模式。③ 由此，可以发现这种现代社会学理解之下的"自我"与早期儒家所理解的"自我"（"己"）有很大不同，尤其在孔子那里我们可以发现作为个体之"己我"不是一种标准化组成部分的集合。用芬格莱特的话说，孔子并不是一种个人主义式的人文主义，甚至，自我的观念在儒家是"多余"的。"儒家把社会与神圣礼仪视同一体的观念，使得内在灵魂的假设成为多余……无须插入心理学上假设的自我概念。"④ 这样的论断显示出儒家思想所具有的非西方特色，也表明了早期儒家群己观念中"己"观念并不完全与现代"自我"概念等同，因为儒家没有西方传统哲学中实体性的

---

① 金观涛、刘青峰：《观念史研究：中国现代重要政治术语的形成》，第 229 页。
② 金观涛、刘青峰：《观念史研究：中国现代重要政治术语的形成》，第 230 页。
③ 〔美〕赫伯特·芬格莱特：《孔子：即凡而圣》，彭国翔、张华译，江苏人民出版社，2002，第 92 页。
④ 〔美〕赫伯特·芬格莱特：《孔子：即凡而圣》，第 93 页。

"灵魂"或"自我"的观念。即使如此，这并不表明儒家没有关于自我问题的思考和思想资源。如果说"儒家与具有明显西方性的现代性遭遇之后，随着理论范式的转移，'自我'作为现代性的一个重要观念、自我认同的问题作为现代性的一个重要问题对于企图真正回应现代性挑战的儒家来说是不可回避的"①，那么，当我们以现代性的立场出发考察早期儒家群己观念时，对"自我"与"己"的意义交叠的重新审视就显得尤为重要，这同时也有助于我们发现"己"观念与"群"观念的意义关联。

在早期儒家看来，群己观念的"己"既是人类群体中共同实现群体生活的成员，又是具有自我意识和自我认同的独特个人。早期儒家对"为己之学"的讨论与追求，其中所谓的"为己"既是个人自我意识和自我认同的追寻，也是统一于人之共同体生活的具体实践生命。在孔子看来，"为己"与"践仁"是统一的，"仁"除了被看成对待他人的一种道德情感，也是着眼于自我的、人之为人的基本准则。因此"己""仁"均指向个人和人群。《大学》之"修、齐、治、平"之教，更是将自我修养与完善置于重要的地位，从而试图完成从"己"到"家""国"到"天下"的道德与政治的意义贯通。由此，"群"观念和"己"观念，在上述意义的阐释基础上可以视为具有高度的统一性，即其在观念意义的成立和观念结构的组成上是一体的，这也正是儒家群己观念的独特之处：个人自我对天下国家之对待，不同于西方哲学传统中个体主义与现代国家之对待。如果从群己关系上理解，则表现为在以儒家传统为主的社会中，其基本社会政治关系的表达为人与人之间的关系，而非人与社群或者人与国家之间的关系。这种人与人之间的关系根据不同的身份角色有其限定，并且这种关系既是平等的也是等级性的。换言之，在早期儒家那里，社群和个体之间有一种有机的关联，群与己、个体与社群可以有统一性，但是个体又并非只为了社群而生活，"群"正是包含在其中生活的个体自我（"己"）的共同体，而不是一种满足个体欲求的纯粹功利主义的机制。"群""己"观念在超越性和实践性中，在人伦关系、人物关系和天人关系中均获得了实在意义。

---

① 〔美〕赫伯特·芬格莱特：《孔子：即凡而圣》，第93页。

五　义利与公私

义利之辨是儒家哲学中的一个重要命题。从字义上看，"义"是个会意字，《说文解字》中说："义，己之威仪也，从我从羊。"也就是指，以自己的力量，去保卫那些美、善、吉祥的事物。此外，古代"义"作"谊"，谊字训宜。《礼记·中庸》说："义者，宜也。"《礼记·祭义》亦说："义者，宜此者也。"也就是说，制事得起宜，处己要有度。总之，所谓义，就是行为的应当或适宜标准。一般说来，古代的伦理思想家都是仁义并言。"利"，《说文解字》中说："从刀。和然后利。"利，最初为一种农器具，引申为锋利，又进一步引申为利害之利。所以"利"是指能满足人类生活的利益和功利，古代利一般在三个意义上使用：泛言有利、众利之利和一己之利。孔子最早明确提出义利的分辨问题："君子喻于义，小人喻于利。"（《论语·里仁》）他对利的看法："子罕言利，与命与仁。"（《论语·子罕》）对于君子小人以及何谓义利的讨论一直众说纷纭。一般而言，义利问题涉及道德价值和物质利益、公义和私利之间的关系，义利之辨就是对如何处理这些关系的看法和观点的讨论。总体上，从现代公私领域角度出发的观点认为个人的功利是利，他人与社会的利益为义。另一种道德主义立场的观点则将利与个人的欲望联系在一起，而义则是超越这种个人欲望的道德目的。个人的欲望往往局限于个人而不能涉及、涵盖群体的礼义，在这个意义上的义利之辨又嵌入公私之辨的讨论。

从孔子主张以义制利到孟子重义轻利再到荀子的义利两有，是先秦时期义利之辨的一个发展线索。宋明时期，义利关系则有了新的变化，那就是进一步与公私之辨的讨论结合在一起。以二程为例，他们在"忠恕"与公理/私欲的层面重新阐释义利关系，例如："公者仁之理"（《二程集·伊川先生语一》）"至公无私，大同无我"（《二程集·粹言》）"'一言可以兴邦'，公也；'一言可以丧邦'，私也"（《二程集·外书三》）"公则同，私则异，同者天心"。（《二程集·粹言二》）明末清初，在反省理学的思潮下，义利之辨基本上完全转换为公私之辨的讨论，以李贽的"私心说"和黄宗羲对"以我之大私为天下之大公"（《明夷待访录·原君》）的批判为代表。

　　晚清以来，由于处在传统社会到近现代社会的转型时期，义利问题与公私问题合流，在重塑群己观念和建构新的群己关系的需要下，义利关系和公私概念不断与近代西方的社会政治思想产生交流，体现出更为复杂的面向。黄克武认为近代公私问题讨论的复杂性在于对公私概念的理解和使用，尤其是公私概念的混淆及其在语言使用中的歧异性。语汇使用的混淆，使得公私问题既指涉特定社会范畴中的特定活动，又带有对此类活动的"道德判断"。更为重要的是，公私的语汇（语词）在明清以后又与士人对专制的抨击，对个人欲望与私有财产的肯定，以及追寻"现代国家"的努力等思想动向结合在一起。黄克武指出，"公"与"私"在中文语汇中至少指涉了实然与应然两种意涵。所谓实然层面的"公"主要指国家部门（state sector），有时也包括地方公产与公众事务，而"私"则指非国家部门（non-state sector），可再细分为个人与社会群体，如家族、党社等。所谓应然方面，公与私指向的是道德价值的判断。"公"指利他主义（altruism），"私"指追求自我利益，强调一己独占性，也包含自私自利（selfishness）。正因为公私的两种意涵在历史文献中并没有清楚地区分，公私价值的区别表现出模糊与游移，人们对公私范畴的划分亦无固定的标准。如果参照费孝通"差序格局"的社会背景，公私（己与人）的界线常根据其所对待面的不同而具有伸缩性。近代中国知识分子在引介现代"国家"和"国民"等概念，并构思国家与社会制度时，自然会引入并运用"公私"的概念范畴，借助熟悉的公私概念范畴，以讨论个人与国家及其权限，适当的群己关系等论题。①

　　黄克武认为，明末与清末公私观念的相同之处在于思想家们都肯定"私"与"利"的同时仍坚持"公"的道德理想，以传统的"天下为公""大公无私"为目标。他们对群己关系的重新思考是建立在既不抹杀个人合理欲望，又尊重群体规范的前提下。对于明清时期肯定"私"的思想家，他们继承了一系列固有的思想观念并表现出连续性。与大公无私相关联，王道、仁政、生生不已，以及环绕"礼"之社会活动等思想都保持了

---

① 黄克武：《近代中国的思潮与人物》，九州出版社，2016，第3~5页。

与儒家传统的连续性。[①] 在对公私观念的推进方面，近代（清明）的思想家们针对宋明理学对公私的看法，将"私"更细致地分为不同的概念范畴。比如，根据主体的不同有统治者之私，庶民之私。根据内涵而言，有负面性的私（自私自利、损人利己），正面性的私（合情理的私）。在这一理论推进下，他们肯定了每个个体的合理欲望，私有财产以及个人对公共事务的参与，并谋求以此建立起社会正义的准则。[②] 从明清公私观念的差异上看，明末时所注重的私是指个人欲望与私有财产权，清末则更关注由全体国民私其国，倡导"国民"的权利，囊括了更多面向的思想基础。明末所谓的"公"主要指追求公平、正义或正道，而清末所谓的"公"除上述方面外，还增加了国民对于现代国家的认同意涵。

1902 年，梁启超撰《新民说》专门"论权利思想""论自由"，其反复申述新的国民需要具备的公德包括自由思想和权利观念。由此引出公德与私德的讨论。此处的"公德"，梁氏指的是"人人相善其群"，意味着形成"社会""国家"等新的群体时所需要的道德基础。在论证公德的重要性时，他特别阐述了"团结"与"兼爱"，力图以"兼爱"作为利己的逻辑过渡，以贯通利己与利群。换言之，既强调公德，也肯定"私""利"的正面意义。他说："一部分之权利，合之即为全体自化权利。一私人之权利思想，积之即为一国家之权利思想。故欲养成此思想，必自个人始。"（《新民说》）基于此，梁启超还反驳了传统贬抑私与利的观点，重新评估了杨朱和墨子。黄克武的研究已经指出，梁启超对"国民"的理解，是基于对固有公私观念的重整并综合了伯伦知理的现代国家理论，试图用新国民来推行新道德，建立新国家，以解决"数千年民贼既以国家为彼一姓之私产"（《中国积弱溯源论》）的根本问题。在梁启超那里的"公"，一方面具有传统"正道"的意义，一方面也通过国家是国民之公产的理解，使"公"具有现代国家"认同"的特质。所谓"私"既是对清初儒家"合私以为公"的继承，也同时将"私"导向了个人的"利己心"，在此基础上产生国民的自由与权利，并将国民之自由与权利的结合视为国家的自由和

---

① 黄克武：《近代中国的思潮与人物》，第 6 页。
② 黄克武：《近代中国的思潮与人物》，第 7 页。

权利。① 梁启超以公德私德来重整"国民"的理念，也是对清初顾炎武、黄宗羲思想的承接，更是对晚清以来公私、民主、自主之权与群己关系的进一步思考。②

第三节　观念/概念史系谱学与中国哲学研究

中国哲学或者说儒学思想的研究正处于一个"返本开新"的阶段。"返本"是不断回溯经典文本的诠释向度以建构思想传统的多元认识。"开新"则是吸收整合现代研究范式中的合理部分以创新文本解读及传统思想研究的路径。从后者出发，所谓"做中国哲学"的理念（陈少明），中国哲学的现代叙述方式（景海峰）等，都可以视为对中国哲学研究方法的有益思考与实践。与此同时，21 世纪以来学术界越来越重视跨学科意义上的方法论尝试，以"观念史""概念史"为线索的思想研究范式所表现出"语言学转向"的新视角也越来越受到哲学、历史学和社会科学等诸多学科的重视。同样，在中国哲学研究领域中，结合当下观念史、概念史研究方法的转向，观念-概念史的谱系学方法和语义分析法也应当构成目前研究中国哲学思想、中国哲学史的一个有益尝试。目前已有部分学者关注和重视以"观念"或"概念"为线索（王中江），借助概念的谱系与语义的哲学分析方式对中国传统思想的结构和发展过程进行探索与重构。③ 只有在理解与批判中对观念与概念进行历史的哲学分析，将哲学史与思想史进行交互，才能从思想的宏观架构以及观念与概念的微观意义中呈现传统价值的变与不变。

---

① 黄克武：《近代中国的思潮与人物》，第 27 页。
② 梁启超试图将民权与国权界定为"二而一，一而二"的密切关系，并认识到个人自由权的伸张会影响到他人或群体。此时的梁启超开始放弃卢梭"天赋人权"的主张，受到严复影响，梁启超认为世界在天演的权力竞争中，群体秩序的维系必须认识到"人人自由，而以他人之自由为界"。黄克武特别借助西方公民权的划分，即"形式的公民权"与"实质的公民权"，反观梁启超国民观念中所呈现的"公"与"私"，对"公"的理解侧重形式的公民权一层，重视国家认同；对"私"的一面则侧重实质的公民权层面而强调政治社群之成员的政治权利、社会权利。参见黄克武《近代中国的思潮与人物》，第 28 页。
③ 比较具有代表性的是高瑞泉和王中江两位教授。

一 观念史、思想史、概念史与哲学研究

20 世纪 70 年代末，罗杰·豪舍尔（Roger Hausheer）在伯林（Berlin）《反潮流：观念史论文集》的序言中指出：

> 观念史是一个比较新的研究领域：在一个多半持敌视态度的世界里，它仍然有待人们的承认，尽管在英语世界也出现了一些人们的内心逐渐发生变化的令人鼓舞的迹象。人们日益感到，对人的思想和感情内容，他们观察自身和形成理想所依据的基本观念所进行的探索，在研究人这个问题上，可以比现有的社会学、政治学和心理学提供更多的启发，而不是像那些学科那样仅仅是发展出来一套专业术语和对经验及计量方法的运用。这些学科倾向于把人无论是个体还是群体，视为具有普遍性的经验科学的客观对象，因而他们只是一些被遵守着统计学或因果规律的力量所左右的消极而无感情的材料，因此这些学科倾向于排除或至少减少某些至关重要的因素：人们的规定性肯定是来自他们的内心生活、目标和理想，来自他们具有某种观点或观念，不管它多么晦暗不明，也不管他们是谁，他们身居何处，来自什么地方以及在做什么。正是因为他们拥有这种内心生活，使他们有别于动物和自然物体。观念史力求找出（当然不限于此）一种文明或文化在漫长的精神变迁中某些中心概念的产生和发展过程，再现在某个既定时代和文化中人们对自身及其活动的看法。因此它极有可能对其实践者提出比任何其他学科更为广阔而多样性的要求，或至少是一些更具体的、往往令人十分痛苦的要求。……这无疑部分地解释了真正的观念史家寥寥无几，以及观念史本身要想成为具有公认资格的学科，仍需奋力争取承认的原因。[①]

> （观念史）它所分析和揭示的，当然不是行为的动机和隐蔽源泉的根源和性质，而是往往不明言的、根深蒂固的和构成性的观念、概念和范畴的动机和隐蔽源头的来源和性质……我们利用这些观念、概

---

① 〔英〕以赛亚·伯林：《反潮流：观念史论文集》，冯克利译，译林出版社，2011，第 5 页。

念和范畴来安排世界，解释我们的大部分经验，尤其是人类道德、美学和政治活动领域的经验，由此扩大我们的自我认识和我们对自己的创造性自由的范围的认识。①

在西方学术界，表示思想史研究的术语主要有两个，即"观念史"（history of ideas）与"思想史"（intellectual history）。作为两个学科和两种学术研究领域，观念史和思想史的存在时间并不短。若从目前的研究现状看，虽然两种表述方式依然存在，但观念史和思想史之间已经没有本质区别，其研究方法和研究对象正在日渐趋同，不少学者在研究中甚至交替使用两种表述。然而，观念史、思想史以及概念史有着各自不同的起源和方法论偏重，只有先对它们的基本内容和具体研究形式有所认识，才能在当下的中国哲学研究中恰当地吸收合适的方法论资源。一般来说，与中国哲学研究关系紧密的思想史（intellectual history）研究范式较为常见，而观念史（history of ideas）与哲学史（history of philosophy）、思想史之间的关系亦十分密切。当然，也正因为它们之间的关系紧密，而且观念史曾被视作思想史的分支，以至于往往容易忽略其中不同的研究方法的偏重及其呈现出的研究意义。

在部分学者看来，观念史就是研究一个个观念的出现以及其意义演变过程。金观涛的《观念史研究》就曾梳理出"观念"一词最早源于希腊的"观看"和"理解"，在西方 15 世纪就用该词表达事物和价值的理想类型（ideal type）。李宏图则通过回溯 18 世纪的西方，表明那时已经有"人类观念史""观念学说史"的研究传统。② 李宏图认为观念史首先是一种思想习惯，"有一些含蓄的或不完全清楚的设定，或者在个体或一代人的思想中起作用的或多或少未意识到的思想习惯"，这一理智习惯决定着某个人、某一学派甚至是某一代人的许多思想；而某种术语、专名、短语等都会成为"历史的力量而产生某种独立的活动"，并"逐渐成为其意义中的起支

---

① 〔英〕以赛亚·伯林：《反潮流：观念史论文集》，冯克利译，第 6 页。
② 李宏图：《观念史研究的回归——观念史研究范式演进的考察》，《史学集刊》2018 年第 1 期，第 29~39 页。

配作用的成分，它们也就可能有助于改变信仰、价值标准以及口味"。"作为观念史的最终任务的一部分就是运用自己独特的分析方法试图理解新的信仰和理智风格是如何被引进和传播的，并试图有助于说明在观念的时尚和影响中的变化得以产生的过程的心理学特征，如果可能的话，则弄清楚那些占支配地位或广泛流行的思想是如何在一代人中放弃了对人们思想的控制而让位于别的思想的。"①

虽然自 20 世纪 70 年代以来，思想史研究的范式经历了巨大的变化，不同的研究范式之间展开了激烈的论辩，在思想史和观念史之间也不断展开论战。在金观涛、刘青峰二人的实证方法之中，观念是指人用某一个（或几个）关键词所表达的思想，它可以用关键词或含关键词的句子来表达，并通过这样的表达传达某种意义，进行思考、会话和写作文本，并与他人沟通，使其社会化，形成公认的普遍意义，并建立复杂的言说和思想体系。一旦观念实现社会化，就可以和社会行动联系起来。正因为观念通过固定的关键词或含关键词的句子来表达，可以具有更为明确的价值方向，且它和社会行动的关系比思想更为直接。任何观念的起源、社会化和演化，也就是表达该观念的相应关键词的起源、传播和意义变化。以往，思想史研究主要是以某一人物、某一著作或某一流派的分析为基础；而且，因思想和语言之间的关系不那么明确，不同的研究者对同一文本的分析往往会得出相差很大的结论。观念则不同，它在社会化后具有普遍意义的确定性。正因如此，人们可以凭借若干观念建立社会化的意识形态。②

（1）洛夫乔伊的观念史研究方法

观念史作为一个独立的学术研究领域在 20 世纪初由阿瑟·O. 洛夫乔伊所创立。在他的努力下，观念史研究逐步发展成为一个有着自身研究对象和方法的学科。洛夫乔伊认为人类在认识世界的长期过程中形成了许多观念，这些观念构成了我们思维的基本元素，离开它们，我们就无法进行思考。然而，人们却很少对这些观念进行认真的研究，很少过问这些观念

---

① 李宏图：《观念史研究的回归——观念史研究范式演进的考察》，《史学集刊》2018 年第 1 期，第 29~39 页。
② 金观涛、刘青峰：《观念史研究：中国现代重要政治术语的形成》，第 12 页。

是如何形成的，它们在人类思想发展史上是如何发展演变的，以及它们在人类思想史上起了何种作用。洛夫乔伊正是意识到人类思想史研究的这一空白，从而开创了这样一个新的研究领域。因此，洛夫乔伊将观念史研究看作是对人类思想史中的重要观念所作的反思和研究。这种研究主要是从哲学反思的高度出发，因此，在一定意义上，我们也可以把它归于哲学研究的范畴之中，但它又不仅仅是一种哲学研究。

关于观念史研究与哲学史研究的关系问题，洛夫乔伊认为，他用观念史这种说法所表达的东西，与哲学史相比较，在所涉及的范围上既更加特殊一些，又更为宽泛一些。说它特殊，主要是指：哲学史主要是研究各哲学家或哲学学派发展的历史，而观念史则是研究哲学中某些观念或观念群，研究这些观念或观念群的发生与发展的历史，就此而言，它所研究的范围要相对狭窄一些；至于说观念史的研究在范围上比哲学史更宽泛一些，主要是指对这些观念或观念群的研究不仅涉及哲学，还涉及其他各种学科，涉及宗教、文学、艺术等各种文化现象。李宏图则指出：

> 洛夫乔伊将观念史与思想史和哲学史做出了明确的区分，哲学史被看作"大多数哲学体系是按照它们的模式而不是按照它们的组成成分来创立或区分的"。思想史所研究的思想观念后面，还有着一种新的组合，即观念单元，正是这些思想观念复合体的基本单位，它决定能够产生思想演变和其呈现的样式与内容的丰富性。如果说思想史是研究高度专门的某一思潮或思想的话，而观念史则是探讨能够成为这一思潮与思想的基础与设置。[①]

洛夫乔伊强调在人的思想观念的发展中存在着一种最为基本的"单元-观念"（也被称为"观念单元"），它可以是由多个观念，即观念群组合而成，它们在某一时代决定着人们思维模式的、潜在的逻辑设定，甚至是未能意识到的思维定式。它们虽然没有明确地被作为一种思想命题提出

---

① 李宏图：《观念史研究的回归——观念史研究范式演进的考察》，《史学集刊》2018 年第 1 期，第 29~39 页。

来并加以论证，但成为当时一种思想规范潜在地影响着人们的思维。这种观念的特点就在于它的潜在性，它是存在于人们心中而没有被明确表述出来的东西。此外，洛夫乔伊还特别说明了观念史研究的对象，即一个时期或一种运动中的神圣词语和成语，用某种观点去清除它们的模糊性，列举它们各种各样的含义，考察在其中由模糊性所产生的混乱结合的方式，因为这些词语和成语是在更大的思想运动中真正起作用的因素。特别是这些词语的模糊性曾影响到各种学说的发展，或者加速某一流行的思想由一个向另一个，或许正好是向其相反方向不知不觉地转化。而且由于这些词语的模糊性，它们很有可能作为历史的力量而产生某种独立的活动。它们可能由于与某一时代流行的信仰、价值标准以及口味相投而得以流行或被人们所接受，从而改变人们的信仰、价值标准以及口味。

当然，洛夫乔伊也意识到观念研究的问题和困难，即它是充满危险和陷阱的，有自己特有的偏激性。因为观念在其发展的历史中是混乱的，即使哲学史以及关于人类所有各个方面反思的历史，其大部分也都是观念混淆的历史。因而，观念史研究是一个试错的过程。而且，我们所研究的那些观念只是某一哲学家或某一时代思想的一个部分，是这些观念及其发展的历史，但是，我们一定要把它们放在全体中去认识和理解。这也是后来剑桥学派在观念史研究之上提出观念的"语境主义""谱系"式研究并批评洛夫乔伊观念史方法时特别指出的问题。然而，观念史研究所带来的益处也是显而易见的，正如洛夫乔伊所说，绝不能因为困难就放弃对它的研究，也不要因此而对观念史的研究漠不关心，因为科学研究的事实告诉我们：没有关于观念史的知识，要想理解主要领域内大部分的西洋思想运动是不可能的。

（2）剑桥学派的思想史研究方法

与洛夫乔伊不同，在批判其观念史理论尤其是"观念单元"的基础上，以波考克和昆廷·斯金纳为代表的"剑桥学派"思想史则力倡"脉络主义"或"语境主义"（contextualism）的分析方式来理解思想在历史时空中的内涵变迁，尤其针对处理某些恒久不变的观念议题在不同时代的论述问题。斯金纳尖锐地批评了历史学家们对一种根深蒂固的神话的制造，即在这些历史学家看来，每一位经典作家，诸如历史、道德或政治理论方面，必然在构成某一主题的每一个论题上形成了某种学说体系。这就很容易陷入范式（尽管是无意识的）陷阱，即必须"找出"某一著作家在所有无可争议的主题上的学说体系。这样做的结果就会造成一种可以被称为学说神话（mythology of doctrines）的讨论。这种学说神话形式多样，其中在"观念史"角度上的这种学说神话可能进一步导致两种历史性谬误，其中之一就是以关注"观念单元（unit idea）"本身发展为主的"形形色色的观念的历史"。①

站在"语境"或者"脉络"的立场，剑桥学派将思想史所研究的文本理解为对于当时政治社会议题的实际切入样本，需要在仔细梳理同时代各种意识形态之间的争论基础上解释其所分析的文本或相关历史行动者在那个时代的实践意图。特别是斯金纳更倾向认为史学家应该要将他们所研究的文本从本质上当作对于信念（belief）的陈述或确认来处理："写作者时常提出看来单纯是信念的肯定的主张，但除此之外，还有潜在的意识形态目的，有时具有客观的与隐藏的复杂性。……如果目的是要去解释事件进展的全貌，我们就必须致力使潜在的目的浮现出来。若问这要如何达成……答案就在于靠跨文本比较来揭露文本、脉络、与其他文本彼此之间的关系。"② 这就是所谓"脉络主义"或"语境主义"的独特方法。

在处理一些历史悠久的概念时，按斯金纳的理解，特别是深陷于意识形态论辩的概念，必然难以受到定义的约束。在涉及这种概念的理解时，斯金纳所推崇的是来自尼采的系谱学方法。以系谱学的方式，检视此一概念在文化中的发展、受到的挑战、与之竞争的不同说法，以及这些理论的竞合消长。③ 系谱学与传统叙事的不同，在于它没有明确的起点，更难说有终点。追溯一个概念的系谱学，就是要找出过去这个概念的不同运用方式，因此，需要一套批判方法，反思目前这个概念如何为人所理解，而

① 〔英〕昆廷·斯金纳：《观念史中的意涵与理解》，丁耘主编《什么是思想史》，上海人民出版社，2006，第99页。

② 〔英〕昆廷·斯金纳：《真理与史家》，萧高彦编《政治价值的系谱》，联经出版事业股份有限公司，2014，第17、31页。

③ 〔英〕昆廷·斯金纳：《自由系谱学》，萧高彦编《政治价值的系谱》，第47页。

且，任何形构中的道德或政治概念语汇，都必须放在特定语言社群的历史中检视，才可能得出丰硕的研究结果。①

斯金纳认为，如果按照"观念史"开创者洛夫乔伊的目标，观念史研究在于"'通过其可能出现的一切历史领域'追溯某种叙说的形态学"②，就可能会使所要考察的学说被化约为某一实体，而追溯这一"学说"的过程会被描述为一个不断成长的有机体。如此一来，"主体消失了，代之以观念之间的格斗"，而且这样一种"具象化（reifications）"使得观察者不断试图找到接近理想类型的相似物，以至于出现"后来的学说早先已经'预见'到了"这样的谬误。不仅如此，需要辨明的还有"是否可以说某一'观念单元'在某一时间'确实出现了'，它是否在某一著作家的作品中'确实存在'"。③ 在斯金纳看来，在"观念史"视角研究方法上的"学说神话"会让我们"将某些在史学家们看来适合于某一主题的学说赋予经典理论家，而经典理论家实际上并未对之进行过讨论"，甚至还容易"依据一种先验的假定对经典著作家提出批评"。④

另一种情况则是出现"连贯性的神话"，即"史学家很容易想当然地赋予这些文本所谓的连贯性，这种连贯性神话正困扰着道德和政治哲学史方面的著述"⑤。斯金纳十分不满传统的方法，因为它无法使我们对思想史上的文本形成充分的理解。因为如若要理解文本，我们不仅能够说出著作家言论的意涵，而且要清楚该著作家发表这些言论时的意图。问题的关键正是在于"用以表达我们观念的术语的意涵有时会随着时间的推移而不断变化，这就使得那种有关著作家就某一观念的言论的描述可能会对理解文本的意涵产生误导"⑥。如果按照洛夫乔伊的规划，集中于"观念单元"的宏大却难以捉摸的主题的追溯，会因在实践中表达观念的所用术语意涵的模糊性受到严重影响。这正是那种写作"观念单元"史的规划所存在的内

① 〔英〕昆廷·斯金纳：《国家系谱学》，萧高彦编《政治价值的系谱》，第83页。
② 〔英〕昆廷·斯金纳：《国家系谱学》，萧高彦编《政治价值的系谱》，第102页。
③ 〔英〕昆廷·斯金纳：《国家系谱学》，萧高彦编《政治价值的系谱》，第104页。
④ 〔英〕昆廷·斯金纳：《国家系谱学》，萧高彦编《政治价值的系谱》，第106页。
⑤ 〔英〕昆廷·斯金纳：《国家系谱学》，萧高彦编《政治价值的系谱》，第109页。
⑥ 〔英〕昆廷·斯金纳：《国家系谱学》，萧高彦编《政治价值的系谱》，第123页。

在缺陷。

基于上述论证，斯金纳表明：

首先，"假如我们要理解一种观念，我们不能仅仅像洛夫乔伊那样仅仅局限于研究用以表达这些观念的术语……这些术语可能在使用者那里有着多种甚至相互矛盾的意图。……我们应当研究各种不同的使用语词及其功能的语境，以及使用这些语词所要达到的目的。洛夫乔伊的错误不仅在于寻找某种'观念'的'基本意涵'，认为这种意涵基本'保持不变'，而且他假定这种'基本意涵'（各个著作家都为此做出'贡献'）必然存在"。其次，"在写作这样的历史的过程中，我们的叙述会很快与言说主题失去关联。……我们无法获知某一特定观念曾经在某一思想家的思想中发挥着怎样的作用。无论这种作用是大还是小，我们也无从知道这一观念在其出现时的思想环境中是处于中心还是边缘。我们也许知道某一表述在不同时期旨在回应不同的问题，但我们不可能有望知道（再次引用柯林武德的观点）该表述究竟要回应什么样的问题，是什么原因促使人们继续使用这一表述"。[①] 对于斯金纳来说，"并没有什么观念史可写，只有不同的观念运用以及运用这些观念时的不同意图的历史"，"很难奢望历史会保持其作为某种'观念单元'的历史的形式，因为某些表述的连续性并不意味着这些表述用以回应的问题的连续性，也无从说明不同的作者在使用这些表述时的意图是一致的"，"唯一要写的观念史是这些观念在论证中的形形色色地运用的历史"。当然，斯金纳并非否认西方道德、社会以及政治哲学长期以来的连续性，这种连续性表现为"许多关键概念和论证模式的长期使用"。

在批评了基于观念单元这样一种视角的观念史研究之后，斯金纳提出了他自己的方法。首先，应当采用适当的方法来进行观念史研究。这样的方法首先基于掌握文本试图传达的意涵以及希望这一意涵怎样被理解。其次是考察特定言论与更为广泛的语境（linguistic context）之间的关系，以揭示特定作者的意图。特别是对某一特定文本的社会语境的研究可以帮助

---

① 〔英〕昆廷·斯金纳：《观念史中的意涵与理解》，丁耘主编《什么是思想史》，第129~130页。

确定辨认某位作者可能传达的意涵。如此一来，就可能实现观念史研究的价值，即哲学分析与历史证据可能实现的对话。他特别赞同柯林武德的观点，即"哲学中没有所谓的恒久问题。只有具体问题的具体答案，而且……有多少提问者就有多少种不同的问题。我们不是要在哲学史上去寻找直接可资借鉴的'教训'，而是要自己学会如何更好地思考"①。

对于观念史研究的哲学价值，斯金纳认为，经典文本，尤其是道德、社会和政治理论方面的文本，揭示的不是本质上的同一性，而是各种可行的道德预设和政治诉求。这应当视作经典文本在哲学上甚至道德上的价值，并且经典文本所关心的是他们自己的问题而非我们的问题，也恰恰体现了经典文本的"相关性"和当下的哲学意义。因为在他看来，我们身处的社会有着自己的信仰以及社会和政治生活安排，能够认识到这一点就获得了一种全新的、更为有益的视角。对观念的历史的把握则能够使我们知道那些常常接受的"永恒"真理实际上只不过是我们自己的历史和社会结构的随机性结果。斯金纳始终坚持认为并不存在这样一成不变的概念，有的只是与不同社会相伴随的形形色色的概念。因此，他也十分重视"词语（words）的意涵"，因为他认为维特根斯坦在《哲学研究》一书中对具体语言游戏（language-games）和特定生活模式中更为一般的词语使用的重视和强调，能够为思想史家提供一种非常有价值的解释学。在他看来，维特根斯坦以及后来的奥斯汀（J. L. Austin）所提供的对于词语意涵理解的方法有助于理解言说（utterances）和诠释文本（texts）。②他还进一步强调应当首先揭示那些我们所感兴趣的言说的意涵和主题，再接下来考察言说发表时的论争语境，借以确定它与涉及同一主题的其他言说有着怎样的联系或关联。假如我们能够准确把握这一语境，我们最终将有望理解我们所感兴趣的言说者或著作家在言说时的行为。③

相对于后现代史学方法对"作者-主题"的解构，斯金纳依旧肯定语言在构成制约的同时也是一种资源。倘若我们认识到生活世界是由我们的

---

① 〔英〕昆廷·斯金纳：《言语行动的诠释与理解》，第 136 页。
② 〔英〕昆廷·斯金纳：《言语行动的诠释与理解》，第 136 页。
③ 〔英〕昆廷·斯金纳：《言语行动的诠释与理解》，第 152 页。

概念构造起来的，任何对一种概念的使用进行改变的成功尝试都会相应地改变我们的生活世界。在我们试图去理解某一传统受到挑战或某一习惯遭到彻底颠覆的时刻，就不能不关注作者及其言语行动。简言之，把注意力集中在作者们所处时代的一般性话语，而不是作为个体的作者。在考究福柯所言之"话语机制（discursive regimes）"，进行一种纯粹的言说考古学之外，还需要看到文本之作者的写作意图，并在二者之间实现调和：是文本在行事（text is doing），还是作者在行事（author is doing）。① 在他看来，文本即行动（texts are acts），它与其他一切自发行动一样，理解过程要求复原文本作者行动所体现的意图。但这种复原不是陈旧的解释学试图让人相信的那种神秘的移情过程。行动就是文本的意义在于我们能够读解它所体现的主体间性意涵（intersubjective meanings）。

（3）福柯的知识考古学方法

后现代史学方法的代表之一福柯则是以非连续性、断裂、差异的考古学反对连续性、起源、总体化的观念史，通过对话语形成与陈述进行分析，呈现作为主体的"人"和知识在话语实践中被建构的过程，深入剖析"人之死"的主题，最终建构一种基于"话语实践-知识-科学"的考古学。福柯提出"概念的历史不是一砖一石构造起来的建筑"，"与其要把这些概念重新置于潜在的演绎结构中，不如描述它们在其中出现和流动的陈述范围的组织"。② "概念形成的规律，无论它们具有什么样的普遍性，都不是被置于历史或在厚重的整体习惯中沉积由个体进行运作的结果。它们没有构建某种模糊研究的枯燥图表，在这种研究中，概念由于错觉、偏见、谬误、传统而被揭示出来。前概念范围使话语的规律性和局限性显现出来，这些规律性和局限性又使概念的异质多样性成为可能，随后超出当人们写观念史时自愿针对的这些丰富多彩的主题、信仰和表象。"③

福柯对西方理性的批判，是为了改变因癫狂受抑制而造成的理性独白的局面，是为了替非理性争得应有的权利，为了恢复理性与非理性的对

---

① 〔英〕昆廷·斯金纳：《言语行动的诠释与理解》，第 155 页。

② 〔法〕米歇尔·福柯：《知识考古学》，谢强、马月译，生活·读书·新知三联书店，2003，第 60 页。

③ 〔法〕米歇尔·福柯：《知识考古学》，谢强、马月译，第 68 页。

话。这并不是要否定任何理性的作用，而是希望人们从理性化与人类暴行的关系中感悟到什么。福柯的批判对象，在古典时代是笛卡尔的理性主义的主体哲学，在现代，他所批判的就是从康德和 18 世纪末以来的"人类学"。由于现代哲学把对人的有限性所作的经验分析误当成了对人的无限本质所作的先验分析，所以，现代哲学就陷入了"人类学沉睡"之中。福柯所说的人类学并不是通常意义上的一门特殊学科，而是指使得哲学问题全都置于人类有限性领域之内这样一个哲学结构。人类学的典型特征就是把知识的可能性与理性的界限、人的有限性联系在一起。也就是说，自康德以来，人们不再是从无限或真理出发来思考人的问题的。现代的意识哲学看不到这一点，硬是把人的有限性遮掩起来了，故意或无意地把有限的人当作谈论一切问题的基础；硬是把无限的、绝对的、创造者的角色归之于有限的人，让有限的人不堪重负、膨胀欲裂；硬是在抛弃了真正的无限之后，还乐观地梦想着进行一次从有限到无限的跃迁。福柯阐明并要加以恢复和维护的正是人的这种具体的有限性。然而，从康德直至现象学和存在主义的近现代意识哲学，由于把名不副实的无限作用赋予有限的人，所以，在损害人的有限性的本来面目时，也损害了这个有限性的具体性。由此，福柯宣告了与现代认识性相伴而生的"人之死"。①

由此，在福柯看来，批判先验主体的奠基作用和构造作用是很重要的，因为倡导历史连续性、进步等总体历史观的历史主义就是事先假定了先验主体的这个作用，连续的、不中断的历史是与意识的统治权形影相随的。他批判基于西方理性之上的"真理目的论"和"理性因果链条说"，批判观念史所谓的"起源说""连续说""总体化"。福柯在《词与物》乃至在《知识考古学》中发掘和论说历史的间断性的可能性，就是为了抑制主体的先验构造和奠基作用，表明知识史和思想史的展开是无先验主体的，是匿名的，是无身份的。这里的"间断性"是指"有时候，在几年之内，一种文化不再像它以前所想的那样思考了，而开始思考其他事物，并且以不同的方式思考"。福柯之所以欣赏尼采的"谱系学"或"真实的历

---

① 〔法〕米歇尔·福柯：《词与物——人文科学考古学》，莫伟民译，上海三联书店，2001，第 8~15 页。

史"，就是因为它能区分、分离和分散事物，能释放歧异性和边缘因素，能让间断性在主体身上穿行和涌现，它所依据的是充满着机缘的力量关系的逆转和权力的侵占，所强调的是界限、断裂、个体化、起伏、变化、转换、差距，所凸显的是无先验主体的、分散的、散乱的、非中心的、充满着偶然性的多样化空间。福柯只是为了在连续历史观与先验主体观猖獗的哲学传统中，让人们看到还有巨大的间断性存在。

　　文本阐释的争论永远不会停止的原因并不来自言说的不确定性，而是在于围绕究竟该如何理解文本意涵的时候，总有着潜在的无尽的进行正当的、有意义的争论的空间。因此，复原特定文本在思想上的历史地位就显得尤为重要，将文本视为对特定话语的贡献，进而发现它们是如何延续、挑战后者颠覆那些话语本身的传统语汇的方法就是有意义的。这种研究的意义在于它能够帮助我们与我们自己的预设和信仰体系保持一定的距离，从而将我们自己的生活模式与其他的完全不同的生活模式做参照。用伽达默尔和理查德·罗蒂晚近的话说就是：由于这种研究能够使我们认识到我们自己的陈述和概念并非唯我独尊、高高在上，因此它能够使我们质疑任何试图在"纯历史的"与"纯哲学的"东西之间划出明确界线的努力。[1]

　　据此，我们可望以一种更具有自我批判精神的眼光审视我们的生活方式，扩展我们的视野，而不是强化我们的地方性偏见。斯金纳以前现代政治哲学史的考察为例指出这种研究范式下的考察价值在于揭示两者之间并不存在必然的联系，而我们所揭示的不同特性的信仰体现了它们的"相关性"（relevance）。通过反思诸如此类的可能性，才能获得一种极佳的手段，防止现有的道德和政治理论轻易地堕落为不加任何批判的现成的意识形态。与此同时，我们也获得一种新的手段：参照我们对可能性获得的更为深刻的知觉，以批判的眼光看待自己的信仰。

---

① 〔英〕昆廷·斯金纳：《观念史中的意涵与理解》，第163页。

（4）德国概念史研究方法

在洛夫乔伊观念史方法的创发与斯金纳的观念史批判之外，还有一个值得注意的以概念史研究范式为手段的德国概念史研究。"概念史"一语最早见诸黑格尔《历史哲学》，但其用法十分特别。概念史家大多认为，它用来指称一种史学类型，即考察艺术、法学和宗教的历史，可以纳入哲学史的范畴。概念史在 20 世纪 50 年代后逐渐成为一个跨学科的研究并在德国呈现出两条进路：一是哲学思路的概念史，即将概念史当作理解当下哲学术语的背景，或者说完全是为了解决哲学问题；一是历史学的概念史，在于理解历史上不同社会的特性。二者会有一定的关联，但正如诠释学家伽达默尔所指出的，要注意哲学概念史与史学概念史的区分。以科塞雷克为代表的概念史是以后者为主。① 科塞雷克是德国概念史研究的代表性人物，主导编撰了《历史基本概念》这一辞书。在方维规教授看来，概念史和打上科氏烙印的历史时间语义学，是第二次世界大战以后德国史学最重要的贡献之一。他指出，概念史可以透过语言介质，重构现代性兴起的一个最成功和最突出的尝试。②

近年来，概念史研究逐渐成为国际学界备受关注的史学类型和跨学科研究领域，一些学者也开始将概念史研究方法引入中国近代史研究。一是通过译介概念史的相关理论和研究方法，进而尝试构建与近代中国历史情境相契合的概念史研究路径；二是对近代中国的若干基本概念进行"知识考古"，试图厘清其演变过程及其社会政治语境，进而对近代知识体系之建构有所发明。③ 此外，虽然原初意义的概念史研究在中国才刚刚起步，但由于"概念""概念史"所蕴含的独特魅力，此名目常常被史学领域之外的研究者借用，作为考察本学科重要概念的方法论依据。例如，哲学界对西方"启蒙"等概念之演变过程的考察、政治学界对西方"国家理性"

---

① 孙江：《概念史研究的中国转向》，《学术月刊》2018 年第 5 期，第 150~174 页。
② 方维规：《概念史与历史时间理论——以科塞雷克为中心的考察》，《近代史研究》2021 年第 6 期，第 114~131 页。
③ 李里峰：《概念史研究在中国：回顾与展望》，《福建论坛》（人文社会科学版）2012 年第 5 期，第 92~100 页。

概念及其不同理解范式的阐述等。① 在具体学科研究方法的运用中，概念史研究与洛夫乔伊的"观念史"以及剑桥学派的政治思想史（波考克、斯金纳）常常被模糊界线，彼此混用，对各自的区别不太在意。但在我们明确了他们各自的方法特点之后，在哲学领域的研究中，尤其在儒学的研究中，是可以尝试兼收并蓄吸取各自方法论的有益之处。

方维规在对以科塞雷克为代表的德国概念史的长期研究中，特别指出当中的"鞍型期"及其历史时间理论的诸多特征，能够在中国近现代的过渡期/转型期出现的很多重要概念中找到，进而在中国近现代思想的研究中，概念史研究方法及其对历史时间的独特理解具有一定的方法普适性，值得我们借鉴并运用。"鞍型期"是科塞雷克特别提出的一个历史时间段。在这个时间段中，概念从旧到新，发生了一系列根本性的语义结构变化："18世纪中期之后，传统常用概念经历了深刻的含义嬗变……旧词获致新义，已接近今日理解，从而无须移译。"② 正如方维规教授所看到的，科塞雷克对概念史的理解，是一种透过语言介质，重构现代性兴起的突出的成功尝试。

这种对近代社会向现代性过渡的理解，具有特别的启示和借鉴意义。再结合伽达默尔所指出的哲学概念史与史学概念史区分，③ 对我们重新认识、梳理中国近现代社会过渡时期的思想观念具有重大意义。我们不仅有必要对此时期思想家之哲学思想展开思想史、社会史的考察理解，更应当关切此时期的概念、话语、观念的"概念-观念"史梳理与再认识。在方维规教授看来，科氏的"鞍型期"理念，既是一个从前现代走向现代的分水岭，又是一个可以从断裂或连续性的视角回看历史变迁的新方法。

的确，如果借用这一新方法或新视角来审视近代中国的这个特别时

---

① 李里峰：《概念史研究在中国：回顾与展望》，《福建论坛》（人文社会科学版）2012年第5期，第92~100页。
② 方维规：《概念史与历史时间理论——以科塞雷克为中心的考察》，《近代史研究》2021年第6期，第114~131页。
③ 在"语义学转向"的过程中，伽达默尔的概念史分析方法得以进入我们的视野，他同时以诠释学的方法视角提醒我们要在对概念史的研究中区分哲学概念史与史学概念史，或者说应当尽量保持对二者分界的自觉。也就是说，我们有必要在哲学研究中对哲学概念进行语义的历史诠释的研究。

段,通过考察其中具有代表性的新旧概念的出现与延续,那么我们可能发现传统与现代之间既可以是断裂的,亦可以是延续的。倘若我们敢于尝试立足传统的"经验空间"与面向未来的"期待视野"重新整理和认识哲学概念与语义结构,在概念意义的单复数变化中重构未来、承续过去,那么我们可能会跳出单一的自然时间顺序来观照自身的文化传统,以历史的时间多样性来理解传统观念、思想、概念的连续性与非连续性的并存。"只有概念史能切实说出时间经验的变化,概念能比观念更可靠地捕捉意识状态。"① 概念语义的变迁恰好反映的是近代社会面向现代性的意识转变的反映和载体。除了从技术、科学的发展,从经济、政治社会或文化的发展的宏观图景,还能从以"观念-概念"为主轴的人对时代的感受变化认识传统=现代的转变。正是这样的面向现代性的意识转变,表征了"时代化"的过程。

此外,对关键概念的"多层时间结构"进行"历史时间语义分析",也为哲学概念的考察提供了一种新维度。科塞雷克指出:"不同时历史的同时性亦即同时历史的不同时性集于一个概念。"因此,呈现不同时的同时性的概念史研究能够"揭示那些蕴含过去、现在和未来元素的……概念之历史"。也就是说,概念史的任务是"钩稽词义的延续、变化或出新",呈现"衍续的、重叠的、沉积的、新增的含义之深层结构"。②

尽管概念的"历史深度"还在,但"另一时间层的政治和社会变化、变革和加速过程则经时不长,但新概念渐次取代旧世界的政治和语义逻辑"。方维规教授在对科氏理论的进一步研究中还指出,争议性是政治/社会基本概念的重要特征,即过渡时代关键概念的意义常有变化,但当时的人们却往往对词义缺乏统一认识。这就带来可能的两种情形,一是在不同的具体语境中,同一个语义有不同的含义,但其含义的分歧,多指向其对于未来的意义而较少涉及概念在过去的含义。二是充满争议的概念在争论中的某些意义,在未来可能不复存在。这种概念的多义性和争议性,恰好

---

① 方维规:《概念史与历史时间理论——以科塞雷克为中心的考察》,《近代史研究》2021年第6期,第114~131页。

② 方维规:《概念史与历史时间理论——以科塞雷克为中心的考察》,《近代史研究》2021年第6期。

表明科氏将概念史理解为概念的时间史:"由于历史有着不同的时间层,即过去、现在、未来的时间结构,因而政治/社会的基本概念也都带有过去的经验、现在的体现和未来的期待。"①

综上所述,科塞雷克所揭示的概念史及其"鞍型期""不同时的同时性"的历史时间理论都无不充满对中国近现代思想研究的方法论启示。方维规甚至乐观地认为将上述理论用于考察东亚或中国社会走向现代的决定性时期,在对人的语言和概念中探寻现代性质发端和现代化轨迹,或许会展现"别开生面"的图景。的确,从理论上看,科塞雷克的概念史研究的方法论启示不无积极的意义,不过不是所有的思想观念都可以化约为语言/概念。应当看到,思想、观念与概念是一个变动的相互影响和建构的进程。斯金纳质疑概念史研究的局限,他指出概念史研究的体系化不明确,边界模糊导致建立在概念上的所要建构的历史图像不清晰,更重要的是不可能有概念本身的历史,只有争论中使用的概念的历史。斯金纳的批评主要立足于其"语境主义"的方法来揭示概念史研究可能的问题,更是对可能导致的"词语崇拜"的反思。②

二 "观念-概念"史研究范式的限制与展望

一般而言,大部分近代以来的哲学史叙述多集中在某一具体人物思想或相对狭窄的时段。倘若转换从"观念-概念"史的视野,可以更好地在长时段的历史时空中认识社会变化与思想转换的总体线索。"观念-概念"的历史内涵演进,是以中国西学东渐的整体走向为背景的。基于这个背景的"观念-概念"变迁在哲学领域中的反映不是单独的或界限分明的,而是伴随整个中国社会、政治的转换而得以实现的。鉴于近代中国对很多新概念和新观念的理解,依赖于概念中或观念下不同意义构成的结构性关系,因此要哲学地分析"观念-概念"的深层内涵及其意义,必然不能脱离具体的社会与政治及其所依赖的历史传统。一方面,必须对相关"观

---

① 方维规:《概念史与历史时间理论——以科塞雷克为中心的考察》,《近代史研究》2021年第6期,第114~131页。

② 孙江:《概念史研究的中国转向》,《学术月刊》2018年第5期。

念-概念"所表征的西方意涵有清晰明确的历史性把握；另一方面，需要将它们回置到传统中国的长时段与短时段语境中，理解其所延续的传统的历史深度，考察它的容受与沉积。

对"观念-概念"史研究的探讨，其目的只有一个：如何综合以上方法之所长以应对和丰富中国哲学的研究方法。实际上，概念的变化所表征的背后应当是已有观念思想的转化、转换乃至转变的基础。这种变化最终会通过语言/语词/概念的形式予以表征。这一转换的结果，又成为进一步影响深化观念思想的推进器，从而将观念、思想、概念与政治、社会、哲学相关联，完成社会整体结构从观念意识到思想理论再到实践施行的联动过程。近代以来，对社会、政治乃至经济的重构不仅仅是概念语义的重整与构建，更应当是基于传统-现代的貌似断裂而实为连续的大历史视野的重建与思想（哲学）的重构。因此，概念作为一种微观而具体的载体是一个必要的考察对象，但对于在长期历史中的观念，也即洛夫乔伊所讲"观念单元"来说，对长期且连续的观念思想（群）延绵的考察，亦需结合于近代过渡时期历史语境中所应当观照与认识的一个重要切入点。概念抑或观念，需要通过一系列相关联的观念群或概念集群以表明自身的确定性，因此，在考察一个观念或者概念的意义时，系谱学的方法是有效将观念群或概念集群结构化和分层化呈现的关键。以剑桥学派所倡导的"语境主义"之谱系学的思想分析法必然也应当成为在探索哲学观念（概念）问题上可利用的手段之一。

通过思想观念乃至概念词语在历史时空中哲学意义的变化，表明儒学传统并没有因新型过渡时期的近代的到来而失去其作用，它以观念（概念）的形式融解在社会与政治的重新建构之中，并在其中整合、联结起现代性的思想观念，正是以这样的方式，儒学自身的实践性、开放性和包容性才能得到彰显。与此同时，我们也不得不反思儒学传统的思想文化内核是否被现代性的话语遮蔽其广阔高远的精神境界和另类深刻的哲学创造。因此，通过观念的哲学研究，有助重新发现儒学思想传统本有的异于西方传统的观念进路和思维视界，对理解当代中国的社会、政治与文化有着特殊的意义和价值。

在早期儒家群己观念的研究中，"群"既可以视为观念，亦可以视为思想，其考察的必要载体自然不能不落实在以"群"概念为主要线索的一系列相关重要概念集群之上。若在微观上追溯分析这些关键概念的"衍续的、重叠的、沉积的、新增的含义之深层结构"①，可能重新认识近代-现代社会转型期思想观念与话语概念上的断裂抑或延续，更真实客观地反思现代中国的哲学话语体系乃是中国哲学建构的未来空间。因为"随着传统经验模式的明显转变，人们会寻求新的形式解释剧变，旨在理解和适应经验变易，而语言解析模式对于根究新的经验具有关键意义。不同时间层和时代的经验的累积和发酵，也使一些沿袭概念增添了新的语义，进入新的经验空间。新的理解和解释模式体现出深刻的社会文化剧变，过去和未来之间的当代获得新的品质"②。

由此可以看到，在对于早期儒家群己观念相关的概念集群的考察时，可以尝试一种新的中国式的话语体系，即传统路径与现代多学科方法的交叉研究。在科塞雷克对转型过渡时期即"鞍型期"的理论建构下，时代化的加速过程必然带来经验和语言的多重时间层，这就意味着在考察概念的语言学方面必然要引入某一历史时期的概念的内在时间层结构，即"历时和共时之二元模式"。在考察早期儒家群己观念在近代的转化时，观念的新旧含义往往附着于同一个概念（重叠语义）而不同的含义又有着不同的时间层，各层含义经时不一。在近代众多的传统概念中，仍保有古代、中古时期以来含义的余韵，其"历史深度"依旧存在。③ 这就需要采用"不同时的同时性"理论来统一概念"历时与共时"的张力，即将历时的不同时性与共时的同时性进行交织，编织成历时与共时视角的结合，以分析和把握概念语义的多层时间结构。这一方法可以有助于"弄清对于现代世界具有范式意义的语义/时间，语言/概念的多层结构""……揭示融会于一

---

① 方维规：《概念史与历史时间理论——以科塞雷克为中心的考察》，《近代史研究》2021年第6期。

② 方维规：《概念史与历史时间理论——以科塞雷克为中心的考察》，《近代史研究》2021年第6期。

③ 古代含义在近代过渡期概念中的留存，尤其在"群"这个"概念-观念"中的留存，也是本研究要探索的一个重要内容。

个概念的不同时的同时性"。①

如果只以概念的关键词为线索来认识观念与思想的转换，可以说仍然是有其限度的。关键词的使用固然展现了观念在一定程度上的历史变迁，然而观念所附着的价值根基的变与不变才是最为核心的思想观念的发展关键。观念结构所透视出的价值根基，相对关键词的内涵变化具有相对稳定性和永恒性，这使得观念以及观念关涉的思想本身的历时性发展成为可能，即具有可被识别为此而非彼的独特性，这种相对稳定的价值本身才能在不同的历史时空中借助观念形式结构的部分变异来完成其不断延续和影响思想的历史任务。

概念用语的文辞世界并不是孤立的，它与我们的传统价值世界是既紧密而又内在相关的。概念语词构筑出的思想空间被汪晖称为"名"的世界，并认为"名"的世界并不是概念的堆积，它们相互之间存在着内在的逻辑关系。②"群"作为概念词语有着其自身的语义变迁和发展，而"群"观念则是包括了群的概念以及其他相关概念和思想的概念群和观念群交叉重叠而形成的对人与人、人与世界基本关系的认识方式和理解维度。这些关系构筑起来的群观念涉及个人、个人与他者、人与世界当采取何种价值立场认识自我及彼此，并选择用何种组织形式以达成对个人、他者以及世界的认识与整合。

三 观念史研究范式在儒学研究中的引入

"观念-概念"史研究属于广义的思想史研究的一个分支，或者说有着自身研究方式的思想史研究的一种。近年来，概念的、观念的历史研究成为中国学界关注思想与社会转型的新视角和新议题，它们共同构成了思想史研究的丰富内容。在对中国近代思想或者对中国近代哲学思想进行研究时，借鉴并采用"观念-概念"史的视角与方法是十分必要的。在把握观念史研究与概念史研究的优点与局限的基础上，能够帮助我们更好地整理

① 方维规：《概念史与历史时间理论——以科塞雷克为中心的考察》，《近代史研究》2021年第6期，第114~131页。

② 汪晖：《现代中国思想的兴起》，生活·读书·新知三联书店，2004，第834页。

和重述近代中国的思想世界。同时，还可以从"概念–观念"维度呈现出近代思想家对古代哲学思想阐释的转型。就中国哲学的学科研究发展来看，在总体上与历史学科中的中国思想史学科较为接近，因为中国哲学研究的对象往往与中国思想史研究的对象是同一的，有时很难区分。在日本和美国的中国思想史研究已经成为国外中国思想研究的主流情况下，当前的中国哲学研究需要掌握研究的主动权，参与到中国思想史的研究中，回应中国思想史研究的挑战。[①] 因此，从广义的思想史上看，中国哲学的研究本身并不排斥借鉴思想史研究的相关方法和进路，当然包括观念史、概念史的研究进路。但是，中国哲学的研究又不能对这些方法形成范式依赖而失去对思想本身的哲学的思辨的分析。因此，无论观念史、概念史、思想史的各路方法在儒学研究乃至中国哲学研究中的运用，其价值在于方法论的工具意义，其根本目的仍然要有助于凸显中国哲学研究本身的哲学特色和思辨意义。

从现有的研究成果看，金观涛与刘青峰的《观念史研究：中国现代重要政治术语的形成》可以视为观念史、概念史研究中的一类代表，从其研究中我们可以看到观念史、概念史研究的优点和不足。《观念史研究：中国现代重要政治术语的形成》主要集中在对关键词的历史语义变迁的描述，其中对词义、语义的微观分析和语词使用的数据统计分析，既反映了概念术语的内涵发展，也客观地给出了相应概念术语在现代政治领域的使用情况，历史考证和数据分析的社会科学方法的运用，是这一研究的独特之处。然而，我们似乎除了通过对不同概念术语的整理和分析勾勒出相关的历史线条获得术语概念形成的外在动因外，对概念术语所表征的观念本身及其内容，以及观念的构成性、概念、范畴的来源和性质却缺乏充分的哲学分析。换个角度看，金、刘二人站在近代西方现代政治观念的主要立场理解并梳理一系列观念，偏重刻画现代政治术语概念的重构和使用，而较少关注重构和使用"隐蔽"源头、性质与动机，即概念术语所依赖的传统观念的延续与断裂的发生。此外，将概念独立出来脱离一定思想语境和

---

① 陈来：《中国哲学史的学科属性与方法》，《中国哲学史》2021 年第 4 期，第 5~12 页。

文本脉络，也会导致理解上的碎片感。总之，观念应当是多种概念理解并交互的结果，也是概念得以运用的思想场域，不能脱离概念来理解观念与思想，但概念（关键词）也并不等同于观念与思想本身，概念只是在其使用的语境中反映观念的意义和边界。

从字义概念入手追溯理解，将近代作为概念使用的语词同语词所标识的传统观念分割开，会忽略观念的连续性对概念延展性的影响。在不同语境下的概念使用固然有其所针对的范围，所辐射的意涵，但这些范围与意涵必定是依托于过去所有文化与思想的历史积淀与历时性发展才能获得理解。尽管观念史家洛夫乔伊观念单元的历时性固定性假设受到剑桥学派的批评，但观念本身的延续性在没有抽掉一切变量的实际思想进程和社会文化的历史演进中是必然存在的。

在本研究中，由于作为概念、思想、观念的"群""己"各有侧重却又相互联系，考察"群""己"的观念变迁及其哲学意义时，首先需要辨明在观念、思想与概念层次上所使用的方法和论域边界，立足三者的交叉和综合的方法论基础，才能恰当地对"群""己"观念进行历史的哲学考察。这样的哲学分析既可以视为观念史、思想史、概念史的方法交叉运用的一个具体案例，又可视为在哲学史上对以"群""己"为代表的传统观念、思想、概念谱系在社会、政治与文化中发生（共时）和发展（历时）的考察和反思。因此，理解、考察与认识早期儒家的群己观念，一方面是对传统儒学价值内涵相关的哲学概念，如"天下""群己""公私""义利"等的谱系梳理；另一方面也是以现代社会、政治主题展示"群己"观念的历史连续性与断裂性的一个挑战。单纯地依赖传统概念和范畴以激活传统并不必然有效，因为这些概念和范畴往往是在现代思想和理论的烛照之中才能显示其来自传统的哲学意义。

纯粹按照欧洲哲学的范畴、概念和框架建立起来的"观念史-概念史"的解释体系还会带来一个问题，就是外在于"观念""概念"自身的理论内在认识世界，并同时容易忽略社会史视角下的"观念与概念"特殊性表达的展开。因此，在传统的观念、概念开展语义历史考察与哲学史追溯之时，一个儒学的内在视野是极其重要的。正如汪晖在《现代中国思想的兴起》前言中所指出的，从一种"植根于儒学的历史视野"① 出发，才能让我们理解哲学史乃至政治制度史、经济史范畴时，不被仅仅囿于单纯的学科史范围来解释。当我们尝试从一个内在的视野，即儒学自身的视野去展开其中关联现实世界的概念、观念、范畴时，才能在与当代的对话过程中展开内在完整性的思想观念及其历史诠释，"这不仅仅是用古代解释现代，或用古代解释古代，也不仅是用现代解释古代"②。儒家"群""己"的观念，既是儒学研究的一个重要部分，也是中国近代思想史研究的内容。从植根于时代的儒学视野中重新审查传统的观念、概念、范畴及其在近代社会转型中的哲学化与政治化，有益于身处于后现代的我们正确认识传统本身的知识、信念和世界观的意义与价值。

对于儒家群己观念的研究而言，"群""己"观念本身及其发展变迁与早期儒者阐释提出的某种或多种原则以及它们此后在儒学史的发展中交织在一起，这与观念史研究的观念对象类似。洛夫乔伊认为这些观念存在于被早期欧洲最具影响力的哲学家所阐释的某种单一特殊的命题或原则之中，以及和那些作为或曾被设想为其推论的进一步的命题处在一起。这些观念和原则紧密相连，只有弄清楚了它们，才能对与之相处的命题有一个明晰的了解。洛夫乔伊所讨论的"存在巨链"的观念就属于此类，因为这一观念是和"存在是充实的""存在物是连续的""存在物是有等级的""充足理由原则"等假定命题或假设处在一起，并存在于它们之中。此外，从观念史研究的最大任务之一来看，即运用独特的分析方法试图理解新的信仰和理智风格是如何被引进和传播的，并试图去说明在观念的时尚和影响中的变化以及这种变化产生过程的心理学特征。儒家群己观念的研究目标除了能够借助观念史研究的方法论工具来描绘和重新理解古今转变之中新的信仰和思想风尚外，还在于理解这些转变中的新信仰和思想风尚是如何经由传统与外来的黏合以符合当时之时代的发展进程，进而影响到以后社会思想的形成。

无论是概念还是观念，都包含一系列关联的概念集群和观念群的构

---

① 汪晖：《现代中国思想的兴起》，生活·读书·新知三联书店，2004，第7页。
② 汪晖：《现代中国思想的兴起》，第7页。

成。在对其考察与梳理时，借鉴剑桥学派倡导的"语境主义"的谱系学方法可以在很大程度上提供一个直观呈现概念与观念之结构化的有效手段。在儒家的群己观念研究中，作为概念词语，群己从古典时期的早期儒学中就开始其含义的变迁，且在后世逐渐隐没为一种形式上不再单一，而是由多种概念语词组成的观念。

"群"观念与群己关系的讨论在近代的复兴，体现了传统儒学价值的中断和接续。"群""己"不是一个外在于我们自身生命活动的对象化存在，也不是一个外在于特定认识主体的客体。"群""己"的观念史和特定时代人们的思想和行动密切相关，而当我们把"群""己"与"自然""人"等问题关联起来的时候，也就是表明"群""己"观念的构成与"宇宙世界观"和"对人的再认识"的过程密切相关；当我们把"群""己"与"自由""民主"的近代式理解关联起来的时候，就是在讨论一种新型的观念嵌合及其反映出的内在矛盾与困境；当我们把"群""己"观念与抽象的"自我""心灵"与"生命"的哲学理解关联起来的时候，就是表明这个观念与社会重构认同的过程密切相关，是对其不断更新的形态和内涵的再认识。

本节对方法论工具的分析，目的在于找到尽可能有助于理解儒学传统观念在哲学意义上的断裂与连续的研究方式。然而，儒学传统思想观念的价值内核与哲学特色不应当被现代性的话语完全遮蔽。重新认识儒学传统思想观念本有的异于其他文化传统的观念进路与思维方式，发掘它们在当代社会、政治与文化建构中的独特价值。换言之，基于哲学视野中的儒学思想研究不应仅局限于哲学学科领域，而应当综合多学科视域，运用不同方法论工具，开展交互式的创新性、创造性研究实践。儒学传统作为中国上千年意识形态的存续主体，已然深入渗透在个人生活、社会伦理、国家治理等所有实践领域，需要我们重新发现在现代学科分野之下的其他研究范式和方法。具体而言，在传统的哲学史、哲学研究中，注入历史（观念史-概念史）研究、社会科学（社会学）研究，可以极大拓展儒学自身研究的空间。

综上所述，基于当代视野的儒学研究，需要在综合运用跨学科视域与方法论工具的尝试中实现中华优秀传统文化的创造性转化与创新性发展。儒学传统作为中国上千年意识形态方式的存续，渗透于自我心灵、个人生活与社会国家的主要领域，不能仅仅局限在一个学科视野与方法论工具上，而忽略其他学科方法的运用。在传统的中国哲学史、中国哲学研究中，适当引入观念史、社会史乃至社会科学研究的方法拓展儒学自身的研究空间，能够更好地理解儒学传统的思想运动与观念变迁。"观念-概念"史研究方法的适当使用还有助于扩展哲学史研究的范围，促进儒家思想的哲学研究扩展到社会文化的各个领域，与科学史、宗教史、文学史等进行交叉。

第三章　儒家群己观念研究的
学术史线索

　　一般来说，通过对群己观念特别是群己关系的考察，能够让我们进一步认识到传统思想文化中的经典思想家们如何看待理解人和人之共同体的关系，以及这样的认识如何奠基等一系列问题。然而以往对儒家群己观念的研究，却只局限在讨论群己关系上，即"群己之辨"，多停留在描述思想家或文本中对群与己、人与我的关系表达为何的层面，对其背后的哲学基础及其在哲学史、思想史中的社会政治意义缺乏更系统的理论反思，尤其是对群己关系所依托的观念形态与观念结构的整体性剖析不足，对群己观念结构演化如何影响社会组织与政治制度设计的讨论也不够充分，甚至忽略了社会政治形态中的群己关系与观念的哲学形而上学之间的重大关联性问题。换言之，我们需要追问的是支撑现有群己关系的群己观念是怎样历史地和哲学地被塑造的，其中的内容表达和思想整合又是如何完成的，传统儒家群己观念的意义结构是怎样的，它如何发挥作用并影响社会政治的发展。

第一节　儒家的群己之辨

　　根据现有文献可以发现，对儒家群己之辨的研究往往集中于论述思想而较少阐述观念，大致可分为以下四类。第一类是基于儒学"群己之辨"的思想研究。此类文献主要以哲学思想的历史发展为线索，围绕先秦以来出现的群己之辨，分析个体价值如何在群体认同和关怀中融入（杨国荣，

1999），并综合讨论自我与群体关系的变化，凸显儒家肯定自我又强调群体认同的价值取向（向世陵，2016），由此提出在儒学核心观念与理论结构中重新理解儒家的"群"及其价值（杜维明，2014；陈来，2014）。第二类是基于中西哲学比较的"群己关系"研究。此类文献关注儒家群己关系与当代西方思想中个人与共同体论题的相关性。研究者或检视中西哲学的殊相与共相，思考具体时空环境对群己关系的影响（李翔海，2004）；或检讨在现代价值系统下，传统"群己关系"走向带来的问题（贺来，2006）；或强调儒家的群体价值与西方的个体权利以及自我、自由等观念的理解差异和意义所在（李景林，2009；孙向晨，2017）。第三类是社会学视域下的群学研究。此类文献借助社会学理论框架发明儒家的"群论"内涵（景天魁，2019），并探问现代群己领域的划界，以及其中社会与政治的运动机制（赵鼎新，2012）。第四类是思想史叙事中的现代社会（群）思想研究。此类文献以主要代表人物的思想研究为主体（汪荣祖，2002；张灏，2016；黄克武，2000），从历史的或政治的视角（萧公权，1997），述及不同思想家阐发的"群"思想及其与传统社会向现代公民社会的接续问题（秦晖，2004；干春松，2006）。

相较国内研究，海外专门讨论儒家群己观念的研究并不多，研究者多通过将儒家传统的主要思想与西方文化中的"人""个体""权利"等概念进行比较诠释，间接涉及对"群""己"的观念的宽泛讨论。一是在"人"与"个体"方面。相关文献认为儒家个体的发现来自人性在人类礼仪行为中的展开，而中国古代"人"之概念的核心则在于如何理解个人以及个人与社会的不同结构之间的关系。进而推论，儒家传统有一种"人格主义"（Personalism）下的"个体"的认识，它区别于西方"个体主义"（Individualism）对共同体的理解（W. Theodore de Bary，2012）。二是在"个体"与"权利"方面。相关研究者首先比较了儒家的"个体"与孤立、抽象的"背负权利"的简单个体人的差异，进而采用儒家角色伦理的方式解释儒家个人与原教旨性个人主义的不同基础，以强调"修身"与"养性成仁"中的特殊个人价值与趋群性感受（Roger T. Ames，2017）。此外，还有学者用"社群核心道德观"来概括儒学特质，并指明东西方都在对权利的不同奠基上认可"社群基础"的重要性（David B. Wong，2016）。

上述研究揭示了儒家群己观念的重要性，明确了儒家群己观念与西方政治思想之间存在一定关联，为后续研究提供了良好的基础。同时可以看到，尚有以下可供发掘的研究空间：一是已有成果中"群己之辨"视角的研究成绩较为突出，而对早期儒家群己观念和思想之间的历时性关系的整体性研究还相对稀少；二是已有成果大多侧重于思想观念的梳理和分析，对早期儒家群己观念的价值内涵以及其在近代流变的考察还相对薄弱。因此，有必要在前人研究基础上对早期儒家群己观念的内在逻辑，梳理其在近代的转化，并立足中西哲学的会通认识古今群己观念的深刻变化，以阐发其所具有的现代性价值。

第二节　近代思想史视域中的儒家群己观研究

本尼迪克特·安德森在其《想象的共同体》一书中，论述作为"特殊的文化的人造物"的民族、民族属性和民族主义时指出：

> 这些人造物之所以在 18 世纪末被创造出来，其实是从种种各自独立的历史力量复杂的"交汇"过程中自发地萃取提炼出来的一个结果；然而，一旦被创造出来，它们就会变得"模式化"，在深浅不一的自觉状态下，它们可以被移植到许多形形色色的社会领域，可以吸纳同样多形形色色的各种政治和意识形态组合，也可以被这些力量吸收。①

这一段描述可以用来帮助我们思考 19 世纪末 20 世纪初的中国，在走向现代社会与国家的理论转型中所发生的思想机制的内部变化。只不过，我们更多是借用儒学传统中已有的名词、概念和观念来承接或移入现代西方思潮中的各种"政治和意识形态"组合，以此重塑依托于传统概念之上

---

① 〔美〕本尼迪克特·安德森：《想象的共同体：民族主义的起源与散布（增订版）》，吴叡人译，上海人民出版社，2011，第 8 页。

的新观念。这种新观念，表面上看仍然是"旧瓶"而其内容物已然却是"新酒"了。因此，"群"观念从没有在任何一个历史时期，像在中国近代那样，成为思想界的焦点而登上时代的舞台。

为什么"群"这一传统概念及其相关的思想，能够得到近代以来思想家的青睐与阐发？其主要原因在于围绕传统的"群"概念而形成的思想观念中，蕴含着融汇古今中西的哲学价值。最典型的例子，莫过于严复在将斯宾塞的《社会学研究》译为《群学肄言》时，就明确地肯定了社会学在中国相衔接的是荀子的"群学"。在《群学肄言》译序里，严复又明确指出斯宾塞的社会学与荀子的群学是正相合的。① 正如史华兹在《寻求富强》中理解严复所有思想活动之主线在于对国之富强的努力一样，严复沟通传统与近现代、中与西之"群学"的努力也并非为一单纯的对社会学学科理论的引入张目，其真切的目的恰在于为中国传统向现代社会与政治的转化寻求合适的传统思想资源。其中包含的并非单纯的学科理论的构建问题而是一个古今中西转换的历史忧思。

传统意识形态的改变并不意味着观念结构的彻底改变。相对稳定的观念结构原本就以潜在的和相对稳定的方式在历史发展和社会文化变迁中成为建构新的思想风貌和意识形态的出发点，正由于让人们习以为常、熟视无睹，从而在潜移默化中成为当代中国人理解现代社会和世界的基础。一些重要传统观念的核心价值和功能并没有像我们想象的那样发生重大转变，而在一定程度上保持了它们的相对稳定性。换言之，在诸多观念意识形态发生变化的同时，形成思想要素的观念内核与观念结构在思想系统中仍有其稳定的表达，只是借以表达的媒介概念与语词发生了变化和偏转，这些变化和偏转需要被特别关注。

黄克武指出，"群学在战国末年诞生之时，就有重建社会秩序、建纲立制之志。严复译介西方社会学更是为了寻求富强之路，对之所以选择社会学作为重点推介的一个学科，他有过明确的说明，即'今夫中国，非无

---

① 需要注意，以"群"概念为中心逐渐融入其他概念、思想以及伦理价值和伦理关系从而积蓄出"群"的观念，并不断吸纳整合各个思想时期的核心价值与哲学内容，进而才有可能在近代时期经由西学的刺激，而引出所谓"群学"的名称。

兵也，患在无将帅。中国将帅，皆奴才也，患在不学而无术'"①。近代的思想家们通过"群"，试图引入西方社会和国家理论以应对近代中国社会和国家的转型尝试。比如，严复的群观念综合了政治学与社会学的内容：①以民主（包括议院与地方自治）实现上下一体，达成公的理想，并解决以往专制制度私天下的弊病；②自主之权，自繇乃絜矩之道，亦即"人人自由，而以他人之自由为界"；③积私可以为公，结合自由之民，实行民主政治可成自主、富强之国。②

黄克武指出，严复的这些想法虽然与近代中国民主思想的主流论述基本一致，但其中的"合私以为公"的思想，一是传承自顾炎武、黄宗羲等儒家思想，一是对西方"开明自营"观念的引介和诠释。这在其《天演论》与《原富》等书中是有所反映的。从这里可以看到严复所谓的"私"，不但是一种庶民的政治权利，也包括在经济活动中追求个人财利的合法性。严复批评明清社会以"分义利为二""讳言利"的取向，希望引入西方"开明自营"的理念来改变上述观念，调整国人的经济观念，认可个人追求自身利益的合理性并指出自身利益追求的合理性并不会破坏道义和公利。通过《原富》的翻译，严复又多次表达了公私、义利、群己之间相互渗透的密切关系。③

此时之"群学"并非单纯为社会学理论的引入进行会通，而是为中国传统社会向现代社会政治的转化提供依据。换言之，其中包含的并非单纯的学科理论的构建问题，而是古今中西的观念转换问题。或许可以这样说，近代思想家特别重视"群""群学"，其实质是在运用传统群观念来认识和理解不同于传统社会的近代社会和国家。他们对"群"的阐发和运用，尽管并非观念的哲学式研究，却恰好反映了思想家在传统观念结构上重建现代群观念的尝试与努力。与此同时，近代思想家们对"群"与"群学"的重新认识，反向彰显了传统群观念及其观念结构的历时性影响，也使我们可以从另一个侧面捕捉到近代思想与社会在接续新知的历史实践中

---

① 黄克武：《近代中国的思潮与人物》，第28页。
② 黄克武：《近代中国的思潮与人物》，第28页。
③ 黄克武：《近代中国的思潮与人物》，第28页。

并没有彻底地跳出传统思想。当然，不可否认，传统观念系统在近代以来面对新兴思想意识的涌入，发生了改变甚至已部分解体，其中的一些重要观念之间的关系也出现了截然相反的变化。

张灏提出要注意"群"绝对不能被理解为来自传统的有机和谐和道德一致理想的一个概念，而是一个主要受西方社团组织和政治结合能力的事例所激发的新的概念。他认为群是一个新的概念，在保守的儒家学者王先谦对群的概念所作的猛烈的痛斥中也可以看出来。他指出，群是一个受外来鼓动、不受中国文化传统认可的概念，更重要的是它对中国国家和社会利益的损害好比一场洪水，"天下之大患曰群"，"群者学之蠹也"。①

近代，儒家群己观念的发展与中国近代公共空间的形成以及"公""私"领域的兴起有着相当紧密的关联。与社会概念不同，群的概念及其发展演化，并不能体现出中国近代社会结构的形成和变化，但是却能够反映出中国的传统社会观、道德观和宇宙观作为理解与建构现代"社会"的意义基底。"群"反映了中国传统中人们如何理解人群组织、共同体及其存在，如何理解伦理道德的所以然以及如何认识认知生存条件的自然和宇宙存有，这是中国近代以来社会与国家转型不可能摆脱的观念结构。②

为了认识传统观念意识在近现代解构的状况，就需要通过研究观念意识中游离出来的某些观念碎片。③ 所谓的观念碎片，类似于观念史家洛夫乔伊所谓"观念单元"。无论是"观念碎片"还是"观念单元"都意味着传统思想观念研究方法的转换，不仅仅是采用思想史的方式，也应当从观念史/概念史的视角去完成对思想观念的哲学研究。金观涛等研究者以观念史的方法对中国当代政治观念的形成进行了三个阶段的分期。其一，19世纪中叶以后洋务运动时期。此时主要是用中国原有的政治文化观念对西方现代观念的意义进行选择性吸收。其二，从甲午后到新文化运动前的二十年（1895～1915），此时以最开放心态接受西方现代观念，传入了大量传

---

① 〔美〕张灏：《梁启超与中国思想的过渡 1890—1907》，崔志海、葛夫平译，中央编译出版社，2016，第 72 页。

② 金观涛也认为"群"的意义与中国传统社会观、道德观和宇宙观是一致的，它代表普遍天道。

③ 金观涛、刘青峰：《观念史研究：中国现代重要政治术语的形成》，第 11 页。

统文化中原来没有的现代新观念。其三，新文化运动时期（1919 年以后），此时对所有外来观念进行消化、整合和重构，将它们定型为中国当代观念。金氏三段分期的目的在于说明中国当代重要政治观念的形成过程，即经历了"选择性吸收""学习""创造性重构"的阶段。[1]

金观涛等的研究也指出"群"被"社会"一词所取代的原因有二，一是戊戌变法的失败，使得士大夫"借帝变法"的希望落空，导致今文经学丧失塑造政治话语的能力。甲午战败、戊戌变法的流产，均导致人们对儒家伦理提供的社会组织蓝图能否立足于世产生疑虑。在上述因素的影响下，"会"作为描绘把个人组织起来的词汇，日益重要起来，成为"社会"理念使用的过渡性词汇。第二个因素是绅士公共空间的兴起。绅士所理解的"社会"是存在于中西二分的二元论框架中的。个人权利和契约法律仅在家族以外有效，家族内部的组织原则仍是儒家伦理。由此，得出结论："1900 年以后，以绅士为主体的公共空间出现，本质上是西方冲击下的特殊产物。其前提是儒家伦理与西方引进价值的二元论式的分裂。"儒家伦理仍然是家庭和个人道德（私人领域）的合法性根据，而"宪政""民权"等西方理念成为政治经济改革等一系列公共事业的指导思想。[2]

金观涛关于二元论心态的分析无疑是极有见地的，但这也是任何两种文明碰撞交流时所不可避免也必然会遭遇的情形。清廷与绅士在引进西方制度时想保护自己的权利不受损害，固然部分导致了儒家伦理与西方价值的二元论式分裂，但究其根本，原因仍在于两种文化思想观念的根源性差异或者说观念内核的差异。这种差异本来是能够在较为平和交流中得到逐步理解的，但由于其时的国族问题导致民族危亡与富强成为亟待解决的主要矛盾，致使借鉴引入西方价值时，多是从政治的外在形式、社会的组织结构方式等外层内容入手，而没有认识到不同于儒家伦理政治的组织形式的西方政治和社会理论的哲学基础、精神内核，中西方对人及人类群体生活组织方式的差异。

的确，1840 年以后，中国士大夫对国际关系的理解发生了变化，其根

---

① 金观涛、刘青峰：《观念史研究：中国现代重要政治术语的形成》，第 11 页。
② 金观涛、刘青峰：《观念史研究：中国现代重要政治术语的形成》，第 216 页。

源在于清中期以来经世致用思想与近代的政治变化对天下观的改造。① 一方面，经世致用的思想要求实事求是地认识和承认世界格局的变化，而不是如传统天下观中将"天不变，道亦不变"的理念作为维持华夏中心主义的永久优越性，把一种想象的等级秩序强加给现实世界。另一方面，近代政治的变化导致中国不得不以"万国"观来理解自身和世界的关系。我们必须承认中国只是万国之中的一国，且是弱小的一国。此外，去中心化的中西二分的二元论立场，使得儒家伦理退守私领域，不能规范公共领域的社会制度，也不再与世界秩序关联而仅成为中国人的认同符号。在公共领域中的国家，被定义为个人权利的集合，即国家主权是个人权利让渡的产物，儒家伦理和文化认同则规定了让渡权利的共同体的规模。②

　　正因为引进民族主义以建立现代民族国家的尝试，于是，要追求建立以国民为主体的民族国家，接受民族主义观念，其前提是必须破除"天下"观念。③ 所谓"天下"观念的破除就是走向人类之全体，世界之全部。狭义的古典的天下观念与走向"世界"的"人类全体"的现代国家共同体观念，其实并不是水火不容的。天下的华夷观念因为被越来越狭隘地解读而逐渐失去了它的意义全貌，但古典主义的儒家的群的观念却隐含有对人之全部群体以及伴随人类生存全体的全部他者的关系对待。近代中国的"天下""万国"的世界观与大一统国家"天不变，道亦不变"的永恒秩序相联系，似乎表明现代国家（民族国家）的世界观念中就不再有永恒的道德尊卑的等级。那种将"道""天"的永恒秩序无差别地等同于伦理关系表征中的等级尊卑的论断，没有真正理解和认识到儒家的群的观念中的天人关系与人人关系的内涵。可以说，道德尊卑等级在哲学层面的表达只是天道秩序中的一个内容而并非全部，对董仲舒所提出的"天不变，道亦不变"的核心理解也并非一如字面意义那样简单，它所传递的宇宙论形而上学价值其实相通于人类全体的合于善的生活的最终追求和永恒目的。换言之，在具体的政治谋划中，尊卑等级并不意味着有"阶级"，而只是分

----

① 金观涛、刘青峰：《观念史研究：中国现代重要政治术语的形成》，第 232 页。
② 金观涛、刘青峰：《观念史研究：中国现代重要政治术语的形成》，第 232~233 页。
③ 金观涛、刘青峰：《观念史研究：中国现代重要政治术语的形成》，第 240~243 页。

工、层级的合理化表达。同样，所谓"天不变，道亦不变"之"天"与"道"也需要仔细分析。以"天"为大之"天"，是人类生存的根基性存在，是宇宙、自然的给定条件及其因果律呈现的客观存在。这一客观存在的条件与人对"道"的主观认知是统一的，正是在这个意义上，传统中的"天人合一"才得以成立。

"天"不是狭义的"国君""专制统治者"之"天下"，这样的理解应该被视为汉代以后君权与天意相结合导致的历史变异路向，而这一路向并不能完全表明"天"之内涵，即天子代行天意，但天意并不完全等同于天子的意志，天子和天之间需要用圣人和经典进行沟通。"道不变"表明的是人类主体生存价值的永恒、善的永恒目的性而非只是具象化的伦理秩序的一成不变。社会组织形式、国家构成要素的变化，只要能够有益于达成人的善的生活的价值，均可以有不同的适合具体情况的形式和变化。因此，近代以来，民族国家的形式以及现代社会组织方式，在其本质的意义上并没有溢出"天""道"的价值范围，在最核心的方面，都是朝向人类善的生活的尝试和追求。不过，当"世界"一词的出现和使用预示着传统"天下"观念的变异与民族主义的兴起，这种新的"世界观"就带来了秩序的变动和观念的转化。当传统"天下观"的社会秩序、道德基础发生变化，进入一种变动而非永恒伦理秩序的阶段，对新的社会组织的向往和实现就要求超越古典传统中的等级秩序而重组。

第三节 儒家群己观念研究的现代语境

与"群"在近代受到的追捧相反，现代的学术研究中，对作为概念和观念的"群"在近代社会政治变革中的兴起缘由及其观念内涵的哲学讨论并不多。儒家群己观念的研究在现代的学术讨论中主要是从思想史进路、社会学进路和政治学进路展开的，它分布在以对传统思想文化的特征、本土社会学构建以及以政治思想的阐释为主的研究内容中。

在余英时先生的研究中，中国的传统究竟是偏重集体主义（collectivism）呢，还是偏重个体主义（individualism）？这个问题并不容易答复。他认为从古代思想史上看，中国出现过集体主义的理论，也有过个体主义的主张。例如墨子的《尚同》、《商君书》中的《一教》，显然属于集体主义的范畴，而杨朱的《为我》、《庄子》的《逍遥游》以至于《吕氏春秋》中的《重生》《贵己》等篇则代表了个体主义的一面。但是，自汉代以来，在社会政治思想上占主流地位的是儒家。墨家几乎消失了，法家和道家虽然也偶有得势的时代，但纵观两千年来，毕竟是处于比较次要的地位。儒家确实不能简单地定位于集体主义或个体主义。他指出：

> 以原始的教义而言，儒家可以说是择中而处，即居于集体与个体的两极之间。从消极方面说，儒家既反对极端的集体主义，也排斥极端的个体主义。孟子"距杨墨"便清楚地表现了这一立场。从积极方面说，儒家虽然自孔子起即重视群体秩序，但并不抹杀人的个性。如孟子说："物之不齐，物之情也。"又说："人心不同，各如其面。"……儒家立教的重点有时偏向于群体的秩序，有时偏向于自我的认识。①

如果按照梅因（Henry summer. Maine）从个人与群体的不同关系，即"身份"与"契约"出发，来理解传统社会与现代社会，那么，在传统社会中，人们不是被视为一个个人，而是被看成一个特定团体中的成员，人们的地位是依据他在团体中的"身份"（如贵族、平民，父子，夫妻，主仆等）来确定。与此不同，在现代社会中，人们被视为一个具有独立资格的个人和享有民事权利的公民，个人同群体和他人的关系，是按照自由合意和自由选择的契约来确定。从历史动态观来说，从传统社会到现代社会的过程，就是一个"从身份社会到契约社会"的过程，或者是"从家庭集团本位到个人本位"② 的过程。

费孝通在《乡土中国》中，依据滕尼斯（Tönnies）对社会的理解，认为社会学中可以分出两种不同性质的社会；一种是没有具体目的，只是因

---

① 余英时：《现代儒学论》，上海人民出版社，2010，第 238 页。
② 王中江：《莫若以明：集虚室随笔》，北京大学出版社，2014，第 183 页。

为在一起生长而发生的社会。一种是为了要完成一个任务而结合的社会。前者是滕尼斯所谓"共同体"（Gemeinschaft），后者是滕尼斯意义上的"社会"（Gesellschaft）。他又进一步用涂尔干（Durkheim）的解释来表明第一种社会（共同体）是"有机的团结"，第二种是"机械的团结"。在对社会进行了上述不同的认识区分之后，费孝通根据中国的社会传统分别将这两种社会形态定义为"礼俗社会"和"法理社会"。同时他还指出乡土社会中，人与人的关系并不是由自身选择确定的。在这样的社会中，人们所接触的是生而与俱的人与物，如同我们自己的父母兄弟一般，无须选择，他们（这些人物关系）是先我而在的生活环境。在这种生活环境的共同体中，时间与空间的各类接触促使人与人之间的亲密关系得以形成。作为个人的自我则可以通过"学"与陌生的事物发生最初接触，从而进一步展开"习"的提炼过程，最终达到一种"不亦乐乎"的熟悉的亲密。正是在这样的共同体中，或者说"熟悉社会"中，人能获得从心所欲不逾矩的自由，而这样的自由恰恰是与法律保障之自由的最大不同。在费孝通看来，规矩不同于法律，而且是"习"之提炼而成礼俗，人们从俗即是从心。也就是说，通过这种文化的构建与生活内容的穿插连接，将人与社会嵌入在一起而成为一体。①

　　社会学家景天魁等则提出建构一种本土社会学的理论。他们认为，群学的要义，在于合群、能群、善群、乐群——这就是中国社会学的基因。在本土社会学的内容之中，具有一种所谓"群道"之基因，它贯通于修身、齐家、治国、平天下各个层次，规制于君臣、父子、长幼、夫妻、亲朋、邻里、族群等各种关系，体现于礼、法、家训、乡规、民约等各种制度和规范，融合于家国、朝野、士农工商，发挥于族群之间、民族间、国家间、天下之间。他们指出本土社会学即群学的特质，是人本性、整合性、贯通性、致用性。这些特质不仅可以补西方社会学之不足，还可以在新的历史条件下发挥独特的优势。所谓人本性，表明群学并不像西方社会学那样，认为人是社会的存在，如同自然界一样只是一种"对象"，如同生物体一样有"结构"，有"功能"。西方社会学的研究方法的"基本准

———————

① 费孝通：《乡土中国》，人民出版社，2008，第6页。

则"是"把社会事实作为物来考察",社会事实必须用社会事实来解释,是"实证科学"。群学则不然,它以人为中心,以人为本位,以人为主体。"群"是人的社会性存在,是有性情、有温度、有理性的存在。人不同于"物",人之所以最为天下贵,是因为"能群",而能群之本在于"礼""义"。"礼""义"既内化于心,又外化于行。人就是这样的"行动者",不像西方社会学那样把人当作物,"物""我"两分一直走到极端。总的来看,群学不像西方社会学那样,将主体与客体、个体与整体、能动者与结构、结构与功能、事实与价值,如此等等,一律二分,并常常将其二元对立起来。群学坚持从整体上把握社会,当然不是不做分析,而是以整体统摄分析,保持研究对象的整体联系。因为人及人的社会,毕竟不是自然物,离开了与整体的联系,其性质就会发生变化,其功能就会丧失。而以整体统摄分析,似乎不够清晰,但保持了原本的真实性。这是包括群学在内的中国学术显得底蕴深厚的原因之一。群学所具有的整合性,正是中国社会特质的反映。[1]

从政治思想史的视角,萧公权、王汎森、张灏、汪晖、黄克武等均涉及对群己观念的探索。他们从近代对民主、自由、权利等思想的梳理和分析中,讨论了与此相关的对群己观念和群己关系的认识。

以黄克武为例,他指出19世纪50年代以后,在传统与西方的双重冲击下,中国知识分子以一种深受传统影响的眼光来观察西方的民主政治,形成了一种充满乐观精神的民主观念。这种民主观念将西方民主制度视为一个完善的方法,能达到许多以往传统中无法实现的理想,比如使政治领袖、政府官员和人民之间有充分的沟通。可以开言路,通上下之情。民主可以达成内部的和谐,并形成整体的团结。民主的政府由贤人组成,可以贯彻"仁"或"大同"的道德理想,完全不存在追求私利、特权或维护既得利益。因此,民主似乎可以解决长久以来君主专制导致的"私天下"的弊病,实现大公无私的理想。这是中国知识分子面对新时代挑战的尝试。由此,黄克武注意到近代以来国人对西方民主思想的理想化使国人对西方民主的认识倾向于接受卢梭式的民主传统而忽略或误会密尔式的民主传

---

[1] 景天魁:《中国社会学:起源与绵延》,社会科学文献出版社,2017。

统，尤其是密尔式民主中一些重要的面向，从而忽略了密尔式民主传统中建立民间社会的重要性。

根据黄克武的研究，西方 rights 的概念最早被译为"自主之权""权利"等，中国士人对这些概念的认识也与传统的公私概念交织在一起。由于"主权"、"自主之权"与"权利"等词常互换使用，因而使人产生个人"权利"与国家"权利"有所关联。"rights"概念传入中国之始就不单纯是属于个人的，而是与群体目标纠结为一。① 正是由于传统的群的观念结构和思维模式的存在和影响，个人与家国整体的关系必然是绵延关涉的，因此在接纳外来的个人权利概念的时候，固有观念结构自然而然无法一开始就明确个人权利的个体属性，加上近代社会的特殊政治状况，就更容易将 rights 概念的理解与群体目标纠结为一了。

在黄克武看来，康有为所提的"自主之权"几乎同时包含我们现在所指的自由与权利。他以欧几里得的几何学为基础，掺杂基督教灵魂的概念，力主人人平等，并倡言人人皆有"自主之权"，发挥"仁心"，共同推进世界大同。康氏所谓"自主之权"带有强烈的个人自主与发挥个人潜能的意涵，然而对他来说，个人自主之权的发展并不会走向人与人之间利害的冲突，而是随着每一个人仁爱之心的扩充，人类社会被推向大同与大公无私的政治理想。② 借助以赛亚·伯林积极自由与消极自由的划分，黄克武指出康有为的"自主之权"倾向于积极自由，强调自我道德意识的发展，较少保障自我权益不受他人侵犯的消极自由的意义，更完全忽略伯林所谓强调积极自由有导致专制的危险。同时他还认为这样一种对自主之权的看法一方面受到西方的影响，一方面在很大程度上是将儒家的道德理想投射到西方的 rights 观念上的表现。

与康有为类似的还有何启和胡礼垣，黄克武指出他们也将自由与自主之权和儒家的道德理想结合在一起，他们强调自由与自主之权就是实践《大学》《中庸》的理想。也就是说，自由与自主之权一方面是自我的伸

---

① 黄克武：《近代中国的思潮与人物》，第 20 页。
② 黄克武：《近代中国的思潮与人物》，第 21 页。

展，另一方面此伸展不是放任而无忌惮，还有就是能够配合群体目标。他们明确地指出西方人所说的 liberty 就是《中庸》所说的率性而为。探究何启、胡礼垣二人的讨论，还可以发现他们所理解的自由显然是就个人或个人宇宙（即天命）的关系而言的，并不直接涉及群己权界，但他们理解的自主之权是个人居于群体之中为规范彼此关系所产生的，他们更强调自主之权就是儒家的忠恕与絜矩之道，即己立立人，己达达人。依据二人的观点，有自由与自主之权的人一方面是率性而为善，同时也是率性而不违众。以上从群己关系以及儒家絜矩之道的观点来讨论自由与权利的做法在中国近代思想史上较为普遍。严复在 1903 年所撰《群己权界论·译凡例》中也有类似的议论："人得自繇，而必以他人之自繇为界，此则大学絜矩之道，君子所恃以平天下者矣。"①

若我们反思造成这一情形的根本原因，即之所以出现将自由与自主之权理解为率性而不违众，并从群己关系和絜矩之道来认识理解自由与权利，可能的一个解释正由于传统的群的观念结构。这一观念结构本身纽结的人与人、人与他者的关系型意识模式，使得在传统与新思想的结合之初，为时人对人之群体生活以及个人生活的理解提供基础，并从未间断地影响着对新观念和新思想的接纳，这种关系型的观念结构的延伸由点（己）开始扩展至更大的面（宇宙自然、天命天道）。无论是自由还是自主之权，都是人的自由与自主之权在群己观念结构中的呈现，不能将其仅仅理解为个人自身的客观化、对象化，而更应解释为具象于自身又可外扩为他类的通达。尽管这样对自由与自主之权的阐释背离了西方原初语境中的概念含义，但是这种背离站在后现代的立场上看则未尝不是对自由与自主之权的修正与调适。

儒家的群己观念所暗含的大共同体意识，并不将他者对立于自身之外，也没有契约之下的国家与社会形态的对象化与工具性。当然，这种群观念式的大共同体意识，在建构现代社会结构，建立具有国民公民权利意识的社会与国家制度时的确展现出不适应的方面，要突破这一观念结构的消极方面，需要做的不是打破这一结构而是重塑。在群己观念结构的核心

---

① 黄克武：《近代中国的思潮与人物》，第 22 页。

圈层，在人之自我认识的层面，加入更为全面更为实际的对人之本质及其实现的理解，即不只是从理想的性善层面认识人性以及人与人之间的群体生活，而同时亦看到性恶视角下对人性及群体生活的理解，这一重整之后，对群己关系以及群己界线的认识和把握可能获得推进。

第四章　孔子思想中的群己观念

孔子以"仁""礼"为核心来思考和理解社会和人生问题，并主要以一种群己互益的立场来导向自我与他人、社会的关系，发儒家群己问题之端绪。在他看来，群体生活不仅是人类社会的既定事实，而且是个体人生的客观需要，其根源出于人类的本性。本章主要围绕孔子思想的核心仁学，分析其建立在道德本体之上的仁性学说，并与礼一道构成了儒家认识人、自我以及自我与他人关系的逻辑基础。

第一节　孔子思想研究与群己观问题

长久以来，对于孔子思想的研究一直都是学界十分重要而又困难的工作。两千年来，孔子思想对儒学和中国文化的影响薪火相传，连绵不断，对孔子思想的相关研究也是层出不穷。然而，关于孔子思想的研究成果虽然不少，但意见分歧很大，特别是关于仁的思想直到今天仍然众说纷纭，莫衷一是，而对于孔子仁的思想中所包含的群己问题的讨论就更加不被重视。

秉承"述而不作"的宗旨，孔子并没有对自己的思想进行系统的理论阐释。他的思想主要由他的弟子、门人记录下来保留在《论语》一书之中，这成了后人研究孔子思想最重要的原始材料。当然，其他典籍也零星记载有孔子的言行，如《史记》、《中庸》、《大学》、《礼记》以及《汉书·艺文志》等，但这些记载的真实性都无法与《论语》相比。正因为这种特殊价值，《论语》一直备受学者关注。关于《论语》的最后编定者，在《汉书·艺文志》中泛称为孔子门人。郑玄则认为《论语》由仲弓、子夏等所撰定。柳宗元在《论语辩》中则持不同意见，认为是曾参之徒最后成书。这一说法较为接近史实，多为后人采纳。据此，后世学者也多认可《论语》的成书约在战国初年。

由于《论语》是一部语录汇编，出于众手，所以它的成书有一个相对曲折的过程。根据《汉书·艺文志》与何晏《论语序》的说法，《论语》传到汉代出现了三种本子，即今文《论语》的《齐论语》与《鲁论语》以及古文《论语》。后来又集成《齐》《鲁》二家，成为今天《论语》的祖本，并有包咸、周氏二家为其作注。此外，孔安国、马融二家则为古文《论语》作注，这些注解内容均可见于《论语集解》。《论语集解》产生于魏时，是一个集注本，由何晏等人所撰。南北朝时期，产生了一个重要的《论语》注疏本，即皇侃的《论语义疏》。到了唐代，主要有贾公彦《论语疏》，但早已失传。及至北宋，邢昺重新为《论语》作疏，该书的流传与影响很大。南宋最有代表性的注本就是朱熹的《论语集注》。由于程朱理学的影响以及科举读本的规定，加之朱熹《论语集注》本身的学术价值，《集注》一直盛行于元明两代。到了清代，随着考据学的发展，又出现了不少新的《论语》考据整理的成果。刘宝楠的《论语正义》是集清代同治以前整理研究《论语》成果的集大成著作，该书"训诂、考据、校勘、分析义理兼重，主要价值表现在注释方面，尤以训诂、考据见长，不限于众家之说"①。继《论语正义》后，又一《论语》整理研究的集大成是程树德的《论语集释》，而杨树达的《论语疏证》也是一部有价值的疏解之作。后来又陆续有杨伯峻《论语译注》等译注本。除去专门注释《论语》的研究外，近代以来还有一些通过解释论语提出自己思想的研究成果，如张栻的《癸巳论语解》，谭嗣同的《仁学》，康有为的《孔子改制考》，钱穆的《论语新解》，李泽厚的《论语今读》，单承彬的《论语源流考述》，姚式川的《论语体认》等。

胡适作为中国较早接触西方学术文化的学者，首先采用西方近代的哲学体系和方法研究中国先秦哲学思想，并把孔子及儒学同先秦其他学派放

---

① 详见《四部要籍注疏丛刊·论语》，中华书局，1998，第12页。

在一起，用"平等的眼光"进行比较研究，具有开创性的贡献。他认为，孔子之仁字，不但是"爱人"，还表示如何"做人"的道理。胡适强调：

> "仁者人也"，只是说仁是理想的人道，做一个人，须要能尽人道。能尽人道，即是仁。后人如朱熹之流，说："仁者，无私心而合天理之谓。"乃是宋儒的臆说，不是孔子的本意。[①]

胡适还认为，与其说孔子的人生哲学注重动机，不如说他更注重养成道德的品行。胡适认为孔子论行为，分动机、方法、品行三层，动机与品行都是行为的内容，而道德则分内在和外在两部分，其中内在的道德又可以分为偏重动机和注重道德习惯品行。道德习惯变成了个人的品行，就会如孔子说的"从心所欲，不逾矩"。这种道德习惯，不是用强迫的手段可以塑造成的，"须是用种种教育涵养的功夫方能造成"[②]。基于这种认识，胡适对蔡元培在《中国伦理学史》中指出的孔子之仁乃是"统摄诸德，完成人格之名"的说法表示赞同。

冯友兰就孔子思想中的几个重要概念，如"天""礼"等进行了仔细的分析和阐述。他认为《论语》中孔子所说的"天"，完全是一个有意志的上帝，是一个"主宰之天"，所以他认为孔子对于传统的信仰态度是守旧的。冯友兰还指出，孔子之仁是全德之名，故孔子常以之统摄诸德。总的说来，他认为孔子是一位伟大的思想家，创立了古代中国最早的学术流派，在中国历史上第一个提出了比较系统的理论体系。同时，孔子的哲学观点，标志着古代思想开始从神权的束缚中解脱出来，并且把人和现实生活提到了重要的地位，开始从人的实际生活的需要观察和了解问题。

20世纪30年代，蔡尚思在《孔子哲学之真面目》一书中回应了胡适《中国哲学史大纲》、梁漱溟《东西文化及其哲学》、梁启超《先秦政治思想史》以及谢无量《中国哲学史》等书中提出的关于孔子思想的观点。蔡尚思认为当世学者的研究多未认识孔子思想的真相，主张对孔子所提倡的

---

① 胡适：《中国哲学史大纲（卷上）》，商务印书馆，1919，第113页。
② 胡适：《中国哲学史大纲（卷上）》，第117页。

礼教进行批判。到了 20 世纪 80 年代，蔡尚思的另一本著作《孔子思想体系》更进一步认为，孔子的中心思想不是仁，而是礼学、礼教、礼制。他指出孔子以人的视听言动必须合礼为仁，以对父母的生、死、丧、葬、祭必须合礼为孝，以事君尽礼为忠，以层层服从上级和步步向后变化为"有道"，《诗》在"思无邪"，《乐》在"反郑声"，《春秋》在"道名分"，教育也以学礼为最高目的等。但蔡尚思对孔子注重知识、创办教育、重视教学方法、培养人才与保存文化遗产等方面持肯定态度，对孔子要求主政者以身作则，正己正人与反对苛政之类的政治诉求亦表示认同。总之，蔡尚思明确提出孔子思想体系的中心是礼，而不是仁等其他观念。他说：

> 当孔子把礼仁合一而论时，实质上是以礼为仁，纳仁入礼，礼为目的，仁为手段。当孔子把礼和仁分开加以比较时，也认为礼比仁的要求更高，礼比仁的范围更广。①

此外，蔡尚思把孔子思想体系分为政治、经济、哲学、文艺、史学、教育等各个方面，进而认为孔子所处的社会环境及其个人的复杂经历都对其思想体系的形成有着很大的影响作用，所以需要从不同的侧面，对孔子的思想体系做一番清理。② 蔡尚思对孔子礼的重视，提醒我们在研究孔子思想时，不能单就一个方面来剖析，还必须思考与仁相关的更广的范围。孔子仁的思想是由诸多因素促成的，仁的内涵也必然是包含多种构成内容的，而不是一种单纯的形式化的概念，也不是单一的抽象的道德内容。

与蔡尚思相对，郭沫若则强调仁是孔子思想的核心。他在《十批判书》中，认同孔子对仁的解释。此外，郭沫若还充分肯定了孔子不相信"天"和"上帝"的思想。郭沫若认为，孔子的整个思想体系在主观上抱定一个仁，而在客观世运中则认定一个"命"。当主观的努力与客观的世运相调适的时候，孔子主张顺应。③ 郭沫若以仁为核心串联起孔子关于礼

---

① 蔡尚思：《孔子思想体系》，上海人民出版社，1982，第 310~311 页。
② 蔡尚思：《孔子思想体系》，第 310~311 页。
③ 郭沫若：《十批判书》，民国丛书编辑委员会编"民国丛书"第四编，上海书店，1992。

和学的内容，肯定了仁作为主观方面的重要作用。当然，郭沫若对于仁作为主观作用的发挥是如何而来的，仍然没有得出一个令人信服的结论。

到了 20 世纪 50 年代，严北溟《孔子的哲学思想》一书开始把目光投向孔子思想的外围，触及孔子思想产生的时代背景，不再单纯地关注孔子思想本身。他把孔子思想所继承的前期文化传统和思想纳入视野，专门把仁作为独立的范畴予以阐释。尽管严北溟只是把仁放在人生哲学基础上来专门阐释，但他也意识到需要与礼相结合来理解仁。①

随着对西学了解的进一步加深，现代对孔子研究的方法也开始不断多元化。在西学东渐的潮流当中，牟宗三最具代表性。他用康德的道德哲学来分析儒家思想，从道德形而上学的视角阐述：

> 孔子之仁教所反映的义理当然之根在于"生命之跃起，内在天理之呈现"，并且此仁教乃是一种精神领域，是价值理想之源的开辟处……这种价值理想之源是由孔子仁教才开始，即便在三代王者开物成务的尽制中也还没有得到开辟，因为三代之时是原始的不自觉，其道德还尚在酝酿中，是一种关联着"祈天永命"的他律道德，只有到了孔子那里，价值理想之源才从作用中转为承体而起，从关联中转为义理当然之不容己。也就是说，道德的从他律转为自律。②

总之，牟宗三认为孔子思想的特点是"践仁知天"，他从形而上学的角度肯定了孔子之仁对道德的奠基作用。

除了从道德形而上学来解说孔子思想之外，还有学者从"人道"立场来解释孔子思想。马振铎尝试把孔子思想的研究放到人学的视野中展开，他以论述孔子的哲学思想为主，但也关注孔子之后儒家的分化，对孟、荀、《易》、《庸》的两次分化进行了详细的探讨，力求提供一个关于先秦儒学的发展脉络和儒学逻辑框架，从人学和思想史的角度提供了理解孔子

---

① 严北溟：《孔子的哲学思想》，上海人民出版社，1959。
② 牟宗三：《心体与性体》，上海古籍出版社，1999，第 34 页。

仁的思想进路。①

李泽厚则摆出"实用理性"的姿态，指出儒学类似"半哲学"的东西。他认为，儒学不重思辨体系和逻辑构造，孔子很少抽象思辨和"纯粹"论理。孔子讲仁讲礼都非常具体，很少有"什么是"（what is）的问题，对弟子提出的特殊问题总是从"如何做"（how to）的角度加以回答。但这些似乎非常实用的回答和讲述，却仍然是一种深沉的理性思索，是对理性和理性范畴的探求、论证和发现。例如，"女安则为之"是对伦理行为和传统礼制的皈依和论证；"逝者如斯夫，不舍昼夜"是对人生意义的执着和追求；"吾非斯人之徒与而谁与"是对人类主体性的深刻肯定。所有这些既不是柏拉图式的理想追求，也不是黑格尔式的逻辑建构，却都同样具有哲学的理性品格，而且充满了诗意的情感内容。因此李泽厚认为孔子思想是中国实用理性的哲学。②

李明辉继承牟宗三的思想，强调孔子思想即超越内在的特性，认为孔子本人是承认思想的超越性的。孔子虽然以周文之继承者自居，并且说："周监于二代，郁郁乎文哉！吾从周。"（《论语·八佾》）但这绝不足以证明儒家的本质即在于周代的典章制度。因为孔子虽尊重传统制度，却也承认制度的可更易性，所以他说："殷因于夏礼，所损益，可知也。""其或继周者，虽百世，可知也。"（《论语·为政》）可见周文之可贵亦不在于制度本身，而在于其所表现的精神价值。孔子以仁字来表示这种精神价值，因此，儒学的本质应当定在仁字所涵摄的精神价值上，这种精神价值独立于特定的制度，而有其超越性。即便如此，儒学也不是一套脱离历史脉络与社会结构的理论，它除了超越性外，还具有内在性的特色。"儒家思想之内在性表现于它与现实生活和现实世界之间的本质性联系中，因此，它不能只是一套抽象的理论，而必须是一种实践之学。正是这种实践性格使不少西方学者（例如黑格尔、韦伯）误以为儒家思想欠缺超越性或超越精神。"③

----

① 马振铎：《仁·人道——孔子的哲学思想》，中国社会科学出版社，1993。
② 李泽厚：《论语今读》，安徽文艺出版社，1998。
③ 李明辉：《当代儒学的自我转化》，中国社会科学出版社，2001，第10~11页。

苗润田在《解构与传承：孔子、儒学及其现代价值研究》① 一书中，从孔子的文化观、人性思想、义利观及其与苏格拉底的比较方面谈了对孔子思想的新理解。他没有把孔子所有思想的内容都铺陈开来，而是撷取代表孔子思想与现代思想走向的文化传承、人性理解和义利选择等三个方面来展现其当代研究的价值。另外，陈卫平在《孔子与中国文化》中特别指出了孔子思想的伦理理性特点，力图使孔子思想可以在当代语境下得到进一步的解说。② 此外，比较有特色的是李幼蒸，他倡导一种解释学的新仁学研究，强调仁学的历史现实针对性和逻辑运作的一致性。他提出要从不同角度研究仁学，并且立场和方法也要有所不同。李幼蒸所指的仁学，是以孔孟思想为主的仁学系统，侧重对孔子仁学的意志态度选择机制的解释。他着重强调了孔子仁学的动机伦理学和态度伦理学层面，认为仁学的核心是一种心志伦理学。总之，李幼蒸认为仁学主要是一种相关于主体和其实践对象间的态度关系之规定，而非相关于诸对象本身的理智性探讨。③

综观古今对孔子思想的研究可以看到，关于孔子思想的讨论和研究主要有几类情况。一是以注释为主，在对经典的解释中蕴含着研究者本人的思想。二是将孔子思想按照分门别类的思路进行分析，从而得出其所谓教育思想、经济思想、哲学思想等。三是将孔子思想中的某些重要的语词作为概念范畴独立出来，各自进行概念流变的分析。这些方法要么侧重德治王道之术的表层脉络，要么侧重具体实用的伦理说教，往往很难深入到整体思想的结构体系中去归纳、分析思想走向的隐形线索和核心内容。四是以群己观念为线索的专门性研究，此种情况比较少。然而，孔子作为儒家的创始者，也是儒家群己观念的奠定人，他通过"仁""礼"的学说设计、规范社会与人生问题，在其构成的思想语境中，始终关注着自我与他人、自我与社会的关系。

① 苗润田：《解构与传承：孔子、儒学及其现代价值研究》，齐鲁书社，2002。
② 陈卫平、郁振华：《孔子与中国文化》，贵州人民出版社，2000。
③ 李幼蒸：《仁学解释学：孔孟伦理学结构分析》，中国人民大学出版社，2004。

第二节 "礼"脉络中的群己及其关系定位

孔子以"仁""礼"为核心来思考和理解社会和人生问题，并主要以一种群己互益的立场来导向自我与他人、社会的关系，发儒家群己问题之端绪。在他看来，群体生活不仅是人类社会的既定事实，而且是个体人生的客观需要，其根源出于人类的本性。这从隐者长沮桀溺劝孔子"辟世"以及孔子的回答中可见一斑："鸟兽不可与同群，吾非斯人之徒与而谁与？"（《论语·微子》）"斯人之徒与"，意即与此天下之人同群，如果离群索居则无疑是与鸟兽同群了。个人的归属是需要在类的群体中去达成的，因此人之所以成为人就在于人群居而为一。人与人因为"性相近"（《论语·阳货》），必然不同于鸟兽之性，因为同有人性而获得群居可能的基础。换言之，人因为是人，能与他人并需要与他人组合成人类的群体而不同于鸟兽，人群或者说人的生活共同体不同于动物的群体生活。在此意义上，个人对于人类的群体就有着不可回避的责任，也就是"义"。孔子在应对另一隐者"以杖荷之"老人时表明："不仕无义，长幼之节，不可废也；君臣之义，如之何其废之？欲洁其身，而乱大伦。君子之仕也，行其义也。道之不行，已知之矣。"（《论语·微子》）这里，"义"包含着个体对群体的责任和义务，放在孔子个人身上，即便早已看透世道混浊，仍旧不会逃避对群体（邦国、社群）的责任。

个体和群在孔子这里是相互成就的，人能建立群同时也要维护群。在孔子看来，"礼"是维系群、保证群体安定有序的有效手段。他之所以重视礼而期盼"复周礼"，正是因为看到了"礼"作为维护人类群体社会（国家）的重大作用。"为国以礼"（《论语·先进》），礼是治国之本。"道之以德，齐之以礼，有耻且格"（《论语·为政》），礼也是齐民之要。礼之所以如此重要，是因为其具有和合人群的功能，即"礼之用，和为贵。先王之道，斯为美。小大由之，有所不行。知和而和，不以礼节之，亦不可行也"（《论语·学而》）。"和"指群体的和谐，但如果是为了和谐而和谐则是不妥的，甚至事与愿违，因此"以礼节之"的"和"才可能实现群体内部的真正和谐。这种和谐不是同一，而是和而不同的与节制有度的，即有着合理秩序之下的协调。"礼，经国家，定社稷，序民人，利后嗣者也。"（《左传·隐公十一年》）在安定秩序、和谐人群方面，"礼"具有重大价值。

对于孔子来说，"礼"有两层内涵。第一层内涵指向"复周礼"之具体的"周礼"，第二层内涵则意味着国家和社会整体的制度与秩序。首先在他看来，西周时期是"以礼治国"的成功典范，于是他表示："周监于二代，郁郁乎文哉！吾从周。"（《论语·八佾》）对于西周以礼治国的设计者和推行者周公，孔子推崇备至、魂萦梦绕，常常梦中相会，一旦梦不到周公便会忧心忡忡："甚矣，吾衰也！久矣，吾不复梦见周公。"（《论语·述而》）正因为孔子所处的春秋时代已经是周礼崩坏，僭越礼的现象十分普遍，他才在深恶痛绝之后思考如何符合有序的礼制与秩序问题，如何消除僭越礼的现象，让周礼再度发挥作用。为此，孔子提出"正名"的解决方案。

> 子路曰："卫君待子而为政，子将奚先？"子曰："必也正名乎！"子路曰："有是哉，子之迂也！奚其正？"子曰："野哉由也！君子于其所不知，盖阙如也。名不正，则言不顺；言不顺，则事不成；事不成，则礼乐不兴；礼乐不兴，则刑罚不中；刑罚不中，则民无所措手足。故君子名之必可言也，言之必可行也。君子于其言，无所苟而已矣。"（《论语·子路》）

"正名"就是需要每个人都按自己的名分去说话、做事，即"君君、臣臣、父父、子子"（《论语·颜渊》）。如果每个人都做到言行不出自己的名分，又何愁周礼不复，天下不治？因此，孔子才会说："如有用我者，吾其为东周乎。"（《论语·阳货》）孔子之所以重视"礼"，目的之一正是在于实现群体的安定有序。尽管他崇"周礼"，但是依然提出需要对周礼进行一定的损益来适应当前群体秩序重建的需要。在他看来，"礼"作为安定社会秩序、和谐人群的重要规定和制度应当随着历史的发展而变化。

君王作为群体中的特殊而重要的构成，在孔子看来，也是实现礼治的必要基础之一。换言之，由于君王在共同体中的领导和表率作用，既是群体秩序建构的主导力量，同时也拥有群体中的最高权威和影响力。正名对于君王来说是最要紧的，君如能做到"君君"，那么"臣臣、父父、子子"便能水到渠成，不言而喻。君王在群体中的这种特殊性及其对国家和社会的作用，在孔子看来就是"政"，他说："政者，正也。子帅以正，孰敢不正？"（《论语·颜渊》）"子为政，焉用杀？子欲善而民善矣。君子之德风，小人之德草，草上之风必偃。"（《论语·颜渊》）又说："其身正，不令而行；其身不正，虽令不从。"（《论语·子路》）身正就是要言行依礼。"君使臣以礼，臣事君以忠。"（《论语·八佾》）"上好礼，则民莫敢不敬。"（《论语·子路》）"上好礼则民易使也。"（《论语·宪问》）从上面的话可以看到，君先正其身、依礼而行就可以获得臣与民等其他群体成员的循礼效果。除了君王之外，臣作为辅助君王来管理整个社群以治国安民，因此臣的才能是否称其位不仅关系到君之正身的实行和效果，而且也影响群体内部秩序运转的正常与公正。于是，孔子专门强调了君王在选拔臣下时需要秉着选贤任能的原则，这一原则的实施又直接关系到群体中其他成员对群体的认可从而影响群体的安定和谐。所以，孔子认为只有"举直错诸枉，则民服"，若"举枉错诸直，则民不服"（《论语·颜渊》）。作为群体之中的管理者，如果不能以"正"为政，就不能保证礼治的施行，也就会影响共同体本身秩序的安定和维护，并且"正"本身就体现了某种公正的原则而有益于群体所有成员对共同体的认可和维护。

此外，要实现国家和社会的礼治，实现作为群体中每个人以及群体本身的善，除了在政治上实现道德的导向外，还需要在具体的经济上克服"不均"的问题。孔子说："丘也闻有国有家者，不患寡而患不均，不患贫而患不安。盖均无贫，和无寡，安无倾。夫如是，故远人不服，则修文德以来之。既来之，则安之。今由与求也，相夫子，远人不服而不能来也；邦分崩离析而不能守也。而谋动干戈于邦内。吾恐季孙之忧，不在颛臾，而在萧墙之内也。"（《论语·季氏》）贫寡对于国、家不是最大的问题，

"不均""不安"才是。群体内应该注意实施均平、防止聚敛，坚持"施取其厚，事举其中，敛从其薄"的原则。

芬格莱特在专门讨论了孔子之"礼"的思想后认为，礼的本义十分接近西方所谓的"神圣性的礼仪"或"神圣化的仪式"，且这样的"礼"具有"人际性"的表达，是人与人之间动态关系的人性化模式。他在对孔子之礼的内涵及其意义的总结中，有力地揭示了"礼"对于个体和共同体、对于群和己的意义："礼仪所显发出来的东西，不仅仅是社会形式的和谐与完美、人际交往的内在的与终极的尊严，它所显发出来的还有道德的完善，那种道德的完善蕴含在自我目标的获得之中，而自我目标的获得，则是通过他人视为具有同样尊严的存在和礼仪活动中自由的合作参与者来实现的"，"依礼而行就是完全向他人开放，因为礼仪是公共的、共享的和透明的，不依礼而行则是隐蔽的、暧昧的和邪恶的，或纯粹是专横的强迫。正是在这种与那些在终极的意义上类似于自己的他人的美好、庄严、共享以及公开的参与中，人才会获得自我的实现。因此，人类完美的社群……就成为神圣崇拜的一种不可摆脱的部分和主要方面"，"人类的生活在其整合之中，最终表现为一种广阔的、自发的和神圣的礼仪：人类社群"。①

由此可见，在孔子那里"礼"对于群和己十分重要，在群己关系中礼不仅能保证群的安定，而且可以维护现存的等级秩序，保证群体内部的和谐。不过礼的这种作用和价值的实现，还需要依赖群体之中每个人的道德完善才能达到，而道德完善理想的建立和实现还有待于"仁"的奠基。

第三节　"仁"学奠基上的"群"与"己"

"仁"作为孔子思想的核心，它的使用在孔子之前就已经出现。阮元考证说："'仁'字不见于夏商周《书》及《诗》三《颂》、《易》卦爻辞之内，似周初有此言而尚无此字，盖周初但写'人'字，周官礼后始'仁'

---

① 〔美〕赫伯特·芬格莱特：《孔子：即凡而圣》，彭国翔译，江苏人民出版社，2002，第15、16页。

字也。"① 如此看来，在孔子之前仁已有使用，但并未以"仁"字的写法明确使用。② 从仁字的造字本意来看，许慎《说文解字》指出仁有三种解释，一是"仁，亲也，从人从二"；二是"仁，从千心"；三是"古文仁或从尸"。直至郭店竹简出土后，人们才意识到，所谓"仁，从千心"，其实即是"从身从心"的变形，仁的古文应作"上身下心"。

对于该字，一些学者提出了自己的看法。白奚认为"上身下心"的构形"从身从心"，"从'心'表明该字与思考或情感有关，从'身'表明此种思考活动的对象是人的身体，也就是以人本身为思考对象"。③ 《尔雅·释诂下》说："身，我也。"又，"朕、余、躬，身也。"郭璞注："今人亦自呼为身。""上身下心"的仁字"从身从心"，即表示心中想着自己、思考着自己。④

在《诗经》中仁字仅两见。

其一，《郑风·叔于田》曰：

> 叔于田，巷无居人。岂无居人？不如叔也，洵美且仁。叔于狩，巷无饮酒。岂无饮酒？不如叔也，洵美且好。叔适野，巷无服马。岂无服马？不如叔也，洵美且武。

关于"洵美且仁"一句，郑玄笺云："洵，信也。言叔信美好而又仁。"孔颖达注疏曰："信美好而有仁德。"⑤ 此诗描写贵族"叔"打猎、饮酒、骑马时的风姿，赞美其人品出众，无人能及，所以如有些学者指出的，"洵美且仁"的仁似不具有道德的含义，而主要强调的是外貌英俊威

---

① （清）阮元：《研经室集·论语论仁论》，"中国典籍与文化论丛"（第8辑），北京大学出版社，2005。

② 陈卫平认为"仁字在孔子之前就出现了"（陈卫平、郁振华：《孔子与中国文化》，第61页），杨国荣也提到"仁这一范畴的提出，并非始于孔子"（杨国荣：《善的历程——儒家价值体系研究》，上海人民出版社，2006，第11页）。

③ 白奚：《"仁"字古文考辨》，《中国哲学史》2000年第3期。

④ 梁涛：《郭店竹简"息"字与孔子仁学》，《哲学研究》2005年第5期，第46~52页。

⑤ （清）阮元校刻《十三经注疏》，中华书局，1979，第337页。

武，有男子气魄。① 在当时贵族看来，具有男子气魄才能算是仁。

其二，《齐风·卢令》曰：

> 卢令令，其人美且仁。卢重环，其人美且鬈。卢重鋂，其人美
> 且偲。

《毛传》注"其人美且仁"一句为："言人君能有美德，尽其仁爱。"孔颖
达《正义》曰："言吾君其为人也，美好且有仁恩。"② 此诗描写一位猎人
的风采。下面两段又分别提到"其人美且鬈""其人美且偲"。"鬈"，或
说"勇壮也"（《郑笺》），或说"须发好貌"（《朱子集注》）。"偲"，
"多才也"（《郑笺》），说的是容貌气质和能力。"其人美且仁"的仁字与
之对应，也应是指男子气魄而言。《诗经》中的仁字主要是指有人样子，
有男子气概，反映了当时人们对"人之为人"的理解。③ 仁后来用作
"亲"的意思在《诗经》中也有所反映，如《诗经·小雅·四月》："先祖
匪人，胡宁忍予"，这里的"匪人"，并非骂先祖不是人，而是"不仁"
的意思。之所以写作"人"，可能就是因为当时"有此言而尚无此字"，所
以用"人"字来假借，或是"人""仁"在当时可以通用。④

《书经》有五篇出现了仁字，分别是《仲虺之诰》、《太甲》、《泰誓》、
《武成》和《金縢》。《金縢》篇："史乃册，祝曰：惟尔元孙某，遘历虐
疾；若尔三王，是有丕子之责于天，以旦代某之身。予仁若考，能多材多
艺，能事鬼神；乃元孙不若旦多材多艺，不能事鬼神。乃命于帝庭，敷佑
四方，用能定尔子孙于下地；四方之民，罔不祗畏。"⑤ 相传该篇是周武王
重病期间，周公为武王所作的祈祷辞，表达自己希望能代替武王去侍奉上
天和去世的先祖。其中"予仁若考"，"若"即犹如之意，"考"即指死去
的父亲，也就是周公自称"我的'仁'像我父亲一样"。有学者分析"予

---

① 屈万里：《仁字涵义之史的观察》，《民主评论》1954 年第 5 期。
② 张燕婴：《仁字本义探源》，《中国典籍与文化论丛》2005 年第 1 期。
③ 梁涛：《郭店竹简"㤅"字与孔子仁学》，《哲学研究》2005 年第 5 期，第 46~52 页。
④ 梁涛：《郭店竹简"㤅"字与孔子仁学》，《哲学研究》2005 年第 5 期，第 46~52 页。
⑤ （清）阮元校刻《十三经注疏》，第 196 页。

仁若考"一句与"能多材多艺，能事鬼神"一样，是周公自认为优于武王，更适合侍奉祖考的原因，所以应限定于容貌、举止、能力等内容，若包括内在的德性，便有周公自我夸耀的嫌疑。① 倘若按上下文义与对应关系来看，仁的具体内容应该就是"能多材多艺"和"能事鬼神"，概括起来说就是好的才艺和能力，也没有明确的道德含义。此外，在"敬德"的周人那里，如果仁字已经具备了典型的道德义涵的话，周公就不会自称"予仁若考"并以此作为自己优于武王之处了。②

此后，随着仁字的广泛使用，它还逐渐成了古人臧否人物和评论是非的标准和依据，如"体仁足以长人"（《左传·襄公九年》），只有体会、理解了仁，才能真正成长为人。所以，当时人们常常用仁或不仁来评价一个人，如"目夷长且仁，君其立之"（《左传·僖公八年》），"人谓子产不仁，吾不信也"（《左传·襄公三十一年》）；称一个人为仁，便是对他做人的极大肯定；称一个人为不仁，便是对他的批评和否定。

《左传·僖公八年》载：

> 宋公疾，大子兹父固请曰："目夷长且仁，君其立之。"公命子鱼。子鱼辞曰："能以国让，仁孰大焉？臣不及也。"

这里指出的兄弟之间礼让就是仁，兄弟之间互相争夺君位就不仁。《左传·僖公三十三年》还有这样一段记载，冀缺因为他父亲犯了罪，从贵族降为平民去耕田。有人见到冀缺的妻子给冀缺送饭时，相敬如宾，就对文公说："敬，德之聚也。能敬必有德，德以治民，君请用之。臣闻之，出门如宾，承事如祭，仁之则也。"敬成为仁的内容之一。《国语·晋语》中记载骊姬说："爱亲之谓仁"，当晋献公听信骊姬的谗言要杀太子申时，有人劝申逃走，他却说："不可……吾闻之'仁不怨君，智不重困，勇不逃死。若罪不释，去而必重，去而罪重，不智，逃死而怨君，不仁……'"又载：

---

① 竹内照男（Takeuchi Teruo），"A Study of the Meaning of Jên 仁 Advocated by Confucius"，*Act a Asiatica*，*Bullet in of the Institute of Eastern Culture*，Vol. 9，Tokyo：The TōhōGakkai.

② 张燕婴：《"仁"字本义探源》，《中国典籍与文化论丛》2005 年第 1 期。

郄锜谓郄至曰："君不道于我，我欲以吾宗与吾党夹而攻之……"郄至曰："不可。至闻之：武人不乱，智人不诈，仁人不觉……"也就是说仁人是绝不会反对君的。再有，当公子絷要杀晋君而以重耳代之时，他说："杀无道而立有道，仁也。"

与此同时，仁的发展和使用在春秋时期更加广泛，仁的意义也比西周时期更清晰明确，仁已经作为德目之一出现，仁的意义开始向道德领域发展。《国语·周语下》提出五德：义、祥、仁、顺、正，《国语·周语上》提出四德：忠、仁、信、义，《国语·晋语二》提出三德：仁、智、勇，《国语·晋语七》有四德：智、仁、勇、学，《国语·楚语下》有六德：信、仁、智、勇、忠、周，《左传·成公九年》有四德：仁、信、忠、敏，《国语·周语下》提出十一德：敬、忠、信、仁、义、智、勇、教、孝、惠、让，《国语·楚语上》提出十二德：忠、信、义、礼、孝、仁、事、文、武、赏、罚、临。[①] 仁的"爱人"与"克己复礼"这两个含义也在春秋时期有所反映，前者如"爱人能仁"（《国语·周语下》），"仁人之心"（《左传·昭公元年》）等，后者如《左传·昭公十二年》记"仲尼曰：古也有《志》：克己复礼，仁也"。《志》，古书也。说明"克己复礼，仁也"是古已有之的观念。所谓"克己"，就是要克除己身中私欲、缺点等有损礼仪和礼义的内容，"复礼"则是要使行为按照礼义和礼仪来展开。由此看来，春秋时期的仁的内涵，除了指"爱人"的情感推广之外，还表达了自我克制、自我完善的要求。

一　为己：以仁为奠基

孔子将仁的含义与功能作用大大扩展并力图使其成为人的道德性存在的合理内在依据，使人的道德实践行为有理可循，有据可依。他以德入仁，确定了仁的德性意义；进一步明确了仁在人心人性中的内在特点，反映了人的自觉主动的态度调整、行为要求及道德责任的担当；肯定了仁具有情感内容的表达；赋予仁理性反思和智性学习的内涵；将仁从静态的德

---

① 陈来：《古代思想文化的世界——春秋时代的宗教、伦理与社会思想》，生活·读书·新知三联书店，2002，第269页。

性转化为动态的道德实践过程，使它能够兼涉人与我、内与外，强调了人的具体行为实践，并最终明确了仁作为道德本体的价值。

第一，孔子将德与仁糅合在一起。仁转化为具有道德根源的意义、人之道德的内在依据不是凭空的。《庄子·天运》中说："丘治《诗》、《书》、《礼》、《乐》、《易》、《春秋》六经，自以为久矣。"[1] 孔子曾长期研究六经，所以六经应当在孔子以前的很长时间已经存在。孔子在研究六经的过程中就把周代的重德传统与以前的仁字融会贯通从而创发出仁的新含义。"德"字在甲骨文、金文中早已有之，据考证，德字的出现应该不会晚于殷商。许慎《说文解字》曰："惪：外得于人，内得于己"，"德，升也，从彳，惪声"，已经有从"彳"从"心"的含义。段玉裁《说文解字注》："外得于人，谓惠泽使之得之也；内得于己，谓身心所自得也。"陈来则认为：《广韵·德韵》："德，德行，惪，古文。"由此可见，德的原初含义与行、行为有关，从心以后，则多与人的意识、动机、心意有关。行与动机、心念密切相关，故德的这两个意义是很自然的。从西周到春秋的用法来看，德的基本含义有二：一是指一般意义上的行为、心意，二是指具有道德意义的行为、心意。由此衍生出的德行、德性分别指道德行为和道德品格。[2]

所以，在孔子以前，德多意指人的褒义的正面的品格、品质、品行，孔子进一步将"仁""德"相糅，增强了仁的意识、动机与品格的特点。以德入仁，凸显了人之道德转化的意义。[3] 德性是指属于个性的一种内在品格，其发生的领域较小，局限于人之内在意志层面，如刚强、正直、坚强、宽厚，而伦理则是发生在人与他人之间关系的规范。孔子把德与仁糅合，扩大了道德的内涵，不仅在意志层面更在行动层面增加了道德本体活动内涵。德在古代社会首先作为维持人与人之间关系的朴素约束形式出

---

[1]（清）郭庆藩撰，王孝鱼点校《庄子集释》，中华书局，1961，第531页。

[2] 陈来：《古代宗教与伦理：儒家思想的根源》，生活·读书·新知三联书店，1996，第290页。

[3] 一些观点认为，道德比仁更有本原性和全体性。道是天地自然和人生社会总原则的指标，德是道的具体体现，而仁则是德目之一。笔者认为，仔细考察孔子在《论语》中关于"德"的言论，不可将所有的"德"都泛化成"道德"，即具有本体形上意义的道德之义。在孔子看来，有时候"德"亦是一种具体的品德之名称。在这里，其意向更倾向于指人之确立生命的方向，培养品德以明志向。真正意义上道德之义的彰显应该是依托于、依靠于人心之仁的超越内涵，并以此发挥其功能。

现，到了夏商得以进一步发展，成为一个为人们所认同的范畴，并作为当时人们看来正确的品质秩序的表现形式出现，与人息息相关。到了周代，尤其是周公将之与天、与君、与民相联系，更提升了德的形上意义。春秋时，德之内涵进一步拓展，孔子从礼崩乐坏的社会现实贯通德与人的内外意义，将德与仁相联系，更加明确了仁的德性内涵。①

第二，面对大国争霸、王室式微的现实，孔子深深感到周代文化传统和社会稳定性的断裂，与此同时礼乐制度日趋成为一种虚有其表、争夺政治利益的形式象征，弱化了它作为外在规范约束统治者的作用。从季氏将鲁之国君驱逐出境的现实来看，诸侯争霸的社会环境使得礼对天子、诸侯、大夫之间的约束名存实亡，礼的道德约束内涵逐渐被礼的政治形式化所取代。然而，孔子想要重建礼的道德约束力，仅凭礼的外在力量已经不够了，他开始认识到人的主体力量、内在约束的重要性。这种约束首先可以利于统治者的统治，并可以从上到下得到推广。于是，当季康子问政于孔子时说："如杀无道以就有道②，何如？"孔子回答："子为政，焉用杀？子欲善而民善矣。君子之德风，小人之德草，草上之风必偃。"（《论语·颜渊》）孔子之所以反对以"杀无道以就有道"为仁，表明他认为人的行

---

① 朱熹明确提出："仁者，本心之全德。"朱熹的弟子陈淳在《北溪字义》中详细阐释了朱子这一思想："仁，所以长众善，而专一心之全德者。"又曰："仁者，心之全德，兼统四者。""四者"指仁、义、礼、智。近现代学者也多认同仁乃全德，谢无量就说："仁可以兼智勇，智勇不能兼仁，故仁为全德之名也。"并进而认为："仁者实为天理之至纯，可以总括为人心之全德者。……通观孔子平日所言及规定五经中，所有诸德殆无不在仁之中。""皆仁体中所包德也。"孔子对人道德性的考量以仁为核心和基础，其中含有一切具体德性的要求和根据，对德的推展，是"仁"的内在修养与外在行为的统一，视仁为心之全德虽然全面，却有将孔子创造的灵动之"仁"框死之嫌。仁作为人之内在心性层面能够发挥表现为德性的具体节目，但总括这些具体节目并不足以呈现"仁"何以作为人的道德基础的作用机制。孔子并没有刻意讨论"仁"的实在本质构成，他只是将仁作为道德本体的作用在具体生活与人性品格中予以具体展现，让人于此平易生动处去体会仁。在孔子那里，仁与其他诸德不能互相替代，仁于孔子，是德性与德行的相合。当弟子们问仁时，孔子常根据他们的品德性格特点，以仁之具体表现之一方面回答，试图从外延中切近仁的本质内涵。如子张问仁，子曰："能行五者于天下为仁矣。"此"五者"就是"恭、宽、信、敏、惠"。樊迟问仁，子曰："居处恭，执事敬，与人忠。"对这些具体德目的实行贯注了仁的依据实质，无论从任何一个德目下手，均是对仁的把握和实行，均可"近仁"。

② 《国语·晋语》记载公子絷要杀晋君而以重耳代之，并为自己的行为辩护："杀无道而立有道，仁也。"这样的仁，在孔子看来是不能接受的，是要批判的，是"犯上作乱"。

为应是出于内在的道德自觉意愿才是可行的、有效的。

仁不是法律和制度的强制，而是内在道德意志的自觉要求，它既是态度的选择也是行为的选择。另外，杀一并不能儆百，诛一"无道"不足以正"有道"，只有从人之本质内在上去立"有道"的根据才是长久之策，通过暴力胁迫对"有道"的崇拜是不可取的。"子欲善而民善"，只有由个人的自觉为善的仁义表达去影响他人的行为，才是"有道"；只有每一个人认识到内在自我的仁的要求，"有道"才可能真正实现。以仁为内核的德性是人之根本，亦是人成就自己、实现自身的重要属性。所以《中庸》说成己，仁也。一个人没有或缺乏"仁""德"，则不能称为真正意义上的人，"失仁""败德"只会沦为衣冠禽兽。① 仁，既抽象又具体，同每一个人的意识和行为发生着直接的关系，所以孔子说，"仁远乎哉？我欲仁，斯仁至矣。"（《论语·述而》）个体之我对于仁的内化与外化，是可以转换的，内收则为内在的道德依据、外显则是道德意识与外在具体行为的一致结合，一内一外，同步相连，确定了道德的主体性作用，"为仁由己"表明了作为道德本体的仁与主体的道德实践是一体的、一贯的。

第三，无论仁字何解，也不论它是不是由孔子所创造的，孔子却特别强调了它的存在和功用，并且肯定了仁与人的心理情感有着交错的牵连。"仁者爱人"（《论语·颜渊》），"孝悌也者，其为仁之本与"（《论语·学而》），"唯仁者能好人，能恶人"（《论语·里仁》），"爱""好恶""孝悌"都伴随着某种心理情感。由这种心理情感为仁的始发点，作为体味和把握仁的开端，实际上肯定了仁的普遍性，只要存有人之心理情感的切实感受就有可以体味仁的端倪，就有体认仁的可能性。换句话说，人生而有情感的需要，可以由此需要去体认仁，只要可以体认到仁，人的道德就有挺立的可能。孔子从理性经验式的情感入手，将仁逐步转化为内向的、有情的仁的内容表达。

第四，孔子把仁提升为人的道德之源，并没有否定人的主体理性与认知的功能，它将仁与知相贯通，使仁作为道德的根据具有了活动性、灵活

---

① 孔子首倡仁，继而孟子以性善解说仁，将仁直接规定为人性本有，不假外铄，宋儒则进一步深化了仁的内在德性与外在德行的关系。

性，在这个结合里突出了仁具有伦理理性的特点。① 仁之"知"并不完全排斥知识理性，但主要是以伦理理性为内涵。② 孔子说："知之为知之，不知为不知，是知也。"（《论语·为政》）这不仅体现了以自知无知的理性反思为求知的开端，而且体现了反对以不知为知的实事求是的理性精神。然而，"知及之，仁不能守之；虽得之，必失之"（《论语·卫灵公》）。理性的涵养，认知的所得是需要在道德的指导下才能健康发展的，如若不然便会"虽得之，必失之"，当认知的发展超过了道德的界限，认知之得便会成为障碍，以致得不偿失。③

仁为道德的依据，还需要人的理性思维发挥作用来涵养德性。《论语》中，孔子提出了三省、三友、三乐、三衍、三戒、三畏、三变、九思的具体方法。④ 三省、三友、三乐是从正面反映了仁的内容，即忠、信、直、谅、礼、乐、善、友等，即："吾日三省吾身，为人谋而不忠乎？与朋友交而不信乎？传不习乎？"（《论语·学而》）"友直、友谅、友多闻。"（《论语·季氏》）"乐节礼乐，乐道人之善，乐多贤友。"（《论语·季氏》）三衍、三戒则从反面提出不利于仁性之于仁心之显发的德之表现："言未及之而言谓之躁，言及之而不言谓之隐，未见颜色而言谓之瞽。"（《论语·季氏》）"少之时，血气未定，戒之在色；及其壮也，血气方刚，戒之在斗；及其老也，血气既衰，戒之在得。"（《论语·季氏》）三畏、三变指出人之于仁的意志层面应有的态度："畏天命，畏大人，畏圣人之言。"（《论语·季氏》）"望之俨然，即之也温，听其言也厉。"（《论语·子张》）九思是一种修德近仁的具体方法："视思明，听思聪，色思温，貌思恭，言思忠，事思敬，疑思问，忿思难，见得思义。"（《论语·

---

① 陈卫平认为孔子贯通了人道原则与理性原则，从而凸显了一种伦理理性（陈卫平、郁振华：《孔子与中国文化》，第 68 页）。

② 陈卫平、郁振华：《孔子与中国文化》，第 69 页。

③ 当今高度理性认知发展的结果就是科技的日新月异，然而，如果这些科技的成果没有良好的道德和伦理导向的话，必然会带来严重的社会问题，例如：原子能运用的破坏作用、基因技术发展所带来的隐私权问题、器官移植以及克隆人伦理问题等。这些可以视作"知及之，仁不能守之；虽得之，必失之"的生动案例。

④ 高明：《孔子的人生理想》，《孔子思想研究论集（一）》，黎明文化事业公司，1983，第18 页。

季氏》)

第五，孔子之仁作为道德的内在依据与人的道德行为的发生是即本体即工夫的。他将仁从静态德性的理解扩展为动态的构成机制的过程，兼涉人、我与内外，既强调了道德意志，也强调了具体行为的实践，即体即用，最终明确了仁作为道德本体的构成特点。①孔子关注的视野在于人，而仁之挺立则是人道完满的关键。

二 求仁：对春秋时期共同体现状的反思

是什么因素促成孔子把视野转向人、转向仁？可以说是其在当时所处的共同体的具体情况发生了变化，即所谓礼崩乐坏。

首先，春秋以来，原有的土地关系、宗法关系、政治关系等的变化，整个社会开始从有序走向无序，逐步从稳定期转入混乱期。在这样的社会中，周礼逐步失去了规范的控制力。周代的土地分封制使有限的土地与人口不断增多的矛盾加剧，对土地的兼并和掠夺不仅发生在诸侯与诸侯之

---

① 在儒学的发展中，道家亦立于道德本体的层面批评孔子儒家之仁，将仁视为"用"。中唐时期，韩愈力排佛、道以复兴儒学，他对仁义与道德的关系作了明确的界定："博爱之谓仁，行而宜之之谓义；由是而之焉之谓道，足乎己无待于外之谓德。仁与义，为定名；道与德，为虚位。"（《韩昌黎文集校注》第一卷《原道》，上海古籍出版社，1986，第13页）韩愈以仁义为本体，排除了道为本体、仁义为用的儒道会通方式。北宋中期的儒家学者陈襄在策问中也提出了自己对仁义、道德之体用关系的看法："夫士志于道，仁义而已矣。舍仁义而言之，非吾所谓道也。子思之言：'率性之谓道，修道之谓教。'韩愈之言：'仁与义为定名，道与德为虚位。'皆合仁义而言也。《易》之《系辞》则曰：'形而上者谓之道。'又曰：'一阴一阳之谓道'，斯又何道也？夫所谓形而上者，无形之名，而阴阳者，有为之用，然则皆名之道，何也？推乎其本，则与夫子所言之道，其有异乎不异也？先儒云：'百王无变之谓道贯。'或云：'弊者道之失。'既曰不变，而且有弊，何也？必有体用，悉为详尽。"（《全宋文》卷1087《策题六道》，巴蜀书社，1992，第25册，第522页）可以说，陈襄初步提出以体、用之分别释儒家义理之仁的超越性与变异性之间的关系（李祥俊：《仁学本体论的建构——北宋诸儒仁论特质阐释》，《中国哲学史》2006年第3期）。同样，张载亦十分重视仁与道德的关系问题，他认同老子道家关于天道自然的观点，但又批判其人道自然的观点而主张人道为仁义。他说："老子言'天地不仁，以万物为刍狗'。此是也；'圣人不仁，以百姓为刍狗'，此则异矣。圣人岂有不仁，所患者不仁也。天地则何意于仁？鼓万物而已。圣人则仁尔，此其为能弘道也。"（《横渠易说·系辞上》，《张载集》，中华书局，1978，第188~189页）他指出了老子将天、人相分，抛弃了道德与仁的合一。"天体物不遗，犹仁体事无不在也。'礼仪三百，威仪三千'，无一物而非仁也。"（《横渠易说·系辞上》，《张载集》，第188~189页）将天道之"生生"与"仁"之道德的创生意义合为一体。

间，还发生在诸侯与天子之间以及诸侯的臣属之间，土地所有权从周天子下移到诸侯以及各诸侯国的卿大夫，甚至下移到卿大夫以下的"士"和"国人"的手里。此外，社会各阶层，从周天子到诸侯、大夫、士等各阶层违礼的现象比比皆是。如表示天子至高无上的"锡命礼"在春秋时已变成天子有求于诸侯的"来锡命"，而且往往是诸侯在位后许久才去追命。西周"君者必须命于天子"已无从遵守，所以金景芳认为，"周礼的破坏，没有比朝觐礼、锡命礼表现得更集中、更突出了"①。在诸侯那里，非礼现象同样层出不穷。如祭祀方面，鲁君僭用天子之礼，举行"郊祭"（祭天）（《左传·僖公三十一年》），卿大夫及其家臣非礼也相当普遍，如"季氏八佾舞于庭"，"三家以雍彻"，"邦君树塞门，管氏亦树塞门。邦君为两君之好，有反坫，管氏亦有反坫"（《论语·八佾》）。另外，弑君的现象也很普遍，"郑京、栎实杀曼伯，宋萧、亳实杀子游，齐渠丘实杀无知，卫蒲、戚实出献公"（《左传·昭公十一年》）。

其次，与上述现象相矛盾的是，虽然礼的遵守已经遭到破坏，但是在政治形式上仍有强调礼的需要。如：

礼，王之大经也。（《左传·昭公十五年》）

礼，经国家，定社稷，序民人，利后嗣者也。（《左传·隐公十一年》）

夫礼，所以整民也。（《左传·庄公二十三年》）

礼，国之干也；敬，礼之舆也。不敬，则礼不行；礼不行，则上下昏，何以长世？（《左传·僖公十一年》）

义以出礼，礼以体政，政以正民，是以政成而民听。（《左传·桓公二年》）

礼，政之舆也；政，身之守也。怠礼，失政；失政，不立，是以乱也。（《左传·襄公二十一年》）

礼，所以守其国，行其政令，无失其民者也。（《左传·昭公五年》）

---

① 金景芳：《论儒法》，《古史论集》，齐鲁书社，1981，第147页。

> 夫礼，所以正民也。（《国语·鲁语上》）
>
> 夫礼，国之纪也。国无纪不可以终。（《国语·晋语四》）
>
> 礼以纪政，国之常也。（《国语·晋语四》）

可以看到当时从诸侯到大夫，一方面礼作为他们政治统治的需要，一方面他们又肆意践踏礼的规则要求。这种现象实际上反映了礼在分化为礼仪和礼义的不同内涵后，对礼义所体现的道德意义的重视逐渐减弱，而对政治形式的礼仪要求却不断加强，原本合二为一的礼的分裂，体现了政治主体与道德主体的分离。

最后，尽管政治主体与道德主体的这一分离，在天的终极赏罚功能下，在"天命""惟德是辅"的信仰下暂时还不会相互冲突，然而，现实中政治统治的腐朽和社会生活的失序已经无情地否定了天命的作用。周克殷后，为了寻求政治合法性，周公对原始的"天""天命"予以改造，强调"皇天无亲，惟德是辅"（《尚书·蔡仲之命》）的重要。他指出上天的意志和命令是会改变的，上天不会把人世的权力无条件地永远赋予一姓王朝。《酒诰》中周公说："弗惟德馨香祀，登闻于天，诞惟民怨，庶民自酒，腥闻在上。故天降丧于殷，罔爱于殷，惟逸。天非虐，惟民自速辜。"他指出并非上天暴虐而是殷人自己的乱德招致了罪祸，潜在之意就表明了事情的变化发展，国家的长治久安不应该全部归因于上帝，而应该重视人自己的行为是否得当。在《召诰》中他又表示："天亦哀于四方民，其眷命用懋。王其疾敬德。"这表明天意视民情而定，而王之敬德与否与民情相关。这种天意与政德相通的走向，强调统治者要以"德"为国家政治的运作的核心法则，并且要具体施行善于民的措施。

与《召诰》相呼应，《君奭》篇更深入地强调了"恭明德"的重要性：

> 君奭！弗吊天降丧于殷，殷既坠厥命，我有周既受。我不敢知
> 曰：厥基永孚于休。若天棐忱，我亦不敢知曰：其终出于不祥。呜
> 呼！君已曰："时我"，我亦不敢宁于上帝命，弗永远念天威越我民，
> 罔尤违，惟人。在我后嗣子孙，大弗克恭上下，遏佚前人光在家，不

知天命不易，天难谌，乃其坠命，弗克经历。嗣前人，恭明德，在今。予小子旦非克有正，迪惟前人光施于我冲子。

又曰：

天不可信，我道惟宁王德延，天不庸释于文王受命。

其中的"不敢宁于上帝命""天不可信""我道惟宁王德延"等直接表明若不能"恭明德"，就可能失去天命。可是，周公以后的统治者已经无视所谓保民的天命传统的约束，"恭明德"日益被统治者忽视。于是，政治的腐朽以及社会的变化使民众对周公所建立起辅德之天开始怀疑，随着周天子权势的没落与诸侯国的崛起，更加剧了社会的动荡，最终"以德配天"的信仰普遍遭到质疑。《诗经》中就出现了一系列含有"怨天"意味的内容。这些诗句多产生于西周末年，如《大雅》的《桑柔》中提及："天不我将。天降丧乱，灭我立王。"这样一种"抱怨天"的倾向，表明了民意论天命观的思想与当时社会现实的矛盾。天爱民，以民意为意志，应该是保民佑民免受苦难，可是现实中的百姓却要承担更多的困苦，天辅德，而社会却政治腐朽，道德沦丧，于是"天"的终极关怀的职能，开始经不起实践生活的检验了。

天在人心中的陨落已经致使道德主体"主敬"意识的失落，并进一步加速主体道德性的崩塌。可以说，礼崩乐坏与对天命的质疑所反映的是道德的失落。孔子在这个过程中意识到，"天"已不可信，只有从人自己身上寻找根据。出现道德失落的大部分原因都在人自身，人作为道德主体的存在十分重要，人需要找到自身道德性的根据来重新肯定自我，重建自我对道德的信仰。如此一来，仁作为人的才能品质的内涵与仁指向自我思考自我克制与完善的内容，恰恰贴合了孔子对人的道德性依据反思的基本要求：内在于人自身，指向人自身，能够自觉思考，才能真正成为道德的基础。于是，孔子明确了仁的道德内涵，仁从而成为孔子借以表达人之道德性根据的载体，并经由孔子不断转化和改造，成为道德的本体存在。

综上，孔子对仁的重视主要缘于几个因素。第一，周代的良好社会政治秩序在春秋时期开始遭到破坏，礼乐制度和礼乐文化作为社会功能的调节作用大大削弱。孔子身处礼崩乐坏的大时代，深切感受到这一变化给人和社会带来的消极影响。第二，作为终极信仰的"天"，经过周公的道德定位，明显成为人世间的道德监理，惟德是辅的天命所归与社会失序民怨沸腾的现实相矛盾，加剧了孔子对人的信仰支柱的反思：既然天已经不那么可靠了，人的行为规范的基础要从何处建立。这成为孔子必须解决的问题。第三，重德的传统提供了孔子重建人心的希望，道德必须建立在自我的基础上才能真正长久有效，孔子的思考重点开始转向人。与此同时，仁的创造与使用，虽然没有明确的道德内涵，却蕴含着个人自身的品质才能，以及自我思考的意义。如此一来，社会制度的影响、文化的导向以及自我反思的综合作用，使孔子把恢复良好秩序、践行规范行为的基础放在了人自身上，并找到了具有自我指向和品质描述性意义的"仁"来作为人自身的道德根据。正是通过"仁"作为道德根据的奠基，才构成孔子乃至儒家对群己的基本认识。确切地说，群己观念的形成和群己关系的理解正是基于内在于人自身又超越于自身之"仁"而构成其观念结构的核心。在早期儒家那里，"仁"成为人之共同体生活和自我实现的依据和目的。

可见，尽管仁字很早就有了，但其本义并不是指人心的道德根源。孔子则以极高的智慧察觉到了人人都具有的内在道德依据，称之为仁，创立了仁学。① 孔子对仁进行了改造，使仁作为人的道德性内在依据，并据此作为人对礼仪规范遵循的内在导向。仁作为道德的根据就在于其为人的行为提供了有效性。"德目"只是仁性作用人之心志层面的自觉修养并以理性自觉实践的方式表达出来的具体内容和具有价值含义的规范品格。② 人是仁的生命载体，仁作为自我生命存在方式的道德性依据，表明了人是自己创造了自己。人对仁的反观自照可以在某种程度上达到"自由"的境界，在这个境界中，真善美的价值在人的生命视野中得以一一展开。人对

---

① 杨泽波：《释仁》，《孔子研究》1995年第3期，第3~12页。
② 孔子重仁，但并未明析缕分地把仁之道德可能性的结构内容以及作用机制在其言论中进行论证，而后人亦只能从其言语之表象入手追究其所在言语之后的思维逻辑的设定与发展走向，从而作出解释。

道德选择的价值、正义、和谐、幸福都是现实可待的，也是持续不断的。仁作为本体的道德性存在，如"水之源泉浑浑"，在人的生命过程中和人的共同体生活中不断得以构成又不断引领人的活动和认识，"盈科而后进"。

　　总之，孔子通过对现有观念与思想的认识、反思和批判，立足于群己人我的整体思考，推进了仁向纵深发展，拓宽了仁作为道德可能性依据的具体内容和结构层次，使仁的构成和功能发挥成为一个持续不断的内外互通的过程。只要把握了仁的构成和作用机制的动态过程性特点，孔子对仁没有确切具体定义解说的疑问也就不言自明了。虽然由于《论语》语录体的限制，很难把其（孔子）思想的各个方面用逻辑方法叙述出来，[①] 但是孔子对仁的新内涵的扩展，对仁的义涵朝着道德内在依据的可能性方向的推进是不可否认的一大进步，诚如李泽厚所说："孔子思想的主要范畴是'仁'而非'礼'。后者是因循，前者是创造。"[②] 这种立基于"仁"而达成圆满之人与社会的境界，是一种个人与世界，内与外的互动、互通的结果，是孔子对生存的共同体与人的互动的领悟、理解的一种阐释。

三　群己关系：成己与成人

　　据前文所述，在孔子思想中，礼不仅能够保证群的安定，而且可以维护现存的等级秩序，对于群具有无比重要的价值。然而，这种价值的实现却是需要依赖作为道德本体的"仁"在群体中之个人身上的实现来达成的，即"人而不仁，如礼何？人而不仁，如乐何？"（《论语·八佾》）因为礼首先需要由志士仁人来设立、推行和遵循。如果人不具备"仁"，不能发挥"仁"的导向性，礼之规定与规范对人来说、对群体来说都只是空有形式而已。在这个意义上，孔子又提出了"绘事后素"说法。

　　子夏问曰："'巧笑倩兮，美目盼兮，素以为绚兮。'何谓也？"子曰："绘事后素。"曰："礼后乎？"子曰："起予者商也！始可与言诗已矣。"（《论语·八佾》）

---

① 高赞非：《孔子思想的核心——仁》，中国孔子基金会学术委员会编《近四十年来孔子研究论文选编》，齐鲁书社，1987，第203页。

② 李泽厚：《中国古代思想史论》（第一册），安徽文艺出版社，1994，第21页。

孔子师生在对《诗经·卫风》中这一诗句的讨论中，引申出了"礼后"的道理，意味着作为社会规范的"礼"是后于"人"（仁），也就是主体道德，这种主体道德在孔子这里就是"仁"。

孔子在形上层面将"仁"视作道德的根基，在具体的实践层面则赋予"仁"多种品德的含义，可概括如下：

樊迟问仁。子曰："爱人。"（《论语·颜渊》）

颜渊问仁。子曰："克己复礼为仁。一日克己复礼，天下归仁焉。为仁由己，而由人乎哉?"（《论语·颜渊》）

……夫仁者，己欲立而立人，己欲达而达人。能近取譬，可谓仁之方也已。（《论语·雍也》）

仲弓问仁。子曰："出门如见大宾，使民如承大祭。己所不欲，勿施于人。在邦无怨，在家无怨。"（《论语·颜渊》）

（樊迟）问仁。曰："仁者先难而后获，可谓仁矣。"（《论语·雍也》）

子张问仁于孔子。孔子曰："能行五者于天下为仁矣。"请问之。曰："恭宽信敏惠。恭则不侮，宽则得众，信则认任焉，敏则有功，惠则足以使人。"（《论语·阳货》）

樊迟问仁。子曰："居处恭，执事敬，与人忠。"（《论语·子路》）

仁者爱人是最基本的含义。这里的"人"指他人、众人或民众。"子曰：弟子，入则孝，出则弟，谨而信，泛爱众，而亲仁。"（《论语·学而》）孔子对人的价值的肯定使他的"人"的范畴的外延已突破一定等级的界限而达于民众。子贡可能对"爱人"范畴的界限不敢肯定而询问孔子："如有博施于民而能济众，何如? 可谓仁乎?"孔子肯定地回答："何事于仁? 必也圣乎! 尧、舜其犹病诸!"（《论语·雍也》）此外，孔子还提出"节用而爱人，使民以时"。显然，民众是包括在孔子"人"的概念中的，"人"是一个普遍性范畴。但是，在"人"之间存在不平等的关系，"人"也不是按平等原则组成的团体。从社会政治结构看，它是按君、臣、民或君、父、臣子等"名分"组成的等级系统，是"金字塔"式的立体结构；从血缘伦理看，它又是以"自我"为中心，按血缘亲疏而由近及远形成的平面结构。从前者看，它是以礼定序，名分不可僭越，界限确定。从后者看，它是推己及人，层层递进，是开放性的，在人类内部无终界，即使"夷狄"也包括在内。仁德的品质，"虽之夷狄，不可弃也"（《论语·子路》）。欲以仁爱之德，普施于夷狄。后来谭嗣同曾以仁之通来对此进行概括。仁者"爱人"则着眼于后者，"爱人"并不是对普遍的人平施亲爱之情，而是按血缘人伦的次序，逐层推爱，扩展开去，永无终点。仁者"爱人"体现了孔子的"大群"或"大同"之襟怀。

孔子的仁者爱人是一种有次序之爱，这种爱并无终点，因此，施爱的关键就要抓住起点。这个起点就是"孝悌"。由孝悌而泛爱众是孔子"亲仁"的路线。孔子认为由孝悌开始的爱之情感，施及政事——治国理民，便可以对群体的秩序产生稳定的重要作用，"'孝乎惟孝，友于兄弟'，'施于有政，是亦为政'"（《论语·为政》）。而且，君之孝亲还可产生广泛的榜样效应，"君子笃于亲，则民兴于仁"（《论语·泰伯》）。由孝悌而始的爱人之情感实质落实于个体内心从而形成维系群体的凝聚力，通过这种精神力量的熔铸、发散就能产生稳固、发展群体的客观效果。

如果说"爱人"是从自我对他人的态度上释"仁"，那么"克己复礼"则是从自我对自身的态度上释"仁"。"克己"，克制自我或尽己所能；"礼"是客观的社会标准和外在参照系，也是群体的象征。就克制自我而维护群体而言，是直接规定自我与群的关系调节的原则。这里蕴含着这样的逻辑：群体的维护有赖于个体的趋同。对于形色各异的特定个体而言，必然要一定程度地牺牲其欲望和利益，但这样的牺牲是为了换取普遍个体存在发展的环境条件，从而能够由普遍个体的"成仁"来实现"天下归仁"。礼是由自我克制到"天下归仁"的中间环节。就发挥自我以建设群体而言，礼是自我能力发挥的路标和参照系，它引导自我朝有利于群体的方向发展而"成仁"。如果礼成为普遍个体自我修养的道路，就可达到"天下归仁"，那么"礼"就是自我成仁的外在工具。无论是克制自我还是尽己所能，都要通过个体成仁来实现群体之善。

在孔子那里，对自我的积极（尽己而能）和消极（克制自我）这两种态度都是十分明显的，我们将其与爱人综合起来就可以自然过渡到孔子的个体道德的"黄金定律"——"己欲立而立人，己欲达而达人，己所不欲，勿施于人"（《论语·里仁》）。这也是曾子用"忠恕"概括的孔子之道。宋儒程朱将"己欲立而立人，己欲达而达人"释为"忠"，以实现自我为目的的积极为人；将"己所不欲，勿施于人"释为"恕"，是为实现自我的推己及人。其实，孔子自己也明确概括了个体道德行为的准则，即"其恕乎！己所不欲，勿施于人"（《论语·卫灵公》）。"恕"，如心为恕，会意为同情和推己及人。"恕"不仅要求将自我的积极内容——"欲立""欲达"推及他人从而去"立人""达人"，而且要求将自我的消极内容——"所不欲"而推度于他人从而"勿施于人"。这种同情和推己及人所形成的群体当中的个体之间的和谐，必然会带来社会秩序的稳定。"恕"作为行仁的具体方法，对维护群体利益可以产生实际的功效。

"先难而后获"是孔子给"仁"下的又一注脚。难，困难，患难；获，满足欲望之物质条件。从道德选择上说，"先难而后获"即要求志士仁人在患难面前应身先，在享乐条件面前应身后。"子路问政。子曰：'先之，劳之'。"（《论语·子路》）正是表达了此意。这也就是后世倡导的"先天下之忧而忧，后天下之乐而乐"的儒家传统精神的雏形。从道德平等观上说，"先难而后获"要求个体获取报偿应在付出艰苦奋斗之后，"事君，敬其事而后其食"（《论语·卫灵公》）。正是付出与获取的平等形式之一。无论从道德选择上还是从道德平等上说，"先难而后获"都是有利于他人和群体的取向。孔子还有将美好的品德归于"仁"或仁人君子品质的趋向，恭、宽、惠、敏、忠、敬等都是"仁"的一面，都表达了在自我对他人和群体的关系处理中的美好品德。不仅如此，孔子还从和群的关系角度阐释君子之德。比如："君子周而不比，小人比而不周。"（《论语·为政》）"君子泰而不骄，小人骄而不泰。"（《论语·子路》）"君子矜而不争，群而不党。"（《论语·卫灵公》）"躬自厚而薄责于人，则远怨矣。"（《论语·卫灵公》）"君子成人之美，不成人之恶。"（《论语·颜渊》）"君子惠而不费，劳而不怨，欲而不贪，泰而不骄，威而不猛。"（《论语·

尧曰》）

此外，在现代的"己"与"群"关系视角下，孔子提出了"修己"来说明为己的最大任务就是"修身"或者说自我修养而非自我迷失。在《论语》中，"修己"并不是真正要让"自我"成为对象，而是以具有"安人的能力"为目标。更确切地说，个体当使自己成为应当成为的人，并且作为一个仁人和君子那样来生活。

总体上看，在《论语》中，"己"有多重的意义指称。当"己"被用作自我的指称的语词时，它可以强调将自我当作主体，比如"己欲立而立人"，也可以意味着把自我当作客体或者对象，比如"不患人之不己知"，还可以把自我视作对自身起作用的行为者，比如"行己也恭""修己也敬"。一方面当"己"与"人"相对时，表明自我、"己"在利益上或目标上和他人的利益或许有所冲突，或者有某种程度的对立；但另一方面，它也揭示出自我的利益应当在理想的情况下与他人的利益相协调。同时，在《论语》中，"己"与"身"还有所关联，"身"更加明确地与自我有关，并且与身体的时间性紧密相连。此外"己"还是自我所有的自我省察和自我调节能力的重要表达，这就关系到意志的问题，即"志"。在"志"与"欲"的发动下，如何在共同体之中实现人之自我，如何将群体之家国天下与个人之自我意志统一起来，是孔子在仁的形而上学奠基之后的实践性思考。毫无疑问，人求仁、为仁之意志作为一种动力可以调节自我的取向和自我的实际行为，并借助人之情感的共通能力达成与共同体成员之间的感通。这是孔子理想中的人与社会的最佳状态，无论是在道德目标还是在心理情感上都倾向于达成己与人、群与己的协调稳定。

第五章 孔子群己观念的统一：道德基础与情感维度

在共同体之中的个人，其独立的人格就来自拥有可以自由获取的"意向性"，某种意义上也就是"自由意志"。这种意向性，既是认知发生的基础更是价值实践的根本。通过上面的分析，我们可以发现孔子对群己关系的理解更偏重从个人层面来达成协调群体的进路。这就强调在维持群己的互动互益关系时，个人的"志"是始终不能没有的，即所谓的"三军可夺帅也，匹夫不可夺志也"（《论语·子罕》）。"志"不可夺，一方面肯定"志"是独立人格的要素，另一方面则意味着将人的价值放在首位。"志"之所以是独立人格的根本要素，正是因为它决定着个体行为的发生，表征着人之心灵对行为选择的"意向性"。在孔子看来，个人要能把握独立的人格，就需要"求其志""不降其志"，更要"志于道"。即便处于"无道"的共同体之中也不可以丧志，应该积极奋争去影响和改变群体的现状，而不是隐居清高。只有在努力实现共同体之善的"天下有道"的奋斗中实现独立人格，才称得上个人与共同体的统一。这里，孔子所谓"志"的意向性，包括道德良心之内在动力与仁爱情感的关系导向。

第一节 作为个体道德基础的仁与良心

孔子将仁与人之内在本质联系了起来，孟子继承孔子，进一步纳仁入心，把仁的内在特质发挥得淋漓尽致，提出了"良心"的说法来作为人之为人的道德根据。良心与仁是可以互通的，总的说来它们都是人所固有的，都包含非常丰富的内容，也都是人的道德根基，并在很大程度上都表现了相同的功能和作用。需要说明的是，虽然仁与良心互通，但是并不排除孔子之仁与孟子之良心在心性结构上的区别，这一区别就是仁包含了对智性的强调，保持了主体与社会、与行为实践的主动联系，而孟子则忽略了智性作用的发挥，使得良心更偏于先验。

首先，良心明确了内在人心的主观作用，与孔子仁性的主观内在是相契的。从这一点出发，孟子所说"仁也者，人也。合而言之，道也"（《孟子·尽心下》），既是对孔子"志于道""依于仁"（《论语·述而》）旨趣的重申，也是对孔子所谓"人能弘道，非道弘人"（《论语·卫灵公》）意蕴的点破，更彰显了其所强调的"由仁义行，非行仁义也"（《孟子·离娄下》）。孟子"求则得之，舍则失之，是求有益于得也，求在我者也"（《孟子·尽心上》）的说法，与孔子所谓"为仁由己"（《论语·颜渊》）、"我欲仁，斯仁至矣"（《论语·述而》）可谓一脉相承。

进一步说，良心本心是人原本具有之心，内在于人，不是外力强加的。恻隐、羞恶、恭敬（辞让）、是非之心，人皆有之，而这四心就是仁义礼智之端，所以"仁义礼智，非由外铄我也，我固有之也"。（《孟子·告子上》）人有仁义礼智四端，就像是人有四肢一样。良心本心之所以是人之所固有，原因在于：其一，它是上天赋予的，即"天之所与我者"（《孟子·告子上》）；其二，它是人生而即有的，因为孩提之童都知"爱其亲，及其长"，也都知道"敬其兄，亲敬长"即仁义，即良心善性。由于仁义礼智之端是原本固有的，所以它就是不学而能的良能，不虑而知的良知，即"所不学而能者，其良能也；所不虑而知者，其良知也"（《孟子·尽心上》）。人的仁义礼智之心与外事外物互动，不需要专门的外向型学习，就能发挥自如。例如，爱亲敬长生而皆知，见孺子入井皆有怵惕之心，不忍牛之觳觫，都是不需学习生而自然可能的。良心将仁义礼智根植于人心，并以先天具有的"四端"为善的根源，说明性善的可能。

"恻隐之心，人皆有之；羞恶之心，人皆有之；恭敬之心，人皆有之；是非之心，人皆有之。恻隐之心，仁也；羞恶之心，义也；恭敬之心，礼也；是非之心，智也。仁义礼智，非由外铄我也，我固有之也，弗思耳矣。"是以"乃若其情，则可以为善矣，乃所谓善也"（《孟子·告子上》）。所谓善，所谓德，并不是从外部强加给人的，而是人之所以为人的本质。孔子说"仁远乎哉，我欲仁，斯仁至矣"（《论语·述而》），也同样表明了仁不是身外的某物，也不是神秘的他者，它就是人所固有的，所以"为仁由己"。

其次，良心本心和仁都包含了丰富的内容，都不是单调的形式。良心的丰富内容表现在对事物的是是非非能够自然知晓，只要依着良心，是非便知，它贯穿在人的生活和行为的各个方面。仁也是如此，"能近取譬"就表明仁的内容丰富，在最接近自己的生活和事情中就可以得到反映。它们都包含有从个人道德生活道德修养到社会的伦理秩序等方方面面的具体内容。仁于孔子是一种道德可能性的旨归，是德性的依据，是人性的基本，同样，孟子通过良心说明仁是"居"是"宅"，"义"是"路"，依仁而行，有所由，有所取舍，所以孔子据仁而"为政以德"（《论语·为政》），孟子依良心而"发政施仁"（《孟子·梁惠王下》），均体现了仁的丰富的道德内容在政治生活中的展开。孔子把为政以德的实质认为是仁的道德可能性的存在的要求。在为政方法上，孔子强调一个"正"字，他说："政者，正也。"（《论语·颜渊》）正什么呢？正仁心，正仁觉，正仁行。仁要求为政以德，为了在为政者与参政者以及百姓之间架起一座普遍共同之"仁性"的桥梁，作为沟通道德可能性和可行性以及对伦理道德社会规范认同的渠道，以此调整社会共同体发展的良性互动。而施政者及士人的良心也必然激发普遍个体的道德可能性，从而促进社会整体的良性发展。

把"为政"之"政"直接界定为"正"，作为"为政以德"的"正"的具体表现包括"正己"与"正名"两个层面。"正名"是对社会规范的明确和恪守，即明确社会秩序中不同角色的伦理规范和行为准则，同时按"名"的标准和要求选择规范处在相应位置中的人及其行为，尤其要求为政者本人的资格和行为要符合相应角色位置所体现的规范。"正名"在孔子这里是所谓"齐之以礼"的基本导向。孔子认为为政的第一步是"正名"；但要实现"正名"的目标，为政者先要"正己"。"其身正，不令而行；其身不正，虽令不从。"（《论语·子路》）"苟正其身矣，于从政乎何有？不能正其身，如正人何？"（《论语·子路》）"正名""正己"均是由仁而发与礼相合的要求，所以"道之以德"与"齐之以礼"是一致并用且相辅相成的。激发仁德的外显并遵循礼之规范是普通百姓更是为政者应该努力去践行坚守的理想目标，仁的自觉及其充分展现是孔子所致力的目的。同时，社会伦理秩序的建构和稳定不能单靠外在规范的强制，只有在人们内心道德意识发源处的自觉动力的推动下才能达到道德与实践的一致，道德才有可行性，同时这种伦理道德与规范的相互促进才是仁和良心所导向的理想境界。仁和良心都强调它们作为道德根据的导向作用，同时人的存在又需要受到社会道德意识自觉和伦理行为规范的价值导向，那么仁和良心也必然少不了社会生活的各方面内容。

再者，仁和良心是道德的根据，即体即用。在孟子看来，良心是道德的本体，它不仅遇事自然而然当下呈现，而且在呈现的同时迸发出必须按其要求去做的力量。孟子引《诗》曰："天生烝民，有物有则。民之秉彝，好是懿德。"（《孟子·告子上》）说明仁义礼智是人心所"同好"的"懿德"，正是这种"同好"激发民众潜在的向善好善本性，兴起道德向善的良性导向，将外在的伦理规范内化为内心的自觉自愿，自动自发，从而达到"有耻且格"的境界以维系群体秩序的和谐。同样，"人皆有不忍人之心。先王有不忍人之心，斯有不忍人之政矣。以不忍人之心，行不忍人之政，治天下可运之掌上"（《孟子·公孙丑上》）。孟子认为"发政施仁"并不难，只要将自己的仁心"扩而充之"，由近及远、由亲及疏地实行王道仁政，就如同"为长者折枝"一样轻而易举。他把这一扩充推广的过程叫作"推恩"，即"老吾老，以及人之老；幼吾幼，以及人之幼"（《孟子·梁惠王上》）。"亲亲而仁民，仁民而爱物。"（《孟子·尽心上》）"发政施仁"都是良心的道德要求和行为要求。在此基础上，群体中的各类成员均能够得到相应的福利，社会秩序也才能相对稳定。

良心何以成就道德，孟子认为要"诚"，要"自反"："是故诚者，天之道，思诚者，人之道。""思诚"是内向性的转向，把良心的道德可能性转向了对人之本质的思考。"诚之"强调了一种思考与实践行为的共同施行，"思诚"则更倾向关注思维自我省提的功夫修养，直指本心之思，不需要任何外部条件，即"非由外铄我也，我固有之也"。既然"思诚"是唯一的道德进路，那么全部的道德功夫就在于"一心"。孔子讲为仁，同样要求当下认取仁性，然而这种对仁性构成的认取不仅指向内，也同时指向外，即智性的学习作用。也就是说，它是开放性的。孟子虽然比孔子更进一步化仁性为良心，并直指善端，① 问题是既是"端"，则必须有待于发展、扩展和外推，才是道德之于人之本质性的完成。② 孔子通过把仁视为一种共同人性道德的一以贯之来达成人性的最大善。不论是"思诚"还是"为仁"，均指向自我及其相关的他者，才可以达到。换言之，只有在人-我的关系中，只有在人的共同体之中，"思诚"与"为仁"才能实现。

最后，仁和良心均不排斥情感。③ 这种情感指的不是欲望的感情，而是指的一种道德的情感、伦理的情感，即"仁性情感"④。它就是孟子所说的"理义之悦我心，犹刍豢之悦我口"（《孟子·告子上》），也是"一箪食，一瓢饮，在陋巷，人不堪其忧，回也不改其乐"（《论语·颜渊》），更是一种践仁、践德的孔颜之乐。

尽管孟子继承了孔子仁的思想，良心与仁相通，但是不表明二者之间没有区别。孔子对性之近的强调，并没有指陈性之善，虽然到了孟子得到进一步发挥和论证，但也并没有认定为"性本善"，孟子只是明确了"人之初有善端"的设准，把孔子之仁对人性发展的作用明朗化，并且用良心将仁性固定为内在。孔子强调后天之习的不同可能导致对人性发展表现的

---

① 这一说法出自杨泽波先生《孟子性善论研究》一书。（杨泽波：《孟子性善论研究》，中国社会科学出版社，1995）

② 如何发展善端的外推成为孟子必须解决却没有解决的问题。孟子把道德的可能性归诸性善的本质存在，而孔子关于道德可能性的猜想似乎更倚重以仁为共同人性可能的导向。

③ 程颐反对以"爱"释"仁"，认为爱属情、仁属性，只能说爱自仁出，不可谓爱即是仁。他说："孟子曰恻隐之心也，后人遂以爱为仁，恻隐固是爱也，爱自情，仁是性，岂可专以爱为仁？"（《河南程氏遗书》卷十八）程颐确立了"仁"的道德本体的地位，它被理解为"爱""恕"等道德情感和行为产生的根据而非具体的道德情感和行为本身。朱熹则在程颐的基础上进一步显扬了"仁"的道德本体性，提出了"仁者，爱之理，心之德"（《论语集注·学而》）的观点，将"仁"理解为爱的原理和根据，仁与爱或恻隐等道德情感的关系由此而成了体与用的关系。他说："仁是体，爱是用。又曰爱之理，爱自仁出也。"（《朱子语类》卷二十）

④ 杨泽波：《孟子性善论研究》，中国社会科学出版社，1995，第97页。

差异性，所以要注意对人后天之习的规范，这种规范说白了就是要加强人的理性思考与智性学习的能力；孟子揭示出孔子之仁存有善端，并有朝向善发展的可能，所以人要注意不断对善端之性的涵养，他更进一步把这种仁性之善端寓于天的权威来强化其合法性与普遍性。但是一味地内返也使得孟子忽视了人之自我的认知学习作用，也就会使得良心的要求无法完成知行合一的要求，也无法推动社会规范制度的发展。这种单向度的发展方向是有缺陷的，因为从仁的两个来源看，如果仁脱离了人的主观内容，那仁也就不是孔子意谓之"仁"了；仁如果不通过理性的力量来使客观社会生活内容内化，它也无法成为道德的根据。

孟子提出人性人心善端的论断，显然是心契于孔子，但他一味执着于仁的内向性特点，一味依赖良心的呈现，而忽视了智性学习、理性反思对仁性和良心的巩固和提升，减弱了仁的动态实践性。孔子毕竟还是对"性与天道"持一种渊默宽容的态度，但"性"与"天"在孟子那里却已经成为有着体系化趋向的异常重要的范畴，并且孟子谈论"性""善"总是从"心"说起，最终还是不得不借助"天"来自圆其说。与孔子弱化了天、天命的力量，同时亦削弱了"天"之神秘的超越性能力有所不同，孟子的良心善端需要"天"来证明其普遍有效性，他用"天"的运行不息和生生的含义来加强对人之道德意志选择的推动。孟子主张人禀赋行善之天性，而此天性被后天因素压制而不得完全发挥以致在现实中往往表现出知行的不一致。孟子的良心说比孔子之仁更关注行善的内在基础和可能性。这种情况在一定程度上与其当时所处的时代背景有关。战国以来，人们的思考进一步加强，社会现实逼迫人们不得不思考自身行为道德性的深层次解释以应对失范的社会秩序和人际关系，而孟子以孔子思想为渊源，突出了孔子仁的主观内在性，从人之道德性的内求方面来进一步论证道德与人性的密切关系。

总之，性是与人相关的，是人的本质内容，而仁也同样是与人相关的，是孔子对人的道德依据的规定，它也是与人的本质相关的。因而，人性也就可以由仁性来体现，仁也不能脱离道德主体的人，更不能脱离人与人之间的关系性存在。历来对人性就有善恶之争，孔子对性所持的态度却

是指仁性为人性，没有明确规定的善恶属性。因为仁是与德性才能相联系
的，亦是与情感相关的，所以必定指向"好"的"正面"的内容，即有指
向善的可能。但总的来讲，孔子对性的态度是宽容的，他认为观过可以知
仁，就此来看，仁性的导向虽然是正面的，却是容易受其他因素如私欲和
环境变化的影响的，因为人是生活在社会环境中的有欲望需要的个体集
合，所以，人虽有仁性，却仍然会犯错。但是孔子认为重要的不是会不会
"有过"，而是会不会"知过"。"知过"就能够再回到仁的引导基础之上。
仁与知（学习反思）是统一的，仁包含了对智性的强调，保持了主体与社
会、与实践的主动联系，而孟子忽略了智性作用的发挥，使得良心更偏于
先验性。孔子改进了仁，使仁内化于人，具有了道德的意义，也具有了人
的情感内容。

第二节　对个人情感维度的强调

　　仁作为人之为人的本质规定性，少不了情感的润泽。① 在理解仁作为

---

① 对情感的重视以及把情感纳入对社会道德的认识和理解中，一直影响着文化传统的发展，
与情相纠缠的种种问题，随着思想认识的进一步发展不断得到解决。《左传·庄公十五
年》载："公曰：小大之狱，虽不能察，必以情。"《左传·襄公十八年》：范宣子告析文
子，曰："吾知子，敢匿情乎？"《左传·襄公二十七年》：（赵猛）对曰："夫子之家事治，
吾于晋国无隐情，其祝史陈信于鬼神无愧辞。"此情可作为情实理解。《左传·僖公二十
八年》载："（楚子）曰：'无从晋师。晋侯在外十九年矣，而果得晋国。险阻艰难，备
尝之矣；民之情伪，尽知之矣。'"《论语·子路》：子曰："上好礼，则民莫敢不敬；上
好义，则民莫敢不服；上好信，则民莫敢不用情。"《论语·子张》：孟氏使阳肤为士师，
问于曾子。曾子曰："上失其道，民散久矣。如得其情，则哀矜而勿喜！"此情则视为与
伪相对。《左传·昭公十三年》载：叔鱼见季孙曰："昔鲋也得罪于晋君，自归于鲁君。
微武子之赐，不至于今。虽获归骨于晋，犹子则肉之，敢不尽情？"《左传·昭公二十五
年》：赵武曰："夫子之家事治，言于晋国，竭情无私。"此情为一种融入意志的理智之
情。《说文解字》释"情"：人之阴气，有欲者，从心，青声；释"性"：人之阳气，性
善者，从心，生声。后人又把性情二字联用，意味着此情亦非纯粹之欲情，而是融入了
仁性的性情，是一种道德的情感认知。《孟子·告子上》有这样一段，公都子曰："告子
曰：'性无善无不善也。'或曰：'性可以为善，可以为不善；是故文武兴，则民好善；幽
厉兴，则民好暴。'或曰：'有性善，有性不善；是故以尧为君而有象；以瞽瞍为父而有
舜；以纣为兄之子，且以为君，而有微子启、王子比干。'今曰'性善'，然则彼皆非
欤？"孟子曰："乃若其情，则可以为善矣，乃所谓善也。若夫为不善，非才之罪也。恻
隐之心，人皆有之；羞恶之心，人皆有之；恭敬之心，人皆有之；是非之心，（转下页注）

道德本体的构成的时候，需要注意它所包含的多层次的丰富情感性。不管是社会生活，还是理性思维都不可能是一种纯抽象的形式化过程，它们必定包含着人与人之间的情感认同和个人自我的情感体认，所以仁的本体和功能的发挥都不可以脱离实在的人的情感世界和人与人之间的现实生活。道德视野下对情感的重视并没有否定理性的作用，也并没有让理性和情感相互压制，仁可以是一种情理协调的过程，既是自我的协调也是对人我关系、群己关系的协调。仁作为道德的内在始基，是孔子对传统思想与现实社会反思之后的创造。就其个人而言，在这个追求过程中，孔子本人并没有系统提出这方面的理论，只是尊重自己内在的情感，从"十有五而志于学"开始，不断地追寻道德根据的踪迹而拓展确立了仁。孔子首先从孝亲、爱人的"能近取譬"处推进对仁的道德本体结构的认识，并在其中融入了情感的理性认知，展现了人的生命践履中能够觉知也可以追求的"应当"的价值取向。①

可以看到，孔子的仁虽以重情为基础和开端，却与西方传统的理性与情感的走向不同。黑格尔曾以嘲讽的口吻断言，"在他（孔子）那里，思辨的哲学是一点也没有的"，"为了保持孔子的名声，假使他的书从来不曾

（接上页注①）人皆有之。恻隐之心，仁也，羞恶之心，义也；恭敬之心，礼也；是非之心，智也。仁义礼智，非由外铄我也，我固有之也，弗思耳矣。故曰：求则得之，舍则失之。"孟子从人心上说情，从性上规定了情的道德内涵，但究其本质还是承接了孔子思想中"情"的特质，这种"情"也就是陈荣捷先生所认为的那种"并非后来儒家所了解的，为诸恶之源的情，而是近于人性本然状态的情感。正如戴震《孟子字义疏证》第三十节所说，'情'乃原质，不与性对"（陈荣捷：《中国哲学文献选编》，巨流图书公司，1971，第159页）。杜维明先生进一步阐释："人是情感最为丰富的动物，天赋有着最敏感的身体。正是在这个意义上万事万物皆体现于感情之中，对于人而言不仅可能，而且也必然是人才克臻于此。"（〔美〕杜维明：《道　学　政——论儒家知识分子》，上海人民出版社，2000，第103页）

① 蒙培元先生已经明确表示过仁是"心理情感"的说法，但是他又不完全同意"心理本体"的说法。他认为，仁是内在的心理情感，同时也依靠"知"而得以自觉。但更重要的是，仁必须而且只能在后天的社会实践中得以实现。当仁被实现出来时，就已经在社会交往之中了。仁的实现也因而还包括学习、教育、修养等实践。仁就其根源而言，是人存在的本质；就其存在而言，仁是最真实的情感；就其本质而言，则是情感所具有的价值内容。这些价值内容并不是完全主观的，自我生成的，同时也来源于自然界的生命创造。（蒙培元：《蒙培元讲孔子》，北京大学出版社，2005）

有过翻译，那倒是更好的事"。① 如此品评孔子显然是对孔子真实生命的误解。思辨或许构成哲人智慧的品格，然而丢弃了生命价值认知基础的思辨只是一个冰封的世界，无论其如何内容丰富，形态多样，都始终是没有温暖之气的构想。仁的道德视野下对情感的重视并没有否定理性的作用，也并不使得理性和情感相互压制，并且情感本身不一定就是恶的欲望，所以并不是要一味压制，只是需要以理顺情。情理相互依存、相互作用共同构成仁的基本的价值标准和道德原则，这一特点要求人既要尊重情感的表达，也要顺应理性认知的调整。

人之认知结构中的理性是伴随道德情感认知的理性，是学习"应当"的理性，是与情感互融的理性。孔子所强调的认知理性具有"情理认知"的特点，而非纯粹理智认知意义上的理性。认知之心的理性与情感在孔子那里体现的是一种具有张力的平衡。在孔子之前，一些先秦的典籍就已经指认了"孝"在道德领域内的主导地位，主张"孝养厥父母"（《尚书·酒诰》），并特别凸显了它们包含的情感内涵，宣称"守情悦父，孝也"（《国语·晋语》）。孔子强调的诸如仁、孝、悌、慈、忠等道德规范，也渗透着十分浓郁的情感内涵，但也正是由于这种鲜明的情感特点，使得孔子没有把食色之类的感性欲望视为万恶的"原罪"，没有呈现出禁欲主义的倾向，理性与情感在其伦理思想中保持着一种和谐统一的张力，认知与情感是互通的。诚然，孔子对仁的情感基调的重视，确实在一定程度上限制了认知理性的全面发展，就如李约瑟指出的："儒家思想把注意力倾注于人类社会生活，而无视非人类的现象，只研究'事'（affairs），而不研究'物'（things）。"② 也正是这样不同的视界，使得以孔子为创始的儒家传统与西方传统分别从不同的路径对世界和人进行了探讨。

一 孝悌之情

孔子首先从孝悌这一原始普遍的自然情感入手，搭建人的道德可能性

---

① 〔德〕黑格尔：《哲学史讲录录》（第一卷），贺麟、王太庆译，商务印书馆，1959，第119~120页。
② 〔英〕李约瑟：《中国科学技术史》（第二卷），何兆武等译，上海古籍出版社，1990，第12页。

和仁的道德根据性，这样仁的道德性内容便可以基于日常生活得到展开并扩展到他人与社会。关于孝，《说文解字·老部》说："孝，善事父母者。从老省，从子，子承老也。"① 儒家典籍关于孝的记载很多，如《大戴礼记》中曾子言："树木以时伐焉，禽兽以时杀焉。夫子曰：'断一树，杀一兽，不以其时，非孝也。'"② "夫孝者，天下之大经也。夫孝，置之而塞于天地，衡之而衡于四海，施诸后世，而无朝夕，推而放诸东海而准，推而放诸西海而准，推而放诸南海而准，推而放诸北海而准。"③ 《孝经·三才》也说："夫孝，天之经也，地之义也，民之行也。"《孝经·开宗明义》则有"身体发肤，受之父母，不敢毁伤，孝之始也"④ 的说法。《礼记·曲礼下》载："……亲有疾，饮药，子先尝之。""子之事亲也，三谏而不听，则号泣而随之。"⑤ 《礼记·玉藻》说："父命呼，唯而不诺，手执业则投之，食在口则吐之，走而不趋。亲老，出不易方，复不过时。亲，色容不盛，此孝子之疏节也。"⑥ 《礼记·檀弓上》则认为："事亲有隐而无犯，左右就养无方，服勤至死，致丧三年。"⑦ 而《礼记·内则》要求："父母有过，下气怡色，柔声以谏。谏若不入，起敬起孝，说则复谏；不说，与其得罪于乡、党、州、闾，宁孰谏。父母怒，不说而挞之流血，不敢疾怨，起敬起孝。"⑧

《论语·学而》中明确提到"其为人也孝悌，而好犯上者，鲜矣。不好犯上而好作乱者，未之有也。君子务本，本立而道生，孝悌也者，其为仁之本与"。"其为仁之本与"可以有二解，一为其是仁的开始，一为其是行仁、为仁的基本标准。纵观《论语》全篇，两个解释均符合孔子思想。孝悌之情是仁发动的情感本源之一，同时孝悌的情感必须落实为行为，二者一而二，二而一，正好体现了仁的道德内容构成的一贯特点。孝悌之情

---

① （汉）许慎撰，（宋）徐铉校定《说文解字》，中华书局，1963，第 171 页。
② （清）王聘珍：《曾子大孝》，《大戴礼记解诂》，中华书局，1983，第 85 页。
③ （清）王聘珍：《曾子大孝》，《大戴礼记解诂》，第 85 页。
④ （清）阮元校刻《十三经注疏》，上海古籍出版社，1997，第 2545 页。
⑤ （清）孙希旦撰，沈啸寰、王星贤点校《礼记集解》，中华书局，1989，第 147 页。
⑥ （清）孙希旦撰，沈啸寰、王星贤点校《礼记集解》，第 830 页。
⑦ （清）孙希旦撰，沈啸寰、王星贤点校《礼记集解》，第 165 页。
⑧ （清）孙希旦撰，沈啸寰、王星贤点校《礼记集解》，第 737 页。

是人认取德性的开始,孝悌情感之下的具体行为表现的展开是一次"仁"的施行过程。孔子对于孝的重视和展开,一是表明以人之情感为基础而奠定了仁具有的情感内容;一是以孝的行为开展作为完成仁的道德要求的具体实践。仁是与内心情感直接相关联的,这种心理情感的培养和展现,是以孝悌的亲爱之情展开的,并以"敬"为其内涵。孔子以为孝不仅要"能养",还要"事父母"以"竭其力",情感上要"诚敬""无违",行动上则表现为生事之以礼,死亦葬之以礼。①

《礼记·曲礼上》对事父母作了更详细的说明:"凡为人子之礼,冬温而夏清,昏定而晨省,在丑,夷不争。夫为人子者,三赐不及车马。"②"夫为人子者,出必告,返必面,所游必有常,所习必有业,恒言不称老。"③"为人子者,居不主奥,坐不中席,行不中道,立不中门,食享不为概,祭祀不为尸,听于无声,视于无形,不登高,不临深,不苟訾,不苟笑。"④"父母有疾,冠者不栉,行不翔,言不惰,琴瑟不御,食肉不至变味,饮酒不至变貌,笑不至矧,怒不至詈。疾止复故。"⑤ 更有甚者,"孝"还达到"父母在,不远游,游必有方"(《论语·里仁》)的程度。

由此观之,"孝悌"的真正含义在于"敬"。"敬"字多见于《论语》,它既是一种外在的态度,更是一种内在的情感,它可以追溯到巫术礼仪中对上帝鬼神的尊敬和畏惧。到了孔子就已经把"敬"的内涵逐渐转化为生活态度与情感要求,也成为"为仁"的一种态度要求。"敬"最早来自远古祭祀祖先与对神灵的畏惧、尊敬、崇拜的感情,在孔子这里或者说儒家这里不只是某种仪式,即外在姿态、行为的规定,而是强调对这样一种情感体验的获得和尊重。人对犬马也可以有深厚的感情,犬马之于人亦然,但这种感情不是敬,因为"敬"虽然是感情,却"清晰地融有社会理性在内。……'恻隐之心'之所以是人的情感(人皆有不忍人之心),正由于

---

① 钱穆把这段解释为:"古时交通不便,音讯难达。若父母急切有故,召之不得,将遗失父母终天之恨。孝子顾虑及此,故不远游。将自己的身体看作行孝的本钱,故不毁伤。"(参见《论语新解》)
② (清)孙希旦撰,沈啸寰、王星贤点校《礼记集解》,第16~17页。
③ (清)孙希旦撰,沈啸寰、王星贤点校《礼记集解》,第19页。
④ (清)孙希旦撰,沈啸寰、王星贤点校《礼记集解》,第21页。
⑤ (清)孙希旦撰,沈啸寰、王星贤点校《礼记集解》,第63页。

其中有理性积淀故"①。可以说，敬既是一种具体的动作行为，一种意志的理性态度，也是贯穿着真情实意的情感表达。"敬"更不是一种抽象的理念，并不体现为外在的强迫和他律的指导。由"敬"可以转而为"仁爱"，这种转化的情感并非单纯的自然生理情绪，而是对人之理性和社会理性共同作用的结果，也是人的社会心理和心理情感交互的结果。

在孔子仁的结构化过程中，情感积淀的内容所要求的"孝悌"可以具体表现为个体对待父母的态度和具体行为，这种态度和行为的具体表达方式成为仁之本体所要求的内容，同时又影响着整个社会道德秩序的构建。个体自我通过在父母家庭关系中采取被规定为孝的情感态度和行为表达，可以成为社会道德责任的合理承担者，以此从家庭关系中获得对社会关系的认识。在孔子看来，"孝悌之仁"不仅仅关涉个体自我，还能够通过个体自我在家庭人伦关系中把对仁的自觉认识推广到社会整体层面，所以有人曾问孔子："子奚不为政?"孔子却回答："'孝乎惟孝，友于兄弟，施于有政。'是亦为政，奚其为为政?"（《论语·为政》）此孝悌为仁之本亦是"为人"之本，也是开展人与我的活动的根本点。"弟子入则孝出则悌，谨而信，泛爱众，而亲仁。行有余力，则以学文。"（《论语·学而》）人是在社会当中存在的，除却了孝亲的血缘关系还有其他与之发生关系互动的层面，而人以孝亲为出发点的情感也势必扩展到其他的方面，并需要有具体的客观的标准。

《论语·阳货》的一段对话，反映了一个人如果不能理解"仁"的道德来源，就无法产生道德动力去体会亲人的情感和痛苦，这样的状态可以称为"不仁"。

> 宰我问："三年之丧，期已久矣。君子三年不为礼，礼必坏；三年不为乐，乐必崩。旧谷既没，新谷既升，钻燧改火，期可已矣。"子曰："食夫稻，衣夫锦，于女安乎?"曰："安。""女安则为之!夫君子之居丧，食旨不甘，闻乐不乐，居处不安，故不为也。今女安，则为之。"宰我出，子曰："予之不仁也!子生三年，然后免于父母之

---

① 李泽厚：《论语今读》，安徽文艺出版社，1998，第 59 页。

怀。夫三年之丧，天下之通丧也。予也有三年之爱于其父母乎？"

人真正能够据其所亲，爱其所存在的一切，以真情实感去行事为人，就会越来越能够自觉发挥仁的作用，对孝亲的强调是由具体向普遍的一种扩展。孝悌的情感是仁的情感内容的重要部分，也是追溯人之道德合理性的起点。孔子仁的结构，从爱亲之情发端，以孝悌入手，追溯道德生命的本源，使仁既朝着人的内化方向去演进，又不会脱离生命存在和社会生活本身，同时也摆脱了孔子之前关于仁的单一性和泛化性内涵，并逐步从多样性方面展开仁的多层次动态构成，使仁从一种单纯的品质标准转换为一种具有结构内容的、动态运作过程的道德根据，更由此推广到他人与社会群体。

总体上讲，仁整体上不排斥最原始的自然情感，而"孝"则是这种人类真情实感的根本表达。① 这种情感表达是在一定的关系范畴中展开的，

① 孔子以后，从孟子到宋明的理学家对孝悌的讨论一直不断。孟子承接孔子对"孝"的重视，也从情感的角度讨论相关问题，如"赤子之心"，"孩提之童，无不知爱其亲者"等，都肯定了人之生的情感基础。真情实感对人的道德意志选择与价值导向起到相应的作用。《程氏遗书》卷十八载：问："孝悌为仁之本，此时由孝悌可以至仁否？"曰："非也。谓行仁自孝悌始。盖孝悌是仁之一事，谓之行仁之本则可，谓之是仁之本则不可。盖仁是本也，孝悌是用也。性中只有仁义礼智四者，几曾有孝悌来？仁主于爱，爱莫大于爱亲。故曰：孝悌也者，其为仁之本欤！"（《二程集》，中华书局，1984）《朱子语类》中相关孝悌与仁的讨论主要有：问："孝悌谓仁之本。"曰："论仁，则仁是孝悌之本，行仁，则当自孝悌始。"问："把孝悌唤为仁，却是把枝叶做根本。"曰："然。""仁是孝悌之母子，有仁方发得孝悌出来了，无仁则何处得孝悌。""譬如一粒粟，生出为苗。仁是粟，孝悌是苗，便是仁为孝悌之本。""自亲亲至于爱物，乃是行仁之事，非是行仁之本也。故仁是孝悌之本。""伊川说：'为仁以孝悌为本，论性则以仁为孝悌之本。'此言最切，须仔细看，方知得是解经密察处。孝悌却是用，凡爱处皆属仁。爱之发，必先自亲始，'亲亲而仁民'，'仁民而爱物'，是行仁之事也。"问："孝悌为仁之本？"曰："此是推行仁道，如'发政施仁'之'仁'同，非'克己复礼为仁'之'仁'，故伊川谓之'行仁'。学者之为仁，只一念相应便是仁，然也只是这一个道理，'为仁之本'就事上说，'克己复礼'就心上说。""仁便是本，仁更无本了。若说孝悌是仁之本，则是头上安头，以脚为头，伊川所以将'为'字属'行'字读。盖孝悌是仁里面发出来的。'性中只有个仁义礼智，何尝有个孝悌来？'他所以这样说时，缘是这四者是本，发出来却有许多事，千条万绪，皆只是从这四个物事里面发出来。如爱便是仁之发，才发出这爱来时，便事事有：第一是爱亲，其次爱兄弟，其次爱亲戚，爱故旧，推而至于仁民，皆是从这物事发出来。"程颐和朱熹明确指出"孝悌"植根于"仁"之中，即"仁"是"孝悌"之本。当然对宋明儒者来说，他们言"仁"的一个基本前提在于，作为"孝悌"之本的"仁"即人自身本具有的道德之"心"或"性"。

并不是孤立的，所以仁之本体的结构性及其意义也不是孤立静止的，因为"当一个人来到这个世界的时候，他是在生命的关怀中存在的，而不是被抛入一个无边无际的荒漠之中。他不仅是人类生命的连续体，而且是生命价值的承担者。人不是孤独的存在者，人并不孤独，他最先受到的是父母之爱，因此也报之以爱，这就是儒家所提倡的亲情。人类之爱首先从这里开始，如果使这种情感得以保持，扩充和发展，就会有仁的品德和行为。……本质上是一种生命关怀"①。孔子把"仁"的出发点和基础建立在人真实的情感之上，对此，李泽厚先生表示认同并指出儒学之所以不是某种抽象哲学理论、学说、思想，其要点之一正在于它把思想直接诉诸情感，把某些基本理论建立在情感心理的根基上。②

儒学之所以具有"日用常行""日用不知"的品格，在于仁的构成内容从日用情常的当下开始。孔子指出，仁可以通过"能近取譬"来把握，即首推孝亲情感的发展、涵养与推广，而仁又通过这个过程展开一种交互关系的运作，从而成就人格、成就道德。孔子对孝悌亲情的肯定实际上也是对人生来具有而又无可选择之实在的一种尊重。尊重这样一种情感，也就是对生命的敬畏，对现实的认同，也是改变提升社会人伦的一个基本前提。孔子把人之道德奠基于"仁"的本体结构，没有对另外的他者或神仙力量的期待，之所以能改变生存世界，能改变人之为人的，只是在于人自己的"自救"。孝悌亲情不仅是人伦的开始，而且也是人之道德自我实现的初始起点，也是个体自我面向他人的开始。

一言以蔽之，孔子以孝悌亲情来强调仁之于人的普遍性，孝悌情感是仁的发端，是道德生命的初始，但又具有自我超越的觉醒，展现了绝对的

---

① 蒙培元：《从仁的四个层面看普遍伦理的可能性》，第三届国际汉学会议，1989。
② 李泽厚：《论语今读》，安徽文艺出版社，1998，第31页。李泽厚更进一步认为，以孔子为代表的中国文化精神以情感为实在，是一种本体，即所谓的"情本体"。钱穆亦认为孔子精神具有强调"情"的特征，他指出："宋儒说心统性情，毋宁可以说在全部人生中，中国儒学思想则更着重此心之情感部分，尤胜于其着重理知部分。我们只能说，由理知来完成性情，不能说由性情来完成理知，情失于正，则流而为欲。……儒家论人生，主张节欲寡欲以至于无欲。但绝不许人寡情、绝情以至于无情。"（钱穆：《孔子与论语》，台北：联经出版事业公司，2000，第198页）

价值力量。① 人来源于自然界，人的自然属性决定了仁的本体特征永远无法脱离生物性的人，并且需要经由人来得以实现"仁"。人与其他动物的区别并不在于自然属性，而在于人具有社会性的道德和理性自觉。人类从本能人、野蛮人向自觉人、文明人的转化过程，也是人类理性产生与提升的过程。但是，人的理性不是纯粹的，它的产生是同人的欲望、意志与情感纠缠在一起的。情感是人的生命存在的重要组成部分，是仁本体得以呈现和实现的重要动因，它有着感性经验的内容，却潜藏着理性的表现形式。

孔子对道德问题的看法没有脱离具体的情感活动，"他从另一种意义上谈论人的存在问题，即人作为人而言，首先是有情感的动物，就是说，人是情感的存在"②。孔子不仅在人的自身中找到了"孝悌之本"的情感基础，而且将其上升转化为仁的普遍理性。人之孝悌亲情与人的本能相关，人人具有，从此着手的仁是可及的，始于人人皆有的情感基础，是现实的，它是人之高贵处但又可以在平凡生活中时刻感受体味得到的，就如同天空之日，虽居之高远又可以就近汲取温暖的能量。由孝悌入手的仁是切己的，它就是人存在的本质，实现这个本质需要持之以恒、坚持不懈地学习、自省、实践，在孔子看来，就连颜回也只能"三月不违仁"而已。作为道德本体的仁具有情感的内容，强调主体的"为仁由己"，只要愿意都可以在平凡的日常事务中发挥它的作用。作为道德本体的仁又是超越的，它有着具体的情感内容，"夫妇之愚可以与知焉，及其至也，虽圣人亦有所不知焉；夫妇之不肖，可以能行焉，及其至也，虽圣人亦有所不能焉"。（《中庸》）

二　爱之情

从孝悌情感开始，孔子对仁作了一种顺乎生命自然的外延：樊迟问

---

① 相反，对于道家来说，则从不同的视角将人看作造化自然之产物，从反面批评了一味囿于血缘亲情的副作用。庄子所谓"大块载我以形，劳我以生"（《庄子·大宗师》），正是人为造化之产物的表现。在道家的视野中，人更多是自然的产物，对于孝悌血缘亲情来说，是不在道德视域内的，道家已将其纳入一个更为广大的视野中去考察人世与自然的统一。与道家的"自我逍遥"相比，孔子更加强调了在世为人的厚重感与血缘亲情对于人的责任感。

② 蒙培元：《情感与理性》，中国社会科学出版社，2002，第24页。

仁。子曰："爱人。"（《论语·颜渊》）"夫仁者，己欲立而立人，己欲达而达人，能近取譬，可谓仁之方也已。"（《论语·雍也》）简言之，就是从"孝悌"到"爱人"，再到"立人""达人"。牟宗三就明确指出孔子的仁，是从自己的生命而来。

> 虽然在仁的步步向外感通的过程中，当然具有普遍的、宇宙的、泛博的涵义，然而它不单具有普遍性，而且由于感通有远近亲疏之别，所以具有不容忽视的"差别性"、"特殊性"或者"个别性"。……正因为向外推广，才出现远近亲疏层次观，由家庭内的父母兄弟，推至家庭外的亲戚朋友，以至于生命的一瓦一石，由亲及疏的层次井然不乱，依顺人情而不须矫饰。①

孔子对仁所作的这种扩展，扩大了仁的本体结构实现过程中所需对象的范围和作用领域，它跳出了孝悌所针对的单一特殊对象和具体的情感，而扩大为以爱人为内容的普遍对象和更具理性化的情感。孝悌往往是自然、自发的，而爱人则需要经过理性的升华，凝聚了理性的内涵，有助于仁作为本体的结构化过程并导向一种理性化的普遍情感认同。"泛爱众""己所不欲，勿施于人""己欲立而立人，己欲达而达人"，只有靠理性自觉的情感认同，靠道德理性发挥作用，才能得以社会化。在仁作为本体的结构化中，情感内容与理性自觉的相互作用，既有情又有理。故而，仁的情理兼容决定了"爱"的内涵具有"为我"与"博爱"两端，并遵循仁的忠恕之道，由己及亲，由亲及人，由人及物地自然扩散，即使差等之爱的存在也不妨碍普遍之爱的推广。

《论语》中"爱"字凡九见，② 其中八次都被用为动词，只有一次用作名词，即"予也有三年之爱于其父母乎"（《论语·阳货》）。在爱的动词用法中，爱人这一表述出现于不同语境之中："道千乘之国，敬事而信，

---

① 牟宗三：《中国哲学的特质》，上海古籍出版社，1997，第 45~46 页。

② 两千多年来，对于孔子"仁者爱人"之"爱"的解释依旧是"爱人"，虽然从字面上看没有太多变化，但是，现代性理解下的"爱人"与孔子所说的"爱人"也许已经有所差别。在现代语境里，"爱"字和"人"字都已经被注入了现代性的内容。

节用而爱人"（《论语·学而》），"樊迟问仁，子曰：'爱人'"（《论语·颜渊》），"君子学道则爱人"（《论语·阳货》），"泛爱众而亲仁"（《论语·学而》）以及"爱之，能勿劳乎"（《论语·宪问》）等。从这些包含"爱"字的语句中可以发现爱的对象有人，也有物事。比较有代表性的是孔子在批评子贡对待礼过分实际的态度时提及的两种爱："尔爱其羊，我爱其礼。"（《论语·八佾》）这两个爱字所形成的意义联系和张力是值得注意的。孔子以自己的"爱"与子贡的"爱"对比，从而表明这可能是两种既不尽相同，但又不无关系的爱。孔子之"爱"包含敬重和责任的内涵，子贡之"爱"则是偏于一种"爱惜"或者"可惜"的情感内容。

　　孔子的"爱"，不仅仅包括向往于礼的喜爱和热爱的意义，其中蕴含的道德责任和道德敬畏也意味深长、层次分明。孔子与子贡对话中包含两个相同的"爱"字，其中的含义需要深入琢磨：如果礼因为祭祀之羊的省掉而受损，失却的是对整个规范的平衡与遵行的破坏。孔子之所以对礼怀有一种近乎宗教式的敬畏，根本原因在于孔子对礼形式上的敬拜，同时也体现了对内在之仁的遵从和敬重。因此，孔子之爱与子贡之爱在情感上虽有所共鸣，可是二者在情感内在动力的发用上又有所区别，因为"爱不仅发生在个人与个人之间，也可以发生在个人与他自己之间，即使在一个人独居的时候，仍然有爱，爱更可以与一种更为广大的秩序联系在一起"①。从某种意义上讲，孔子所表达的爱是超越了情感之爱的一种秩序之爱。

　　另外，爱在孔子那里还与"好"相联系，如"吾未见好德如好色者也"（《论语·子罕》）。"好"表明了爱之情感落实于意志行为动机上的意向驱动。子曰："唯仁者能好人，能恶人。"（《论语·里仁》）乍看之下会觉得这与"仁者爱人"相矛盾，既然仁者爱人，又岂能有好人、恶人之分？其实不然，孔子并没有用抽象的同一标准去泛爱一切人，而好人、恶人之仁者才是能真正拥有真情实感的仁爱之人。好恶之于善恶之存在是自然的，是人之自然，然而真正仁者的仁爱在于反省善恶之分后的爱人如一，也只有真正体悟到仁的人才能进行当善与当恶的理性反省，并且可以

---

　　① 陈赟：《从仁爱到正义：道德中心词语的现代转换及其困境》，《人文杂志》2004 年第 4 期，第 55~58 页。

坚持在恶境中好善，在善境中恶恶的彻底性。仁者所恨的是其人之恶并非其人之身，所好亦然。

　　上述情况表明人之好恶的不易与困难，只有仁人才能从本体的角度去真实地"好"与"恶"，所以能"为仁由己"，同时仁者也必须面对困逆之境的挑战与顺意之境的诱惑。一个"能"字体现了践仁者的道德可实践性，正由于"仁者难当"，孔子才感叹"好仁恶不仁"之难得："我未见好仁者，恶不仁者。好仁者，无以尚之；恶不仁者，其为仁矣，不使不仁者加乎其身。有能一日用其力于仁矣乎？我未见力不足者。盖有之矣，我未之见也。"（《论语·里仁》）"好仁"与"恶不仁"实为一回事，然而孔子所要强调的是，在此背后蕴含着一种情景境域的选择性规范。好仁，在恶境中好仁者，未之见；恶不仁，在顺境中恶不仁，亦未之见。只有其备"不忧不惧"的勇气，才能坚持仁性所发而时刻好仁恶不仁，不流为乡愿，才能够不惧于好仁，恶不仁。由此可见，仁者爱人之旨归，需要在抗恶除逆中去实践，去好仁恶不仁，无论困逆顺意均能发扬仁性的道德意志力，达成人之存在的完成，而非如乡愿一般伪善、颠倒黑白、模糊善恶，巧言令色。

　　由此可见，能时刻完全发挥仁的实践者、践仁者是十分稀缺的，原因不在于人之仁性有差异，而在于时刻保持仁性的清明即对道德本体存在的感通并贯穿到实践中去，认识到仁性的善恶导向是可以毕其功于一役的，而出于仁性的行动则是未有能一日用其力于仁的，即使有亦是难能可贵，未之见也。这以退为进的方式，加强"向仁""践仁"的激励性导向，实质上体现了孔子对于仁之本体结构展开的坚定信心。就算是"未之见"有此仁人者，亦不放弃对仁的追求与实践，此亦是"知其不可而为"的另一种表达，现实行动之中"为仁""践位"的困难，更加强调了道德意志的决心与力量，也表明知仁而践仁的即体即用。

　　再者，"好"还意味着一种价值选择的导向，一种仁性指导之下对道德价值非此即彼的选择性强调。"好"指向非利益大小的选择可能，由于爱的内涵中暗含有道德的价值取向，所以它不仅仅是一种情感的表达。对"仁""德"的爱，经由"好"来指向我之外的他者。由爱亲之情到对仁之敬的自觉再到对他者的认同，爱的内涵层次通过"好"扩展开来，从单纯的自我情感扩之于对个体道德普遍性的情感认同，以及对社会道德责任的情感需要。这种爱所体现的"人"与"我"的双向交互表明了"爱"之情感是"仁"作为道德本体的自然发用。仁者固然"爱人"，点明了与"我"相对的"他者"的重要性，并且通过对人性道德的高扬点明了"人是目的"而不是"手段"。

此外，现实生活中"爱"所指向的正当性和道德性需要忠实地立足于对于仁之本体的运作过程的体认。人生天地之间，有其个体存在的定位，其与周遭世界的关系，自有远近、厚薄、次第的差别。比如，人对自己的顾惜胜于对他人的爱惜，对人之情胜于对物之情，对自己父母之爱胜于对他人父母之爱。人的存在本来就有天然的等差性，人的情感也表现出天然的等差性。即便如此，人依然可以持守"爱"的真情实感并将它投射到"他者"身上，这就需要有对仁爱的"忠"与"诚"。对一个人而言，忠诚意味着仁性的当下呈现，无论修德近仁还是恪尽本分，都应该做到诚恳无欺和尽心尽力。

无论是在哪一个层次，都需要对仁本体的真挚体认和对仁本体道德结构的认知和实践。仁爱中忠恕的类推，不是理性演绎式的，而是情理化的，它通过人们以自己对于某事物的感受体验为基础，然后决定是否将同样的事物施于他人。在相同的文化背景和生存情境下，对于同样的事物，人们之间的感受体验大体是相同或相似的，这种相同或相似的体验以一定环境下形成的道德观念和道德评价为基础。仁作为孔子哲学的核心概念，展现出其结构中"情感内容爱人"的内涵以孝悌为基础，这种以自然为纽带的爱真诚无妄，自然而然。个体以此为起点，即"近取诸譬"，便能在现实的社会交往中将其扩大到与我共在的一切主体。仁爱的情感性并不是狭隘的血亲关系而是以此血亲关系为基点，使作为道德本体的"仁性"在自然的人性上得以拓展。

在孔子那里，孝悌为仁之本与仁爱原则的普遍性并不矛盾，相反，前者反而构成了后者的逻辑前提，从亲子手足之爱到群体之爱，表现为一个符合逻辑的发展过程。孔子之爱表面上有差等，实际上这个爱的差等是建立在物有差等这个基础上的。世上的事物本不相同，多样性决定我们不能用同一种方式对待一切人事。爱有差等，表明对于相同的对象，应该用相同的爱，对于不同的对象，则要用不同的爱。如果用相同程度的爱去爱不同的对象或用不同的爱去爱相同的对象，就不是人的自然状态。对爱有差等，是以爱的对象的独特性为基础的，而不是完全从一种内在和超越的观点上出发的，强调的是一种自然的感情。

孔子的"仁者爱人"也包括对普通人的爱，尽管少些，无疑却有着更高的道德价值。那种只热爱家人却对外人冷漠的人，在儒家看来显然并不具有真正的道德。至于对"物"的义务与爱，当然是程度最低的，但儒家终极价值至此方才真正彻底地显露出来。孔子的这一思想还被后儒进一步发展成为"亲亲"而"仁民"再"泛爱万物"的仁道原则，① 如孟子所说的"上下与天地同流"，"尽心知性知天"的万物一体之仁，正是对"爱物"的充分体现。爱有差等的内涵是极其丰富而复杂的。正是在脉脉的家庭之爱、宽广的人类之爱以及无限的"宇宙之爱"的汇合中，才是儒家真正的安身立命之所。不过康德则认为："爱作为爱好是不能告诫的，然而出于自身责任的爱……却是实践的而不是情感上的爱……只有这种爱是可以告诫的。"②

这种形而上学意义上的爱，在仁学实践性的品格中，不能只满足于抽象的理论上的爱的。至高的仁爱必须显现为活生生的、具体的情感之爱，才能落实到现实之中，作为命令的义务才能化为人们情感的自发需求从而真正得以实现。鉴于现实人性中具有功利主义倾向，可以用泛爱化的方法来加以引导：先从比较偏狭却最易体验和培养的亲情之爱出发，使人们对爱具有活生生的、切实的把握，再通过"老吾老以及人之老，幼吾幼以及人之幼"，"四海之内皆兄弟"的心理联想，将这种范围有限的亲情之爱切实地逐渐推广到普遍的人类之上，激发起具体的人类之爱，以此类推，直达万物一体之仁。③ 程颐指出："爱自是情，仁自是性，岂可专以爱为

---

① 杨国荣对此有详细的说明，见杨国荣《善的历程》，上海人民出版社，1994。
② 康德：《道德形而上学原理》，上海人民出版社，2002，第15页。
③ 参见李幼蒸《仁学解释学》，中国人民大学出版社，2004。儒家之极端重视亲情之爱，并非仅因其自身的内在价值，也可以说是出于方法论上的思考，只有在切身地深刻体验到某种情感之后，才有可能将此进行推广。

仁……仁者固然博爱，然便以博爱为仁，则不可。"（《河南程氏遗书》卷十八）但程颢却认为："万物之生意最可观，此元者善之长也，斯所谓仁也。"（《河南程氏遗书》卷十八）万物之生意乃是最高的善，此亦即"仁"。仁爱，作为人的一种自然的真情实感，以"仁"作为本体或本性，作为爱之本体的"仁"，超越于人而以"生"达至世界万物的终极实在。在这基础上，孔子言仁并非更强调差等之爱，而是强调爱之推广。作为仁本体的发用，"孝悌""忠恕""爱人"等存在于伦常日用之中，要求人以孝悌之心对天下之父老，以忠恕之心对天下之路人，以爱人之心对天下之鳏寡孤独。

三　寓情于理

孔子没有把人的情感与理性对立起来，而是努力寻求二者的统一，并以此贯穿在求仁的过程中，建立起成德之学和成仁之教。孔子在这方面的思想有几个问题需要注意。

首先，具有情感内容与理性自觉的仁，与康德的"实践理性"不同。康德所谓实践理性乃是一种"纯粹理性"，是一种纯形式并排除情感内容的理性，而仁则是非纯形式的有情感内容的理性。可以在形式上普遍化以达到有效性的成立，从而亦是理性化的，这也不同于"实践理性"的"完全超绝"（牟宗三语）。也就是说，仁基于人之生的生命存在，它并不是理念的实体。李泽厚先生认为，孔子特别重视人性情感的培养，重视动物性（欲）与社会性（理）的交融统一，[①] 他对仁的理解具有一种"情理结构"。因此，我们可以看到儒家从孔子开始就赋予情感以特殊的重要地位，《论语》中不乏孝悌之情，朋友之悦，音乐之乐，学习之趣，忠信之美等情感展现。蒙培元先生对孔子仁的情感性也作了清晰地解释：

　　道德情感通过"思"而获得了理性的形式，具有普遍性，但道德情感本身就是人人具有的，即具有"共通性"，是共同的情感，它不必通过另外的理性形式使自己具有普遍有效性，它本身就在"思"的

① 李泽厚：《论语今读》，安徽文艺出版社，1998，第18页。

形式下成为普遍有效的。情感能通向性理，具有理性形式。或者说，情感本身就是形而上的、理性的。或者说，情感是理性的实现或作用，所谓情感能够通向理性，如程明道的"情顺万事而无情"之说就是代表。无情之情就是理性化的性理。所谓情感本身就是理性的，如陆象山的"本心说"与王阳明的"良知说"就是代表。所谓理性不是西方式的理智能力，而是指人之所以为人的性理，这性理又是以情思为内容的。因此，它是一种"具体理性"而非"形式理性""抽象理性"，是情理而不是纯粹的理智、智性。①

其次，孔子对于情感基本持肯定的态度，而不是将其与理性截然对立起来。人的欲望甚多，不可能一一满足，当过度追求时，就会对他人、社会造成危害。孔子通过"学"与"思"的自律，从内在的超越本体"仁"来提升人的德性，并以此作为衡量和约束欲望的工具。从孔子开始，儒家传统就没有走上理性与情感的二元对立之路，宋明时期的理学家虽然大讲"天理""人欲"，但其主旨亦未离开情感去谈"性理"。朱熹所谓"情发于性"，情是包括四端，七情都在其中，朱熹合理的地方就在于确认情以性为依据，从而必然不能接纳彻底的禁欲主义，也在一定程度上肯定"情"的地位。② 程明道讲"定性"，亦提"情顺万事而无情"，此"无情"是指个人主观的私情，要使此私情没有任何阻滞隔阂，使个人情感普遍化、客观化从而情理合一，"情顺万物而无情"也不是取消个人的情感，而是与万物之"生理"统一起来，成为客观化的情感。

理性不只是指引、向导、控制情感，更主要的是，将理性引入、渗透融化在情感之中，使情感本身得到一种真正脱离了利益算计的自然而然的升华。从仁性的情理合一方面来说，理性不只是某种思维的能力和过程，而是直接参与人的行为、活动。理性与情感的自然交融亦是彰显"仁"的一种方式。钱穆先生在《论语要略》中说，"仁者……以真情示人，故能自有好恶。……从来解此章者……都不识得'能'字。（子曰：唯仁人能

---

① 蒙培元：《情感与理性》，中国社会科学出版社，2002，第 20～22 页。
② 陈来：《朱子哲学研究》，华东师范大学出版社，2000，第 231 页。

好人，能恶人）"，"知当知识，仁当情感，勇当意志。而知情意三者之间，实以情为主。情感者，心理活动之中枢也。真情畅遂，一片天机"。①梁漱溟先生亦表示，欲望是以个人为主体，情感则以对方及双方关系为重。智性引导情感合理地贯穿于人的道德行为中，使仁的发用得以适中合宜地兼顾情理。

再者，孔子严格分辨个体情感的表达以及这种情感与社会礼制之间的关系与界限。个体毕竟不能等同于社会，理性不能完全替代情感，情感也不能完全屈从于理性。个体无论在社会行为上还是在个人情感的表达上都需要既坚持原则也需要体现灵活，二者的平衡点就在于仁。从这一角度看，情并非没有节度，乃是真情实感；理，也非死板的形式，而是生动之理。

葛瑞汉（A. C. Graham）对此有讨论，他指出前汉时期的"情"指实质，非情感。但由"实体""本质""真理""情况"之"情"转而为情感、感受、感情之情，意义更大。《荀子·正名》也说："性之好、恶、喜、怒、哀、乐，谓之情。"《礼记·礼运》又云："何谓人情？喜、怒、哀、惧、爱、恶、欲。"此"情"即此二者（实质与情感）之某种交会与转换：情感乃人的本质、实体、真实，所谓人性，即在此。② 当然，孔子在道德实践过程中所要求的智性与情感是以仁性为导向的，它不会将人的情感心理导向外在的崇拜对象或神秘境界，无论情感还是智性的关怀内容都环绕和沉浸在人世的伦理道德和日常生活之中，不需另外建立神学的信仰大厦。

第三节　群己的互益

孔子合"仁""礼"为人道。在孔子看来，仁礼相统一的人道是个体人生应当不懈追求的，每个群体的成员一旦能够从思想到行为都秉持仁礼和合，那么国家和社会的制度秩序是可以建立的，同时共同体的善也是可以达到的。诚然，这是孔子最期望达到的最佳理想的群己关系的和谐状

---

① 钱穆：《论语要略》，商务印书馆，1925。
② 李泽厚：《论语今读》，安徽文艺出版社，1998，第304页。

态。但在现实中，"仁""礼"相互支持、协调统一的局面往往难以在共同体中达成，不仅有共同体成员个人的原因也有共同体本身的因素。当个人在缺乏制度秩序的共同体中，应该如何处理自己和群的关系呢？孔子提出了三种选择。

第一种选择是在共同体失序即"无道"的情况下个人主动退避，暂时对此"无道"尽可能远离。比如："道不行，乘桴浮于海。"（《论语·公冶长》）"危邦不入，乱邦不居。天下有道则见，无道则隐。"（《论语·泰伯》）

第二种选择是在承认共同体的失序即"无道"状态下，行韬光养晦之策。比如："……邦有道，则知。邦无道，则愚。其知，可及也，其愚，不可及也。"（《论语·公冶长》）"……邦有道，则仕；邦无道，则可卷而怀之。"（《论语·卫灵公》）"邦有道，危言危行；邦无道，危行言孙。"（《论语·宪问》）"……邦有道，不废；邦无道，免于刑戮。"（《论语·公冶长》）

第三种选择是坚持不为无道所屈。比如："……邦有道，如矢；邦无道，如矢。"（《论语·卫灵公》）"邦有道，穀；邦无道，穀，耻也。"（《论语·宪问》）"邦有道，贫且贱焉，耻也；邦无道，富且贵焉，耻也。"（《论语·泰伯》）

以上三种选择均侧重保持个人人格的独立，不为无道的共同体状态所影响破坏。个人处于有道的社会环境中，才能发挥才能，构成群体与个体的互动互益关系。反之，个人处于"无道"的社会环境之中，个体与群体互动互益的效应就会受到影响甚至中断。个人所做的合乎道德的努力不仅对于群体难以产生积极效果，而且个人自身的基本人格和利益也无法健全和保障。诚然，失序的共同体环境并非个人能力所可以选择，因此，孔子主张，当对共同体的失序无能为力之时，应该保全人格上的最基本选择，保守人格的道德约束的底线作为应对共同体不善的基础。因此，我们可以看到，在孔子这里，已经认识到个人与共同体的紧密关联，群与己不可能完全独立而不相干，因而应该以一种互动互益的立场来认识和协调二者的关系。

仁作为道德本体，是一切道德价值之最终基础、源泉和归宿，也是通向人之共同体理想的实现方式。孔子从人身上开掘价值之源：对于个体之人，仁的发现经由人的价值理性得以化成身心性命，避免物欲嘈杂及世事纷繁对人所造成的侵害；对于人之群体社会及其历史发展，仁的发现需要借助理性的引导实现社会的认同，达到和谐一致的行动。仁虽然以生命情感的方式在人的道德伦理视界中显现，但并不只是流于情感表面而不提升。仁作为人的本质规定，作为内向而超越的本体结构，通过"修己以求仁"、"行仁"以"安人"开展具体的实践活动。仁的情理兼容相互协调的过程表明了仁需要"知识与道德相互结合"才能真正成为生命价值的意义根基。仁作为道德本体的结构化的展开，是一个艰苦卓绝的身心修炼和坚持不懈的人格践履过程，只能建立在个体生命的道德实践基础之上。脱离了对生活实践的认知和道德修养的过程，单凭思辨理性和逻辑论证，对人的存在和自我实现来说是不可思议的，人对"仁"的确认就是人自身和他人一起在社会共同体中的全部生命过程的展开。

总之，仁作为孔子所认为的道德本体，既在普遍人性层面揭示出理性与情感的内容结构，也呈现出孔子所持群己观念及其对群己关系的本体论基础。孔子对仁的建构并非只关注形上的道德的内在超越性，同样也放眼于作为道德主体的人及其在社会共同体中的实现，他不仅强调了作为个体之普遍人性的类的自觉，还强调了"己"之自我的反思和选择能动性，同时也在普遍的人性自觉中获得了对人之类群体的认同。通过人具有的理性的反思与情感欲求以寻求群体的社会理性的实现。理性的自觉反思既是个人道德伦理方向上意志选择的实践，也是社会公共层面上行为实践的预期，这种理性自觉的反思过程融合在对仁本体的认识与实践之中，主要通过个体的"学""思""知"等具体方式在人类生活的共同体中展开。

第六章　现代性视域下的早期
儒家群己观念

　　早期儒家的群己观念是建立在仁之本体基础之上的，并经由社会礼制的规范性内容而转化为个人在群体中的行为实践，即道德实践。在这个过程中，个体自我（己）与群体规则之间需要达到某种平衡统一，既没有将个人孤立于群的整体之外，也并非不考虑人作为独立道德个体之"己"的完成。于是，人之道德形成的条件及其在社会共同体中的有效性均成为仁之实现的重点，对社群规范秩序的观照也成为儒家群己观念的应有之义。早期儒家群己观念所表现出来的上述特点，也显示出其对于个人共同体关系处理上具有的伦理价值。

第一节　早期儒家群己观具有的现代性

　　现代以来，对于人的社会性理解取得重大进展，当代西方社群主义对共同体理念的凸显，更使作为伦理生活基本空间的共同体得到极大关注。在西方，共同体概念是一个广泛牵涉社会学、哲学、伦理学、宗教学等人文社会学科的概念。它首先是人的集合，成员个体按照地域、文化和政治等因素而组合成不同规模、不同层次、不同性质的共同体。共同体的意义不仅在于它是人类的基本生存方式，更在于共同体的"同一性-人格性"而具有自我反省能力，具有自我规范性与理想性。换句话说，共同体有着人格性的自我规范和价值追求能力。而共同体价值理想的实现，很大程度上又意味着它所包含的个体权利和价值的实现。个人与共同体的关系因此成为一个持久而根本性的理论话题。在中国传统思想资源中，个人与共同体的关系问题以群己关系形式体现出来。儒学尤其是仁学思想，立基于人的道德自省与血亲共同体之上，旨在培养人的道德理性、伦理责任并以此来建立文明秩序。儒学视域里的群己关系，着眼于儒家思想本身尤其是仁学视域中人之道德性的确立及其由此而展开的礼乐活动所关涉的个人、群（社会）以及自然生命之全体。由此来看，重新认识儒家对群、己及二者关系独有的一套理论和价值构建，探寻个人之善与群体之善的价值统一，具有重要的理论价值和现实意义。

"仁"作为人的内在根据，也作为共同体的善之理想，与个人的意志选择和行为实践紧密相关，人在当下生存空间的自我实现是通过与自身存在相关的道德实践与价值追求为根本，以促进个人与群体共同善之价值统一。在儒家仁学的视域中，人既是情感的存在亦是理性的存在，更是道德的存在，这一道德的存在需要在二人以上的多个个体或者群之间得以成立，单个的个人并不需要以道德的形式来表征其存在的方式。这也是我们可以从古仁字"从人从二"之义中引申到的意涵。也可以说，儒家之所以注重将道德作为人之异于禽兽的"几希"，作为同是生物种群之间的重大差别，正是看到了既作为个人之"己"的成善本质，又明确意识到这种个人的成善必须在与他人、群体互动的具体生活境域中完成。

若将视野放得更宽，可以说，儒学传统中展现的群己关系是一种从个人内省的道德层面步步转化到人与人、人与社会、人与自然万物关系层面的一个过程。它凸显个人的道德，肯定国家、社会的价值与意义，甚至在更大的格局中关涉并追求人与一切有生命的物及其整个宇宙世界共同的善。每个个体的善及其共同体的善必然涉及与之共生的有着密切联系的生存环境（并包括人之外的其他生物和种类），儒学尤其是仁学思想独特的道德结构与超越的本体价值，蕴含着重新认识与解读当代历史条件和社会现实中群己关系的可能性。

第二节　现代性视域下的"仁"之于"己"

无论是西学还是儒学，都力图思考并解答"人之为人"这一"终极性"问题，而这一问题首先指向对"己"的考量，因"己之为人"是回答"人之为人"问题的第一步。古今中外，"己"或自我问题的思考是大多数思想家要涉及的论题。比如，黑格尔的自我意识辩证法可以看作现代以来西方思想家对人之社会性思考的代表，即经由他者个人才意识到自身，这一意识过程在不同主体之间相互承认中得以展开。此后，费尔巴哈对真正辩证法的理解——否认单个自我的独白而强调我与你的对话——继承并延续了这一观点。后来，马克思又从现实性角度进行转换，将人的本质定义为一切社会关系的总和，并进而被米德表述为关于社会个体化与个体社会化的论说。及至哈贝马斯，提出了交往行动理论与商谈伦理学，他试图让我们看到社会道德的两个任务：一是必须提倡平等地尊重个人尊严；二是保护主体间相互承认的关系网络，使个人作为共同体的成员生存下来。与这两个互为补充的方面相对应的是正义原则与相互关切原则，前者提倡对个人的平等尊重和平等的个人权利，后者则提倡对邻舍福利的同情和关心。①

当代西方社群主义对共同体理念的凸显，则导致对与共同体理念相关联的对身份、角色的看重，即那种先于社会权利与社会关系的"自我"只能是出自某种本质主义的虚构。桑德尔就认为，主体不可能独立并优先于客体，人们必须存在于某种环境之中并为环境所制约。换言之，主体的问题不是"我应该成为什么样的人，我应该过怎样的生活"的问题，而是"我是谁"的问题。②

反观以孔子为代表的儒家思想，对己（个人）的思考与上述"自我"或"个体"大异其趣，但也有部分可以融会的地方。由于受到西周礼乐文化传统的滋养，孔子对"己"的思考带有华夏民族的鲜明特色。他说："鸟兽不可与同群，吾非斯人之徒与而谁与?"（《论语·微子》）在孔子看来，人总是生活于社会中，与世隔绝地冥思苦想什么是"己"或自我，抑或祈祷神之赐予的开悟都不能让人获得对"己"或自我的根本认识，只

---

① 慈继伟：《正义的两面》，生活·读书·新知三联书店，2001，第83页。
② 〔美〕迈克尔·J.桑德尔：《自由主义与正义的局限》，万俊人等译，译林出版社，2001，第69页。

有在与他人的共存与互动中才能获得对"己"或自我的认同，完整理解"己"或自我的意义。有学者进一步阐发，指出"己"与"（他）人"并不截然对立，与人之"相偶"是"己"无法摆脱的存在形式，也是理解"己"的前提和出发点。① 在此基础上看，"个人"在孔子仁学的结构化视野中是一个具体实践性的、过程性的、关系性的概念，个人需要通过某种具体而特殊的社会关系和社会情境过程来确认自我的道德性存在。②

上述这种对己（个人）的认识与孔子对"仁"的理解有着很大关联。仁贯穿于孔子思想中，整体地看并不是一个客观抽象的概念和原则，而更倾向于一个动态的和过程的存在，它是孔子思想的核心。历史地看，孔子本人的经历恰恰是他践仁的生命过程，"仁以为己任，不亦重乎？死而后已，不亦远乎？"（《论语·泰伯》）"君子无终食之间违仁，造次必于是，颠沛必于是"。（《论语·里仁》）这正是仁动态贯穿于孔子生命中的写照。由此可以看到，孔子的"一以贯之"即是仁，其他活动如"学""知"等均围绕着仁展开，服务于这一核心。经由横向的"一以贯之"的实践与纵向的"下学上达"，反映出仁充实、发展、完善、提升的整个过程，也呈现出仁的超越性与实践性，使其成为"致广大而尽精微"（《中庸》）的精神活动。

借助仁的超越性与实践性，既沟通"己"与他人的活动，又沟通"己"与天道的活动。孔子在继承古代天命观念的基础上，通过仁使个人与天发生关联，使个人能够上达天道，为个人的成德成圣提供了可能。与此同时，仁作为开放的心灵自觉活动并没有失去自身的目标和方向，它可以说始终以天道为归宿，不断完成自我的超越，梁涛将此概括为"仁的实践形上学"——"就孔子将仁与天统一起来，我们也可以说，孔子提出了道德形上学的问题。但这里所谓'形上学'，并非仅仅指'天生德于予'，即指我的德乃是天的赋予，具有形上的根据；更重要的是要通过'下学上达'，践仁知天，将作为道德禀赋的仁上达于天道。后一方面才是孔子仁

---

① 梁涛：《郭店竹简"息"字与孔子仁学》，《哲学研究》2005 年第 5 期。
② 尽管儒家的个人是一种处在社会中的关系性概念，但是仁学视野中的个人并非只是一种抽象经验和关系内容的构成，这涉及对儒家个体性理解的探讨，本书暂不论及。

的实践形而上学的重点所在，也是孔子通过仁所开启的新的精神方向"①。

第三节　现代性视域下孔子群己关系再考察

在孔子的仁学框架中，群己关系的重要性更加凸显。也就是说，其中所展现的对个人（己）的认识及其在共同体（人、物、自然宇宙）的位置、意义以及这种面向他者维度的关系性的群观念，构成了孔子以及儒家思想中极为独特的认识和立场。仁学思想中对于道德规定性的阐述所涉及的"己""人"关系并没有导致主客体的分离，反而强调了主客体的兼容性与互动性。换句话说，仁学中对个人的理解并没有严格的主客二分的绝对立场，而更多表现为一而二，二而一之圆融互动的整体。建立在这种兼容的圆融互动基础上，仁在人的道德实践中所展现的构成与运作体现为一种动态、开放和关系性的自我确认与实现。"仁"所展示的人己关系，是在与客体的交往中以主体融入客体，通过客体本身来彰显人的能力与价值。"己"不仅表现为"反身而诚"的内省个体，还需要界定为在与"人"的交往中认识和完成自我的存在。从某种程度上讲，"己"和"人"的定位是相对的，两者必须在交往关系中存在，在完成"仁"要求的自我实现的过程中融合。只有在与他人的人际交往关系中，"己"才能称为"己"，"人"才能称为"人"。

仁学中另一个重要表达是"仁者爱人"。"仁"所要求和体现的"爱"，包含"个体"与"他者"、"己"与"人"关系的链接，同时亦暗含对于"人之所欲"与"所不欲"的合理标准在主体间的认定。"仁者爱人"亦非私人的、狭隘的、排他的，而是建立在爱有差等基础之上普遍性的外推，从而达到"克己复礼"，使仁在人的自我实现中达成行为实践与社会法则规范（礼）的相合。若从人的心志选择和行为动机层面看，"仁爱"的普遍性含义虽然在最狭窄的个体领域内展开，却具有最广泛的内容——它展现了对于不同境域中人己关系的宽容性和公约性。它涉及的"所欲"

---

① 梁涛：《中国政治哲学史》（第一卷），中国人民大学出版社，2017，第49页。

"所不欲"的相关内容——"己欲立而立人""己欲达而达人""己所不欲，勿施于人"，根据人所处的社会共同体的具体内容而定。无论是人之所欲与所不欲，都建基在对人的共同的、普遍的价值追求之上。从另一个意义上说，人之所欲与所不欲需要固定在"仁"的普遍道德价值之上。基于"仁"之上的人际互爱互重显示为一种爱的情感的普遍化表达，这意味着社会共同体的价值是立足于人类本身而非任何其他因素。仁的情感性因素作为人之道德基础的构成内容内化于个体之"己"中，既构成实践"仁"的心理基础，亦体现了仁的人格涵养。为己之仁与爱人之仁，可以说体现了主体价值与主体间价值的相互涵融。

此外，"己"之自身之外的多个个体之间所组成的"群"，在道德行为的意识构成与态度选择方面是相互依赖的。所谓"德不孤，必有邻"（《论语·里仁》），个体自我要成就道德就需要对仁有所体认与践履，这种认知与实践并不脱离群体性互动及其对共同体价值的认可，并通过"以文会友，以友辅仁"（《论语·颜渊》）的形式展开群体与自我之间的联结。此"友"是共同道德理想之下的共学之友、默会之友，也可以是道德的共同体，它是实践仁德的良伴，营造了一个积极认取仁和促进仁之价值实现的共通领域。这种仁的共通领域虽然没有提出明确的共同体和主体间性的概念，却通过特殊的"德""仁""友""邻"的方式，从道德实践场域的角度理解共同体与主体间性的重要意义。

基于以上分析，孔子仁学意义的自我实现、自我修养等个体性活动均离不开与他人及群体的交往环境。即使是自我价值的实现，其最终关怀的也不仅是纯粹自我，而是指向包括自我在内的群。按照杜维明的总结，"仁不是孤立的个人行为，而是一种公共行为，一种对超越的回应"[①]，仁的价值一开始就是走出自我而走向他人的。在承认每个人都是独特的个人之外，"己"是被赋予了无限的责任的，需要为他人负责。"仁"处在己与他人之间，"为仁"也就意味着我对他人责任的重大，正如赫伯特·芬格莱特（Herbert Fingarette）的理解，人之自我价值的实现，是在终极的意义

---

① 〔美〕杜维明：《道　学　政——论儒家知识分子》，上海人民出版社，2000，第12页。

上类似于自己的他人的美好、庄严、共享以及公开的参与中达成的。^① 由此，仁不仅重视作为个体的"己"与他人，更重视作为他者而延伸的共同体。当孔子从已有的道德观念中选取出"仁"，其思想意图和方法就已经十分明确，那就是以"仁"来启示、规范和提升人。这个"人"并非只是个体的"己"或"自我"，更是实现道德之"己"面向的群与共同体，即包括个人、家庭、社会、国家、天下、万物的仁之共同体。

孔子仁的本义是不脱离于社会礼制的规范性内容而转化为道德的实践与超越，并在此之中达成个体自我（己）与群体规则之间的均衡统一，既没有将个人孤立于群的整体之外，也并非不观照人作为独立道德个体之"己"的完成。于是，人之道德可能的条件及其在社会共同体中的有效性均成为仁之实现的重点，而对社群规范秩序的观照也成为儒家群观念的应有之义。个人对仁的成就，不仅要依赖于内在的道德自觉与躬行实践，还需要自我（己）之存在价值的实现与共同体价值实现的统一。这种对共同性认可的表达在早期儒家那里多以"礼"的形式来凸显："知及之，仁不能守之；虽得之，必失之。知及之，仁能守之。不庄以莅之，则民不敬。知及之，仁能守之，庄以莅之，动之不以礼，未善也。"（《论语·卫灵公》）

孔子对"礼"的继承，以"复礼"为主要内容成为"正名"的基础，并将它视作一种社会秩序和组织原则。所谓"君臣父子"的名分涵摄身份人伦关系，指示了个人在社会关系中所处的具体位置，成为个人身份的标志。礼之"名"，对每一个社会成员进行规定和认同，并在特定的"分"下使得个体遵循该身份与位置所应遵守的伦理规范和义务。反之，社会关系赋予个人"名分"构成群体人伦关系得以开展的前提。礼与个人须臾不可离，它作为人伦关系的基础，是个人与共同体共同价值统一的必要载体。对此，孔子的后继者荀子有着更为深刻的认识。^② 在整个社会群体之

---

① 〔美〕赫伯特·芬格莱特：《孔子：即凡而圣》，彭国翔译，江苏人民出版社，2002。
② "人能群，彼不能群也。人何以能群？曰：分。分何以能行？曰：义。故义以分则和，和则一，一则多力，多力则强，强则胜物；故宫室可得而居也。故序四时，载万物，兼利天下，无它故焉，得之分义也。故人生不能无群，群而无分则争，争则乱，（转下页注）

中，仁之所以人人可得而修之，在于其个体的自求性。然而，仁又非人任意可得而成之，因为仁之推己及人、推己及群的共同性与普遍性的达成并非轻而易举。仁使得自我认同与集体认同之善能够统一的重要原因，在于它出自个人内在且超越的需要而不仅仅是客观外在的要求。个人不是离开群与社会孤立存在的人，而是处在社会关系往来联接的节点，个人与群体乃至人与自然的互动是个人人格发展和完善得以实现的前提。

"自我"的完善与"身份"的建构其实是一个统一的、不可分割的过程，该过程也同时意味着在共同体中的责任分担和对自我的充分肯定。从伦理空间的视角看，个人与共同体的关系是你中有我、我中有你的，彼此之间没有绝对的界限和空白。个人意识到自身实践的过程通过他者得以可能，并在不同主体之间相互承认的时间过程之中展开。儒家对"人"之问题理解的独特之处，就在于对人的整体性和社会性的强调。陈来把这一特点诉诸对儒家群观念的理解，即儒家群观念包含人们共同生活在共同体的思想，个体是共同体中的个体，而仁是个体通向共同体的交往方式和规范，它"在人与他人的交往过程中成为共同生活的整体"。①

在仁的沟通下，"己"与"群"的互动首先不能脱离人在家庭和社会关系中所处的地位与扮演的角色，借助于关系和角色，才能有效地达成"己"与"群"的统一。对此，安乐哲已有洞见。他表明儒家视野下的个人是相互依赖并处在不同角色和关系中的，例如，对父母兄长的孝悌，经由家庭扩展至社群、国家乃至宇宙，它源自现实中的生活经验，超越了狭隘的人类中心主义。这种关系性存在的个体，与社会环境和行为过程紧密相连，经由社会关系和角色扮演，个体的独特身份和地位得以塑造。这种具有关系性、开放性和社群主义特征的儒家式个人通过特定的角色和关

（接上页注②）乱则离，离则弱，弱则不能胜物；故宫室不可得而居也，不可少顷舍礼义之谓也。"（《荀子·王制》）人之群的特点在于"分"，并通过"义"来实现。"得之分义"即按照万事万物的"天职"来实现群，最终达到和谐统一。"分"在社会生活领域则具体表现为"别"与"让"。舍弃"别"与"让"的统一关系，社会就要出现纷争，导致天下大乱而使人受制于外物，处于濒临灭绝的境地。追求社会之"大顺"是人之天性，也是礼对社会所要求的现实价值。仁的实现处于这种礼的要求之中，人不能忽略礼之规范，更不能脱离群所处的共同体来认知社会规则。

① 陈来：《仁学本体论》，《文史哲》2014年第7期，第41~63页。

系，能够在社群中获得最大的成就，从而与西方个人主义意识形态不同。因此，"在儒家的关系模式里，我们并非'群体中的个体'，而是由于与群体的有效相连，我们才变成了关系中的个人"①。尽管安乐哲对儒家的理解消解了儒家对超越性的追求，但是他对儒家个人与社会及其关系的阐发，可以有助于我们从经验与现实生活的层面把握群己之间在儒家仁学视域中的互动与有机联系。正如郭齐勇评析的："儒家的道德心性和良知良能，贯穿于个体的成长过程，有了它，个体处于任何角色关系之中都能承担责任和义务，并能解决好角色冲突。这种自然而然、不假安排的行为选择有着天命心性的根据，而不在于具体角色的规定。"②

儒家仁学肯定人的个体性，"我欲仁，斯仁至矣"（《论语·述而》），自然肯定个人的意志与德性。个人不是与社会绝缘的独立个体，也不以简单的社会要求为旨归，而是在社会性关系网中以个体人格的培养与人之尊严的提升为目的。可以认为，无论从"仁，人心也"（《孟子·告子上》）上把握，还是从"为仁由己"（《论语·颜渊》）上理解，儒家仁学中的个人既包含自我抉择的自由意识，又不仅是单纯的意识，毋宁是当下抉择与当下进行的实践。的确，儒家的仁学传统并不着意于功能性的关系角度，而是通过人性的本质去理解和履行责任与义务，并通过仁向天道的超越去延续道德的生长内涵。无论是"孝悌为仁之本"还是"仁民而爱物"，都兼具伦理规则与超越的内在根据，展现出独具特色的一面，以至于美国学者罗思文（Henry Rosemont, Jr.）得出儒家思想在中国完全可以代替西方以个人自由和权利为主要依托的文化这一结论。③ 无论如何，不管是儒家群己关系的当代转化，还是其现代价值的理论探索，都需要秉持更为妥帖和谨慎的态度对它所植根的仁学传统的超越性和终极性展开细致和深入的考察。

---

① 〔美〕安乐哲：《儒家角色伦理学：一套特色伦理学词汇》，〔美〕孟巍隆译，山东人民出版社，2017，第 176 页。
② 郭齐勇、李兰兰：《安乐哲"儒家角色伦理"学说析评》，《哲学研究》2015 年第 1 期，第 42~48 页。
③ 李晨阳：《民主的形式与儒家的内容——再论儒家与民主的关系》，刘笑敢主编《中国哲学与文化（第十辑）》，漓江出版社，2012。

儒家仁学畛域中的群己关系（个人与共同体关系）以道德为基础，以仁为中心，把个体、群体、自然、宇宙及其相互关系作为基本取向和根本态度，反映出儒家关于人们活动方式的基本价值准则体系。它从个体深层的内部和超越仁之本体入手，导向善的共同价值追求，将个人的生活价值和意义与社群的价值——共同善的价值相联系。当每个个体都朝向这样的价值追求去生活、认同自我并实现自我时，就可能真正趋向那种共同的善。这种一致性与功利主义的计算不同，是秉承于个体本身的意愿，即当下呈现道德之心的要求。"仁"并不囿于情感血缘关系和个体心理原则，它是开放的动态的自我实现过程，涉及与他人以及群体的互动，也必然要在交往的伦理空间与具体生活内容相交织的社会关系网中去展开。换言之，人在社会生活当下的存在，包括自我认可、自我实现与自我超越，恰恰成为"仁"的实践场域。

孔子之后，宋明儒者在继承其仁学思想的基础上，进一步从提升至本体的仁的价值论和存有论的辩证关系中推进对群己关系的思考，最终确立了基于人与自然共同体的"万物一体"命题。张载说："性者，万物一源，非有我之得私也。惟大人为能尽其道。是故立必俱立，知必周知，爱必兼爱，成不独成。彼自蔽塞而不知顺吾理者，则亦未如之何矣。"[1] 天地生万物，万物同一来源、本源。人禀受天地之生、天地之性，并非唯一。人之外的万物同样禀受天地之生、天地之性，而大人能尽天地之道，完成天地之性的全体。人要朝着大人能尽天地之道，完成天地之性的全体，朝着"大人"的理想去用力。这样一来，一立俱立，一知俱知，一爱兼爱，一成俱成。成人，成大人，成就天地之性，道德之仁就是立物、知物、爱物、成物，人与万物与生俱来紧密联系。从个体之人开始的道德追求，始终不是个体一己之私事，必然是以群体价值为导向，以万物一体为归宿，以天地合一为理想。在这样一种个人、群以至于整个生命世界，包括自然万物的共同体当中，儒家修身、齐家、治国、平天下理想的实现，必然基于一种"生生"的价值导向与本体论建构。

---

① （宋）朱熹、吕祖谦编《近思录》，上海古籍出版社，2000，第35页。

　　生生之道的实现，简单地说可以表达为"公则一""私则万殊"（伊川）,① 而王阳明则更为具体地描述了这一道德共同体旨趣的有机整体性。他说："仁者以天地万物为一体，使有一物失所，便是吾仁有未尽处。"（《传习录》）这一囊括了人、动物、植物以及无生命物质等多个层次的道德共同体，与"仁"为一体，以实现仁为最终归宿。根源于仁本体的"恻隐之心""不忍之心""悯恤之心""顾惜之心"是从人、动物、植物到无生命物质，层层推广。最终，作为本体的"仁"及其价值的拓展与实践经由个人（己）扩充到其种种应对中，与他人相关，与社会相系，与自然万物相合。杜维明将儒家的这一思想引申为以个体——主体为圆心，从个人（个体）、群体、自然到天道，不断向外扩展的开放同心圆。② 以仁为核心的为己之学与推己及人的价值取向，有助于我们超越以个人主义为基础的价值观，从而建立包括人与自然在内的共同体的价值导向与整体秩序。这样，儒家仁学思想的生命共同体价值取向就既体现了超越和现实的统一，又体现了个人与群体、理论和实践的统一，具有深刻的精神内涵与实践意义。

第四节　现代性视域下早期儒家仁礼交互中的群己观念

　　先秦儒者在春秋战国政治逐步崩解、社会寻求转变之际，对人及社会本身的省察和反思呈现出更为广阔的视野，当中仍有不少宝贵的思想资源有待发掘并厘清。其中，对仁与礼的重新定位以及由此延伸对群己问题的思考，对现代社会制度下反思个人与共同体之间的关系具有重要价值。此部分内容只聚焦早期儒家对群、己的认识与理解，以及儒家群己观念的形成与展开的内在动因，勾勒其关联脉络：作为道德基础的仁礼之说及其实践如何影响社会、政治，为传统儒学当代价值的发掘提供新的视角。

　　首先，对仁礼的再认识，这一过程已经蕴涵在早期儒家对群己观念的

---

① （宋）朱熹、吕祖谦编《近思录》，第35页。
② 〔美〕杜维明：《文明的冲突与对话》，湖南大学出版社，2001，第15页。

基本认识中。"仁-礼"之说本就是为先秦儒家反思人自身和社会政治奠基的，这部分过去研究已多有涉及，而我们力图从群之共同体和个人角度再次检视其意义。其次，对"群""己"的义涵进行再梳理，可以发现早期儒家以"仁-礼"统贯群己问题的理论线索。此外，将"群""己"放在仁礼交互之中重新考察二者关系的现代本质，可以有助于明确传统到现代的观念转换及其重构途径。最后，对早期儒家"仁-礼"交互进路的考察，将有助于对群己关系内在伦理价值的重新思考和认识。一般认为，群己关系牵涉公私义利范围内个人选择与群体利益之间的平衡，而此处所论群己关系的范围毋宁说是一种广义的（个）人与共同体之间的关系。前者不一定能涵括后者，而后者却可以包含前者。从"己"和"群"的传统视角来审视当今个人与共同体的问题，能够更恰当地揭示传统思想资源的价值走向和理解维度，同时亦可容纳、增扩现代性的拷问于其中。

一　"仁""礼"的交互性

"仁""礼"问题以及"群己"问题研究，以往专项研究颇丰，却互通相参甚少。究其原因，仁礼问题多在伦理道德的基础上谈论，群己问题则多置于政治与社会层面。具体来看，对于"仁"与"礼"，主要围绕二者的相互关系及"克己复礼"之内涵论辩甚多。撮其要，分歧在于到底是"仁"涵摄"礼"还是"仁""礼"各自独立而互为表里。至于群己问题，则多从义利公私或整体主义出发讨论，进而延展至当代个人与社群关系的论争。因此，本书无意全面检讨上述两条线索的得失，而只试图回到"仁-礼"交互的理路中来重新识别"群己"及其关系的内涵与现代价值。

"仁""礼"作为早期儒家讨论的核心问题，是古典儒学的重要内容。孔子首先提升了古"仁"字的哲学含义并力图使其成为人之道德性的合理根据。如果说"仁"的哲学内涵是孔子的创新，那么传承于西周的"礼"则更多是历史与文化内涵的表征。相对于"仁"，"礼"秉承了更多三代以来的内容和形式。自近代以来多位学者都对"礼"之起源有过专门的考察，著名的有王国维、刘师培、郭沫若，他们基本赞同"礼"起源于祭祀，这一理论在学界被普遍接受；另有部分学者认为"礼"起源于风俗习惯，比如杨宽、杨向奎、蔡尚思等；最特别的则是指出"礼"起源于饮食分配上的差别。总体上，学界以周礼为理解的核心，普遍将"礼"视为渗透于社会生活的行为规范，既可以标志为一种广义的政治制度，也可以标志为一种礼仪制度。简言之，从周代之礼到孔子之礼，既是一种秩序重整与制度构建的探索，亦是伦理道德的自省提升。

早期儒家（孔子）在重建"礼"的秩序反思中建构了"仁"的哲学内涵，使其从一个描述性的语词转化为表征"礼"之本质和人之为人的规定。概括地说，这种哲学化的提升主要涉及以下几个方面：以德入"仁"，确定了"仁"的道德本质；明确"仁"的内在性与主体性，揭示人作为主体的道德理性、道德实践与道德责任；肯定"仁"具有情感内容的表达；赋予"仁"理性反思与知性学习的能力；通过"仁"把静态的内在的德性与动态的、外显的行为实践相统一，使其兼涉人我、内外。"仁"在早期儒者那里被奠基为人的内在规定性，并以此导向人对"礼"的认同与实践，展开"仁-礼"的互动场域。

众所周知，对"仁"与"礼"二者的关系争论众多，各有所重。有指认"仁"为核心，"礼"从属于"仁"的，也有持相反观点者；有"仁""礼"并重的，并不明确主从关系；有视角比较独特的，认为"仁""礼"相互对立，或者相互制约。这里，我们若不专断地把"仁""礼"划分为两个分离的领域，那么二者的关系其实在《论语》里表述得是十分明确的："克己复礼为仁"（《论语·颜渊》），"人而不仁，如礼何？人而不仁，如乐何？"（《论语·八佾》）应该说，"仁"与"礼"之间是一种交互性的关联结构，以此交互结构为基础，人（个体）与由人构成的群体（社会、国家）是完整统一的，二者缺一不可，否则就不能够在当下的时空场域达到合宜（"中"）。

那么，如何理解"仁""礼"的交互关系呢？首先，"仁"与"礼"源自西周思想文化发展中的两个概念。"礼"可以有广狭之分。狭义之"礼"，指的是仪文；广义之"礼"，则指节度秩序。孔子之前，"礼"与"仪"就已有区分，他承接思想文化传统，以复"礼"为始，而步步推进。"礼"的意义在于导向一个安定秩序，即"守其国，行其政令，无失其民"

（《左传·昭公五年》）；而仪文种种只是具体秩序的内容规定。这样，从"秩序"意义出发的"礼"，主要指制度而言，与仪文有本末之分。基于"礼"的内在含义导向的是秩序与制度，而秩序与制度的根据何在，就转而成为孔子后来致思与论说的重点。孔子经由"义"将"仁""礼"进行会通，即摄"礼"归"义"，进而又摄"礼"归"仁"。比如，他说："君子义以为质，礼以行之，孙以出之，信以成之。君子哉！"（《论语·卫灵公》）"质"表示实质，以"礼"行之（"义"）。"义"为"礼"之实质，礼是"义"之表现。于是，一切制度仪文，整个生活秩序，皆以"义"（"正当性"或"理"）为其基础。换言之，一切习俗传统，不是"礼"的真正基础，而求取其正当的自觉意识才是。需要注意的是，在孔子看来，注重"礼"的真正基础并不否定仪文，本末两端本是一体，只是仪文不足以表征礼之全义。

完成了这一转化之后，"礼"开始与仪文有所区别，转而与"义""仁"高度相关，"礼"的基础也不再植根于"天"，而转向人的自觉心或价值意识。对此，劳思光讲得甚为透彻。他指出，"礼"有两层意义，一是从"礼"的内部整体看，此时，"礼"之本义为"礼之本"，与末节仪文相对；二是就整个"礼"（包括本义与末节）的理论基础说，"礼之本"在"礼"之外，这将整体本末的"礼"与它的理论基础相对。"礼之本"的第一意义，在礼仪之分。这种分别只是指出"秩序性"为礼之本义，而仪文为末节，仪文的改变，应有理据，即"礼之基础"，以"义"为"礼"之实质。"义"观念将礼之基础归于自觉，使"礼"成为一个"自觉秩序"，不必依赖"天道""自然"。①

以"义"为质的"礼"实际上也就指向以"仁"为质。"仁"作为内在的本质规定，势必需要突破旧有的仪文内容而寻求"礼"（秩序与制度）的价值（正当性），并在这种寻求过程中重塑自身。"仁"以道德自觉与价值意识来统一与"礼"有关的实践活动，完成自我与社会秩序、制度的动态统一（"中"）。这就意味着"仁-礼"交互结构的形成。分而言之，"礼"乃人文，"仁"乃人性，二者可视为同时并进之演化结果，人性内容

---

① 劳思光：《新编中国哲学史》（第一卷），广西师范大学出版社，2005。

（"仁"）与人文制度（"礼"）在源起上不可分割。"仁"所依赖的主体必定是"礼"之中的个人，也必定是有着道德认知的个人，"仁"作为体现人与人之间关系的伦理基础，其道德本质从一开始就是在礼乐传统中萌发和成长的。"仁-礼"的交互性决定了早期儒家思想内容中道德、政治与社会的交叉性特点，也是认识早期儒家群己观念及其界限的关键所在。

二 "仁-礼"纵贯"群-己"

在"仁-礼"交互性之下对群己观念进行再认识，首先可以从"群""己"在传统典籍中的语用来入手。《诗·小雅·吉日》："儦儦俟俟，或群或友。"《毛诗》释为："兽三曰群，二曰友。"① 《小雅·无羊》有："谁谓尔无羊？三百维群。"② 《邶风·柏舟》又有："忧心悄悄，愠于群小。"郑注："群小，众小人在君侧者。"③ 《尚书·舜典》则提及："望于山川，徧于群神。辑五瑞，既月，觐四岳群牧。"④ 从所举的例子看，"群"有辈、众、类、亲等意思。如果说上述文献仍在比较宽泛的意义上使用"群"，那么，在《礼记》中我们可以看到更有针对性地对"群"的理解和使用。《礼记·檀弓上》有："子夏投其杖而拜曰：吾过矣！吾过矣！吾离群索居，亦已久矣。"郑注："群，谓同门朋友也。索，犹散也。"⑤ 《礼记·三年问》又说："三年之丧，何也？曰：称情而立文，因以饰群，别亲疏贵贱之节……"郑注："群，谓亲之党也。"孔疏："群，谓五服之亲也。"⑥ 《易·系辞上》曰："方以类聚，物以群分。"孔颖达疏："物谓物色，群党共在一处，而与他物相分别。"⑦ 由此可见，在经学典籍中对于"群"的理解比较灵活，既可以表示同类聚合，也可以表示与他类相分别。

"己"在甲骨文中写作"己"，同"杞"，为姓氏，亦是特称。《尚

---

① 李学勤主编《毛诗正义·十三经注疏（标点本）》，北京大学出版社，1999，第770页。
② 李学勤主编《毛诗正义·十三经注疏（标点本）》，第810页。
③ 李学勤主编《毛诗正义·十三经注疏（标点本）》，第136页。
④ 李学勤主编《毛诗正义·十三经注疏（标点本）》，第65页。
⑤ 李学勤主编《毛诗正义·十三经注疏（标点本）》，第236页。
⑥ （清）阮元校刻《十三经注疏·礼记正义》，中华书局，2009，第1816页。
⑦ （清）阮元校刻《十三经注疏·周易正义》，中华书局，2009，第303页。

书·大禹谟》中提到"舍己从人"①；而《礼记·坊记》中则说"君子贵人而贱己，先人而后己"②。总体上看，"己"有"身""自我"之意；若与"人"对称，则有特指人群中与他人相对应之个人的意思，也可以理解为"自我"。在儒家经典中"己"大多指向与他人对应的自我，这里人、我之分的"人"指向"己"之外的他人，这一"他人"也并不只是意味着一个个具体的人，应包括指代多个"己"之外的人的集合。《说文》释"己"曰："己，中宫也，象万物辟藏诎形也。己承戊，象人腹。"侧面凸出的人腹，是女子孕育之所。何谓"中宫"？《史记·天官书》说："中宫，天极星。"司马贞索隐："《文耀钩》曰：'中宫大帝，其精北极星。'"③ 中宫指的是北极星，是众星所向。这里，"己"似乎又可以引申出容物、生物和为全体之中心的含义。概言之，在语用含义上，"群"一般可以理解为众多个体按一定规则聚合形成的整体；"己"则可以基本视为个人并且是群体中具有容物、生物、可为群之中心的特别个人；而群己关系一般多指代群体内个人（自我）与整体的关系表征。

了解"群"与"己"的基本语用内涵后，转而来看儒家"仁""礼"思想中对群己的认识。"仁"经由与社会礼制的规范性内容的交互提升为人之为人的本质规定与伦理实践，而此过程则意味着"己"与"群"辩证运动的过程。个人对"仁"的求取需要内在的道德意识与外在的实践行为相统一，这恰好亦是"己"（自我）的完成与群之共同价值统一的实现过程。由此，人之道德可能的条件、根据及其在社会共同体中的有效性成为"仁"（自我之实现）之具体展开的前提，而与此前提相互支撑的则是群及其群体规范秩序的客观存有，从而儒家的群观念应是包含全部单个己我之道德价值实现的整体，且这种对整体共同性的认可则通过"礼"来表征与体现。可以看到，在"仁-礼"的交互结构中，我（"己"）的实现并没有与群体的客观存在截然割裂，己的自我实现的具体内容不能缺少在人伦关系中的自省内观与躬行实践。这一人伦关系，以家庭为基点而不断外扩

---

① （清）阮元校刻《十三经注疏·尚书正义》，中华书局，2009，第103页。
② （清）阮元校刻《十三经注疏·礼记正义》，中华书局，2009，第1641页。
③ （汉）司马迁：《史记·天官书第五》，中华书局，2013。

以至兼及国与天下，从而可以说是以他人（他者）为观照对象且又是以"礼"为客观内容，"知及之，仁不能守之；虽得之，必失之。知及之，仁能守之。不庄以莅之，则民不敬。知及之，仁能守之，庄以莅之，动之不以礼，未善也"。（《论语·卫灵公》）"礼"作为人伦关系展开的载体和指征，很大程度上体现了群己价值统一的必要性。"礼"的"名"，对每一个社会成员（己我）具有规定和认同的作用，在特定的"分"下使得个人以该身份与位置尽其道德与伦理责任，以此构成群体人伦关系开展的前提。所谓"君臣父子"等名分所涵摄的身份人伦关系，指示了个体在社会关系中所处的具体位置，成为个体身份的标志之一。

在"仁-礼"交互结构中，"己"与"群"相关，即不脱离家庭与社会的位分层级及其所处角色，没有对关系和角色的恰当把握，就不能行之有效地追求"己"与"群"的协调统一。"群"的价值取向及其德行的发动绝非个人的隔绝、单一的自我状态，正所谓"德不孤，必有邻"（《论语·里仁》），个体自我的道德实践在于体认仁与践履仁，而这种体认与践履必然是发生在群性互动的边界以内并需要群体的共同价值予以认同。譬如"以文会友，以友辅仁"（《论语·颜渊》）正是展开群与己联结的一种可能形式。"友"是道德理想之下的共学之友、默会之友，也是实践"仁"的良伴，它并非仅指向单个的人，而是包含着积极认取"仁"和促进"仁"之价值实现的共通领域中多个的人。这种"仁"的共通领域虽然没有明确的共同体和主体间性概念的表达，却以其特有的"德""仁""友""邻"的方式，经由道德的实践扩充出共同体与主体间性的潜在内涵。

孔子之后，荀子立基于对人性的把握，进一步强调"群"之于人的重要性。"群"具有作为标准的意义（《荀子·王制》），又是"人禽之别"的重要边界，即"人之生，不能无群"（《荀子·富国》）。"群"作为"人之异于禽兽"的标志之一，使得人与"水火""草木""禽兽"等诸物完全不同，这种不同就在于人之"能群"。由此，"人能群"以及"人有义"的内容指向，因二者都作为"人禽之别"的重要边界，就与"礼义"的内涵发生了密切的关联。正是"群类"与"群分"的含义与"礼义"

的具体内容互为注脚，显示了荀子对孔子"仁"与"礼"思想的继承。此外，"能群"又是现实社会中君主所具有的能力之一，"君者，善群也。群道当则万物皆得其宜，六畜皆得其长，群生皆得其命"（《荀子·王制》）。有学者已明确指出，"善群"作为"君者"之所独"善"的能力，包括既能够现实地结合一定规模的人群，又能够决定"万物""六畜""群生"的各得其所"宜"，并且还需要依托"班治"、"显设"和"藩饰"等一系列具体制度与规定体现其"善群"的能力。[①] 君既是群体象征，又是真实个体的存在，二者共同存在于交互的群体与个体关系之中，为君者通过上述制度来包容与其相对的其他个体，并以"群"来象征构成与其他个体的关系。

三 交互中的"群-己"重识

在"仁-礼"交互结构中所展示的人己、群己关系没有绝对的主体与客体，个体和群体的身份、角色都在主体、客体之间流动；作为主体，它们在与客体的交往中，以自身融入客体并通过客体来传达人的能力与价值，在此过程中，主体与客体的角色又可以发生转换。以这种交互互动为基础，处于"仁-礼"之中的个人及其群体价值的实现表达出一种动态、开放和关系性的自我确认与道德实践。个人之"己我"既作为"反身而诚"的内省个体的存有，又在与"人"的交往中认识和完成自我的存在。或许可以这样理解，"己"和"人"的定位是相对的，两者必须在交往关系中相互确认，在"仁"（己我）的自我实现的过程中融合；无论是"人"还是"己"，在与彼此以及个体构成的"群"的动态关联中界定、完善自身。己之"自我"完善，与其在群中"身份"的建构其实是一个统一的、不可分割的进行过程，"仁-礼"的交互结构则是上述过程的实现空间。

从伦理空间上看，群与己是你中有我、我中有你，个体意识到自身的过程，借助于他者（人、群）得以可能，儒学对"人"之问题的理解正是在于对人的整体性和社会性的强调。陈来就认为儒家的群观念包含人们的

---

① 方达：《涂人何以为禹——诸子学视域下荀子"群"思想的再考察》，《人文杂志》2019年第4期，第35~41页。

共同体生活方式，个体是共同体中的个体，而"仁"是个体通向共同体的交往方式和规范，人是在与他人的交往过程中成为共同生活的整体。[①] 个人并不能离开群而孤立存在，他处在各类共同体内部关系网络之中，其与群的互动是个体人格发展与完善的前提。"仁"是人人可得而修之，又非能人人可得而成之的，"可得可修"在于其个体的自求性；"可得而非能成"则由于"仁"之推己及人、推己及群的共同性与普遍性的达成需要经由生命的时间与空间的全部呈现。"仁"在"仁-礼"交互结构中统一着自我认同与群体认同的价值，它既是人性内在超越的要求，又不脱离于客观存在的伦理共同体本身。

　　站在儒家的立场，可大体上把人的整体划为三个领域：己、家和群。因其重视血亲关系，儒家伦理在家庭这一领域发展出了一个精细的角色系统。相对而言，在"群"这一领域，儒家对其概念表述并非清楚完整，虽然荀子对"群"的理解较之孔孟为多，而总体上看，从古典儒家开始对"群"的分界之理解具有很大的弹性。金耀基曾指出，家也可以作为一个群体，并称之为"家庭群体"。"群"则指"家庭以外的群体"或简称"群体"。他甚至断言儒家理论从未正式讨论过"群"概念，"群"始终都是一个游移不定的概念。在他看来，费孝通也持类似的观点，认为群己界线是相对而含糊的，在中国传统中从不存在群己界线这回事，"群"的外部界线即是"天下"这一模糊不清的概念。[②] 尽管金氏的观点可以商榷，我们仍可以从中看到，相对于"群"来说儒家传统中的"己"是相对清楚的，即个人的自我，应涵括了内外心身的一致；而与"己"相对的"群"则是一个多层次的开放性的系统，牵涉家、国、天下等逐步扩展且相关的诸多层级与范围，这的确表现出了不甚清晰的界线。比如，家是群体的基本层面，国常与君混同，天下无终界，是当前人们认为的整个人类社会。若从自我与他人关系上看，自我是己、个别的他人是他之"己"，即人人都有一个自我。就自我而言，区别于自我的诸多他人连同自我一起构成了

---

① 陈来：《仁学本体论》，《文史哲》2014 年第 7 期，第 41~63 页。
② 金耀基：《儒家学说中的个体与群体——一个关系角度的诠释》，《中国社会与文化（增订版）》，牛津大学出版社，2013。

"群"，这种构成以伦理关系作为联结，编织成人伦关系的网络，联系起所有的个体自我和他人。

如此，在"仁-礼"交互结构中"群-己"的义涵，首先可被初步视为一个与具体个人相对的多个个人的集合，标识的是个人（我）与其他个人，或者包含个人与他人之共在的集合。在此层面上的展开，其核心涉及的就是个人与他人、个人与社会互为参照的体系。我们也可以分别从道德与政治的面向去认识这种个人与他人、个人与社会之间的互动，或者表述为"家-国-天下"的关联与共在。在"仁-礼"交互结构中，"己-人"与"己-群"的双重关系既含有道德的内容又关涉政治的运行，体现了两个领域的兼容与互动。不管从道德层面还是政治的立场，己与人、己与群的关联在仁与礼的交互之中得以反映与实现，或者说仁和礼的交互过程贯穿在群己关系的实践场域，较之于现代社会，这可以说是传统儒学的独特之处。人的自我实现、自我修养等活动离不开个人与他人、与群的交往，即使是自我价值的实现，其最终关怀的也不只是纯粹的自我，而是同时指向包括自我在内的群。正如杜维明所言，"仁不是孤立的个人行为，而是一种公共行为，一种对超越的回应"①。赫伯特·芬格莱特（Herbert Fingarette）也表示，人之自我实现，是在那些终极意义上类似于自己的他人的美好、庄严、共享以及公开的参与中达成的。② "仁-礼"的交互性需要人走出自我而走向他人，在承认每个人都是独特的个人之外，自觉履行"己"之为人、为群的责任，"成仁""守礼"既是"为己"亦是"为人"。正因如此，仁不仅重视作为个体的"己"与人，更重视作为个体之延伸的共同体。当孔子将古已有之的"仁"观念纳入"礼"中，其思想意图就已经十分明确，那就是以"仁-礼"的交互性来启示、规范和提升人。这个"人"并非只是个体的"己"或"自我"，更是众多德性之"己"组成的群，即涵括了个人、家庭、国家、天下、万物的共同体。

当然，儒家对于个人和社会的看法，过去经常被误解为只强调群性而不重视个性。的确，在儒家的观念里，人无法脱离社会，也不应脱离社

---

① 〔美〕杜维明：《道　学　政——论儒家知识分子》，上海人民出版社，2000，第12页。
② 〔美〕赫伯特·芬格莱特：《孔子：即凡而圣》，江苏人民出版社，2002。

会，认为儒家较强调群性，并不算错；然而若在"仁-礼"的互通之中识别群与己的立场，则可以说早期儒家既不主张"集体主义"（collectivism），亦不会赞成西方近代的"个人主义"（individualism）。美国学者狄百瑞（William Theodore de Bary）特别将儒家的这种立场称为"人格主义"（personalism）。① 儒家对个人（己）的最佳理解可以说是"君子"，而孔子心目中的"君子"并非一个欠缺自我意识与独立人格的人，而是能以文化传承者之身份在群性与个性间维持平衡的人。② 在这个意义上，早期儒学中的群与己、个人与社会并非相互扞格，而是不断力求统一。比如从后儒"浑然与物同体""万物一体"的阐发，神圣即在凡俗，天道自在人心，实然亦是应然，生生是和谐的理解中都包含群己、人我、物我的关联。由此，我们或许可以思考和定位"群"与"己"，将其意义拓展为现代语境中广义的个人与共同体，即个人与共同体（国家、社会）的定位及关系，甚至是人与生命、自然的宇宙共同体之定位及关系。也就是说，从早期儒家以"仁-礼"为线索对个人（己）及其在共同体（人、物、自然宇宙）中位置、意义的认识，形成了儒家传统中极为独特的"天人合一""万物一体"的大共同体意识。

查尔斯·泰勒说："一个人唯有在其他的自我当中才是一个自我。一个自我绝无法被描述，除非参照环绕它的那些自我。"③ 这清晰地揭示了"自我"的社群性和关系性理解，而儒家对群己的独特理解与认识，正可以提供一种不同于西方现代思想进路对个人与社群关系的理解渠道。儒家理解个人与社会的特别视角与古典儒学中"仁-礼"结构下群己关系的思想脉络紧密关联，甚至可以说，这一思想脉络的历史演进以不同的方式调整着传统社会"群-己"的平衡优化及其关系的表达。群己观念及其关系的流变实际上是儒家仁礼思想交互发展的另一种展现形式。把群己观念与传统儒学的核心结构"仁-礼"，以及仁道、仁体分隔开，将其独立切割为

---

① 〔美〕狄百瑞：《"亚洲价值"与儒家之人格主义》，国际儒学联合会编《国际儒学研究》第6辑，中国社会科学出版社，1999，第8页。

② 李明辉：《儒家视野下的政治思想》，北京大学出版社，2005，第9页。

③ Charles Taylor, *Source of Self: The Making of the Modern Identity*, Cambridge/Mass. Harvard University Press, 1989, p. 35.

考察对象，将可能遮蔽群己之辨背后深刻的思想背景以及本体论、存有论基础，而不能完整地认识儒家群己观念并转化其中的现代价值。在儒家的视野中，个人需要在仁与礼的规范下实现其"道德–政治"的实践，而仁、礼交互下的道德与政治实践正是在人的共同体中才可能实现。因此，群与己的相互成就与自我实现被儒家视为天下大同的最终理想。从生存论的角度看，人的存在"不是遁世的洁身自好，也不是入世的随波逐流，更不是来世的异想天开"①。群、己都不应该是一种互不关联的组织或冷冰冰的社群，也不是仅仅独立于他者的生命个体。儒家的群己观首先需要人承认其具有内在超越的仁性，然后再通过这个体之仁与家庭、族群、社会共同体以至于宇宙万物关联起来达成普遍之仁，这才是真正的群己互利互益的实现。

① 王中江：《莫若以明：集虚室随笔》，北京大学出版社，2014，第133页。

第七章　从孟荀到《礼记》：早期儒家群己观念的演变

孔子对群己观给出最初的认识和理解之后，群己关系进一步随着儒家思想的发展而发生变化。孟子承接孔子群己观的仁学奠基的道德形而上学思路，把群己关系内化为普遍善性上的仁义与合群问题；荀子以其对"群"的独到讨论在孔子之后达到对群己问题思考的顶峰，更开了儒家在现代意义上的社会学思考先河；《礼记》在儒家思想主旨之上明确地提出了"大同""小康"等儒家理想社会共同体的不同层次形态。追溯孔子之后对群己观念和群己关系的不同理解走向，能够进一步认识早期儒家群己观与儒家心性论发展的关系，呈现儒家思想关注社会政治的根本底色。

第一节　孟子的善性及其在群性中的扩充

孔子之后，儒分为八，儒家学说的影响并不是很大，而杨朱的"贵己""重生"和墨翟的"无父""兼爱"之说"盈天下"，"天下之言，不归杨，则归墨"（《孟子·尽心上》，以下引《孟子》只注篇名）。"孔子之道不著，是邪说诬民，充塞仁义也。"（《滕文公下》）在群己观上，杨、墨各持己见。杨朱对于他人和群体较为忽视，而墨子认为他人重于"己"，但是对群体格局的人伦差序有所批评。杨、墨的思想对当时的社会影响很大。孟子对当时流行的这两种思想观点有所不满，他基于孔子的思想，提出自己的见解以救时弊，他在孔子仁礼的基础上，发展构建了以"立仁行义"为特色的群己互益的关系论。

一 同性知类与自然合群

孔子之后，孟子认为人是同类同性的。他说凡人皆属同类，"麒麟之于走兽，凤凰之于飞鸟，太山之于丘垤，河海之于行潦，类也。圣人之于民，亦类也"（《公孙丑上》）。"圣人，与我同类者。"（《告子上》）"尧舜与人同耳。""舜，人也；我，亦人也。"（《离娄下》）"圣人"与"民"，这两种人在日常生活中等级悬殊、品位迥异，但孟子透过社会等级生活的表象，肯定他们都是一类。因为他们同性，即无论何种人都具有仁义礼智的端绪，"恻隐之心，仁之端也；羞恶之心，义之端也；辞让之心，礼之端也；是非之心，智之端也""人之有是四端也，犹其有四体也"。（《公孙丑上》）"四体"人皆有之，"四端"亦人不可无。"无恻隐之心，非人也；无羞恶之心，非人也；无辞让之心，非人也；无是非之心，非人也。"（《公孙丑上》）进一步讲，孟子又认为人都具有一种理性能力："至于心，独无所同然乎？心之所同然者何也？谓理也，义也。"（《告子上》）人心同以为然的是理、义，理、义虽是大家共同肯定的，而每个人获得它却是有条件的，即其获得由心的思维来负责："心之官则思，思则得之，不思则不得也。此天之所与我者。"（《告子上》）

理、义不是人人都能得到的，但得到理、义的能力是人人都具备的，表现为"心"的能力。如果人能够发挥"心"的能力，"由仁义行"，则"人皆可以为尧舜"（《告子下》），这就是"知类"。如果"心不若人，则不知恶"，就是"不知类"（《告子上》），而成为小人。孟子又以"大体""小体"之辨来明确：

> 公都子问曰："钧是人也，或为大人，或为小人，何也？"
> 孟子曰："从其大体为大人，从其小体为小人。"
> 曰："钧是人也，或从其大体，或从其小体，何也？"
> 曰："耳目之官不思，而蔽于物，物交物，则引之而已矣。心之官则思，思则得之，不思则不得也。此天之所与我者。先立乎其大者，则其小者弗能夺也。此为大人而已矣。"（《告子上》）

"大体"是"心之官"（"思"），"小体"是"耳目之官"（"不思"）。孟子在人人皆具备道德能力的平等观基础上，辨析出个体自觉（"思""知类"）的关键作用：个体由"思"而"知类"，"知类"就能主动地合群。显然，在群体安定有序的个体基础上，孟子看到了个体自觉的价值；虽然个体自觉更接近现代儒家群己观的特征，但孟子"好辩"的学风，已经使他把目光投向个体自觉性这一领域。

二 仁义和群

孟子认为仁义对于群体和个体自我都具有决定性价值。他引古论说："三代之得天下也以仁，其失天下也以不仁。国之所以废兴存亡者亦然。天子不仁，不保四海；诸侯不仁，不保社稷；卿大夫不仁，不保宗庙；士庶人不仁，不保四体。"（《离娄上》）他明确将仁义规定为人的根本属性："人之所以异于禽兽者几希，庶民去之，君子存之。舜明于庶物，察于人伦，由仁义行，非行仁义也。"（《离娄下》）在政治上，他认为："人皆有不忍人之心。先王有不忍人之心，斯有不忍人之政矣。以不忍人之心，行不忍人之政，治天下可运之掌上。"（《公孙丑上》）这种有效治理群体的"不忍人之心"其实就是仁义之心，"人皆有所不忍，达之于其所忍，仁也；人皆有所不为，达之于其所为，义也"（《尽心下》）。任何个体，如果不能扩充其仁义之心，则"不足以事父母"（《公孙丑上》）。在孟子看来，仁义既是人之所以为人的根据，又是天下、国、家存兴安治和个体保身事亲的关键，其价值是绝对的。

仁义的价值如何在群体和个体实现？孟子认为实现仁义的价值，根本之点是扩充自我的爱敬之情。他说："君子以仁存心，以礼存心。仁者爱人，有礼者敬人。爱人者，人恒爱之；敬人者，人恒敬之。"（《离娄下》）在自我与他人的关系上，爱敬的施报是平等的、普遍的。如果群体中的每个人都心怀仁义，对他人施以爱敬，就会构成群体内部爱敬的氛围，使人际关系和谐、群体秩序稳定，个体在施与爱敬的同时，也获得平等的回报，自我在这种相互爱敬之中获得确认和独立意识。"仁者爱人"是孔子群己观的核心内容，孟子继承并以道德普遍性和平等性原则的意识证明自我在爱人中也必然得到人爱,群体在其个体普遍爱敬中获得和谐有序的同时,其个体人格也得到普遍的提升。

但是,孟子注重的仍是自我爱敬的施政,并且,这种施政不是无序的。孟子规定爱敬的次序是"亲亲而仁民,仁民而爱物"(《尽心上》),他解释说:"知者无不知也,当务之为急;仁者无不爱也,急亲贤之为务。尧舜之知而不遍物,急先务也;尧舜之仁不遍爱人,急亲贤也。"(《尽心上》)因此,孟子的仁义之道实际就是"亲亲""敬长",即"亲亲,仁也;敬长,义也"(《尽心上》)。"仁之实,事亲是也。义之实,从兄是也。智之实,知斯二者弗去是也。礼之实,节斯文二者是也。"(《离娄上》)这样,孟子同孔子一样,将"孝悌"作为其仁义之道的实际起点。倡导"孝",当然首先就要谴责不孝。孟子谴责了种种不孝现象:"世俗所谓不孝者五:惰其四肢,不顾父母之养,一不孝也;博弈好饮酒,不顾父母之养,二不孝也;好货财,私妻子,不顾父母之养,三不孝也;从耳目之欲,以为父母戮,四不孝也;好勇斗狠,以危父母,五不孝也。"(《离娄下》)不孝之行彰著,反其道者即为孝行。孟子于孝行之中又列出至极之孝:"孝子之至,莫大乎尊亲;尊亲之至,莫大乎以天下养。为天子父,尊之至也;以天下养,养之至也。"(《万章上》)这就是说,以天下养君(天子)是最高的孝,因为这种孝已经超越了具体单一的父子伦常和谐而达到了群体和谐的高度。这虽然是孔子的孝观念的发展,但孟子的尊君意识也愈发明显。

孝一旦超越家庭而进入更大群体,如邦、国,就必然会发生"亲"与"天下"的矛盾。如何解决这些矛盾?孟子以答弟子问来表达自己的主张。

> 桃应问曰:"舜为天子,皋陶为士,瞽瞍杀人,则如之何?"孟子
> 曰:"执之而已矣。""然则舜不禁与?"曰:"夫舜恶得而禁之?夫有
> 所受之也。""然则舜如之何?"曰:"舜视弃天下犹弃敝蹝也。窃负而
> 逃,遵海滨而处,终身欣然,乐而忘天下。"(《尽心上》)

孟子认为,舜应当成全父子之伦而弃天下之位,因为舜受之于父母,

自应以顺为主，所以："……不顺于父母，如穷人无所归。天下之士悦之，人之所欲也，而不足以解忧；好色，人之所欲，妻帝之二女，而不足以解忧；富，人之所欲，富有天下，而不足以解忧；贵，人之所欲，贵为天子，而不足以解忧。人悦之、好色、富贵，无足以解忧者，惟顺于父母，可以解忧。人少，则慕父母；知好色，则慕少艾；有妻子，则慕妻子；仕则慕君，不得于君则热中。大孝终身慕父母。五十而慕者，予于大舜见之矣。"（《万章上》）孟子又说："天下大悦而将归己。视天下悦而归己，犹草芥也。惟舜为然。不得乎亲，不可以为人；不顺乎亲，不可以为子。舜尽事亲之道而瞽瞍厎豫，瞽瞍厎豫而天下化，瞽瞍厎豫而天下之为父子者定，此之谓大孝。"（《离娄上》）

舜顺父母而弃天下，似乎是成己之私而置群体之大公于不顾，但"孝"具有化天下之功能，即能够以己之孝启发天下之子皆孝，群体自然安定有序。因此，舜之孝的结果是化天下、全天下的父子之伦。这也成为汉代孝治天下之思想的历史源头。同样的道理，孟子在答万章问时也有所显露，万章怀疑舜对待他人和自己弟弟的标准不同，有失公正。他说："仁人固如是乎？在他人则诛之，在弟子则封之。"孟子解释道："仁人之于弟也，不藏怒焉，不宿怨焉，亲爱之而已矣。亲之欲其贵也，爱之欲其富也。封之有庳，富贵之也。身为天子，弟为匹夫，可谓亲爱之乎？"（《万章上》）对亲亲之爱特别注重，正是由于其有化天下的功能。但是从现代的视角反观，这种亲亲之爱是限于私的领域，而如果在公的国家和社会共同体领域，亲亲之爱与客观的规范准则之间是否存在一定的冲突，需要进一步思考。或者说，如何既能够在有限的范围内保有人之爱亲的亲亲之爱，又能够同时不因此而破坏公共秩序和制度，这是思考的关键。

总之，孟子说："人人亲其亲，长其长，而天下平。"（《离娄上》）"为人臣者怀仁义以事其君，为人子者怀仁义以事其父，为人弟者怀仁义以事其兄，是君臣、父子、兄弟……怀仁义相接也，然而不王者，未之有也。"（《告子下》）可见，在孟子看来，仁义既能使得天下安定、群体和谐，又能使得个体自我在人伦关系中获得恰当的定位，成就一定的角色价值，因此，仁义是统一群己、群己互益的最根本基础。

三　群己利益的一致

在中国传统社会中，君常常是国家的代表，君的利益常常代表国家的整体利益。孟子非常注意这一点，反对君追求自我私利，提醒君主注意国家利益。当梁惠王向他讨教"利吾国"之策时，他说："何必曰利？亦有仁义而已矣。王曰何以利吾国？大夫曰何以利吾家？士庶人曰何以利吾身？上下交征利而国危矣。……未有仁而遗其亲者也，未有义而后其君者也。王亦曰仁义而已矣，何必曰利？"（《梁惠王上》）

孟子言仁义与利虽然带有君王获利的策略考虑，但也反映了他在利的问题上所持的群己关系立场。个体只要着眼于仁义，保证国家整体的大利，则自我利益自然会得到。就君臣而论，不遗其亲、不后其君就是君臣仁义之行的自然结果。如果从君开始，各个等级的个人都着眼于自己的利而贪得无厌地争夺，"上下交征利"，结果就不仅危国家、危社稷，更危及个人应得之"利"。

君虽然"何必曰利，亦有仁义"，但利毕竟是人生活中不可缺少的，任何个人的生存和发展都离不开它。因此，孟子认为在国家群体中实行仁义之道，首先就必须保证个人具备基本的生存条件。如果没有这个基本保证，群体中的个人也就无法保有求善之心而有益于共同体。他认为："有恒产者有恒心，无恒产者无恒心。"（《滕文公上》）他还提出正经界、均井地、平谷禄以置民恒产的看法。"必使仰足以事父母，俯足以畜妻子，乐岁终身饱，凶年免于死亡，然后驱而之善。"（《梁惠王上》）

其次，孟子认为应该肯定利是个体行动的动力之一。利能够促进个体的劳动活动，这尤其在市场交换中十分明显。因此，孟子特别批评了许行的"市贾不二"的井市之道。许行指出神农氏时代"布帛长短同，则贾相若；麻缕丝絮轻重同，则贾相若；五谷多寡同，则贾相若；屦大小同，则贾相若"（《滕文公上》），也就是说，买卖产品不管质量，只计数量。孟子指出："夫物之不齐，物之情也，或相蓰蓰，或相什百，或相千万。子比而同之，是乱天下也。巨屦小屦同贾，人岂为之哉？"（《滕文公上》）只有按质论价，产品质量差异带来的利益才使人们去提高产品的质量。

另外，利虽为个人所必需，但获利的途径、手段要适宜，即要合乎义。孟子曾回答弟子陈臻的一个两难提问：

陈臻问曰："前日于齐，王馈兼金一百而不受；于宋，馈七十镒而受；于薛，馈五十镒而受。前日之不受是，则今日之受非也；今日之受是，则前日之不受非也。夫子必居一于此矣。"

孟子曰："皆是也。当在宋也，予将远行。行者必以赆，辞曰：'馈赆。'予何为不受？当在薛也，予有戒心。辞曰：'闻戒。'故为兵馈之，予何为不受？若于齐，则未有处也。无处而馈之，是货之也。焉有君子而可以货取乎？"（《公孙丑下》）

合义之利君子必取之，孟子是反对违背仁义唯利是图的："鸡鸣而起，孳孳为善者，舜之徒也。鸡鸣而起，孳孳为利者，跖之徒也。欲知舜与跖之分，无他，利与善之间也。"（《尽心上》）那么在义与利不能一致、不能两全的时候，应该如何选择呢？针对这个问题，孟子认为君王应该选择的是义。于是，有了"鱼和熊掌"的一段经典譬喻：

鱼，我所欲也；熊掌，亦我所欲也，二者不可得兼，舍鱼而取熊掌者也。生，亦我所欲也；义，亦我所欲也，二者不可得兼，舍生而取义者也。生亦我所欲，所欲有甚于生者，故不为苟得也；死亦我所恶，所恶有甚于死者，故患有所不辟也。如使人之所欲莫甚于生，则凡可以得生者，何不用也？使人之所恶莫甚于死者，则凡可以辟患者，何不为也？由是则生而有不用也，由是则可以辟患而有不为也。是故所欲有甚于生者，所恶有甚于死者，非独贤者有是心也，人皆有之，贤者能勿丧耳。一箪食，一豆羹，得之则生，弗得则死。呼尔而与之，行道之人弗受；蹴尔而与之，乞人不屑也。万钟则不辨礼义而受之，万钟于我何加焉？为宫室之美，妻妾之奉，所识穷乏者得我与？乡为身死而不受，今为宫室之美为之；乡为身死而不受，今为妻妾之奉为之；乡为身死而不受，今为所识穷乏者得我而为之，是亦不

可以已乎？此之谓失其本心。（《告子上》）

在面对价值的选择时，生虽然是个体利益之最大者，然而，与义相比，其价值就如同鱼之于熊掌。要注意，这种"舍生取义"是一种道德价值特殊情况的选择，并非普遍、经常的情况。一般来说，个人行义保证了共同体的利益，而自我之保存也自然得以满足，群体的利益与个体的正当利益是一致的。

国家、社会是个人生活的重要前提，是个人生活中超越家庭的共同体形式。在这一层面，孟子发展了群体之中不同个人类型，即君、臣、民之间关系的协调，即用"仁义"来平衡处理共同体与共同体成员之间的特殊关系。君在这一关系中是处于主动的方面，民则处于相对的另一端，臣则是其中的中介。因此，孟子提出君臣皆有其道，应各行其道。君作为国家共同体的象征代表，一旦不能尽其道而贼仁贼义，有损于共同体的生存和发展，那么他也就丧失了其作为共同体代表的权利而成为"一夫"。这种"一夫"，便不是臣所恭敬、可服务的对象。臣为了共同体的利益可以另立新君，也可以弃而另就。君臣之间不是固定不变的人身依附关系，而是在仁义基础上的相互制约关系。他们以共同体是否走向仁义为根本的善，违背这一根本，相互的关系是可以不成立的。①

作为臣的知识分子不仅具有治国理民的知识，而且要具备相应的品德；臣事君必须相对保持自己的独立人格，其基本内容是自尊。孟子继承孔子继续推进独立人格的原则并从这个原则引出对个体自尊的强调，即明白自身的价值："人有恒言，皆曰天下国家。天下之本在国，国之本在家，家之本在身。"（《离娄上》）自我是天下国家之本，这是自我价值的根据。士君子必须保持自尊，具备独立人格，即使在未被世人、君王所赏识时，君子都不能失却本身："人不知，亦嚣嚣。曰：何如斯可以嚣嚣矣？曰：尊德乐义，则可以嚣嚣矣。故士穷不失义，达不离道。穷不失义，故士德已焉；达不离道，故民不失望焉。古之人，得志，泽加于民；不得志，修身见于世。穷则独善其身，达则兼善天下。"（《尽心上》）同样，

---

① 王齐彦：《儒家群己观研究》，中国社会科学出版社，2006，第27~30页。

对于臣和君子独立人格的保持，君应该尊重并对其价值有充分认识。若君可以尊重君子的独立人格、礼贤下士，必能成就王霸之业，造福于国民。这种尊重还包括士君子的自主选择，所以孟子主张君实行"三有礼"："谏行言听，膏泽下于民；有故则去，则君使人导之出疆，又先于其所往；去三年不返，然后收其田里。此之谓三有礼焉。"（《离娄下》）

在君与民的关系问题上，孟子主张以民本为本。孟子称民为"天民"，既指"天生之民"又指"天下之民"。指民为"天生"，即从"天"那里获得生存的权威性，指民为"天下"者，即说明了民的广度。"民"不仅包括匹夫匹妇，而且包括先知先觉的圣贤，只不过他们是"出于其类，拔乎其萃"（《公孙丑上》）之人。在天下国家行仁义之道的君王当然是圣贤，他们亦是民中出类拔萃者，即在民意之下圣贤践天子位为君王。孟子借伊尹之口说："天之生此民也，使先知觉后知，使先觉觉后觉也。予天民之先觉者也，予将以斯道觉斯民也。"（《万章上》）

对于君王要如何适民意而成就王者业，即怎样去"得乎丘民"，孟子认为，首先要行仁政、施善教、得民心。孟子说："桀纣之失天下也。失其民者，失其心也。得天下有道：得其民，斯得天下矣。得其民有道：得其心斯得民矣。得斯心有道：所欲与之聚之，所恶勿施尔也。民之归仁也，犹水之就下，兽之走圹也。"（《离娄上》）孟子所谓"仁政"不同于"善政"，"仁政"不仅以民众生计为然，使民富之，不过劳，以"佚道使民"，而且还包括"善教"："善政，不如善教之得民也。善政，民畏之；善教，民爱之。善政得民财，善教得民心。"（《尽心上》）其次，要"得乎丘民"还必须以民意为选贤任能和奖惩的标准。孟子提出："国君进贤，如不得已，将使卑逾尊，疏逾戚，可不慎与？左右皆曰贤，未可也；诸大夫皆曰贤，未可也；国人皆曰贤，然后察之；见贤焉，然后用之。左右皆曰不可，勿听；诸大夫皆曰不可，勿听；国人皆曰不可，然后察之；见不可焉，然后去之。左右皆曰可杀，勿听；诸大夫皆曰可杀，勿听；国人皆曰可杀，然后察之；见可杀焉，然后杀之。"（《梁惠王下》）再者，要"得乎丘民"还必须与民同忧乐。孟子曾规劝梁惠王不要不顾民生而独享其乐："……文王以民力为台为沼。而民欢乐之，谓其台曰灵台，谓其沼

曰灵沼，乐其有麋鹿鱼鳖。古之人与民偕乐，故能乐也。"（《梁惠王上》）
与民同乐可得到民的拥护，增强群体的凝聚力。"乐民之乐者，民亦乐其
乐；忧民之忧者，民亦忧其忧。乐以天下，忧以天下，然而不王者，未之
有也。"（《梁惠王下》）

孟子继承孔子对待群己的基本理念，更进一步强调了君、臣、民的协
调关系，在重视天下国家群体行义之道德基础上注意到个体独立人格的保
持和培养。通过对君的行为的种种规定强调君只有时时处处以天下国家为
意，行仁义之道，才具有对群体的权威。当君行仁义之道于民时，则要以
得民心为标准。另外，孟子在对臣的行为选择的论述中，也不断地强调臣
的独立人格的保持。因此，孟子在孔子仁学基础上，推进了群己互益的思
想观念。

第二节　荀子的群论与"群居和一"之道

孟子之后，荀子作为先秦儒家思想的又一代表和集大成者，没有一味
在仁的形而上学方向上提出对群己的思考，而是以理性经验主义的方式弘
扬儒家传统，兼采诸子之论，构建了隆礼贵义为特点的群己关系学说。
《荀子·尧问》说："迫于乱世，遒于严刑，上无贤主，下遇暴秦，礼义不
行，教化不成，仁者绌约，天下冥冥，行全刺之，诸侯大倾。当是时也，
知者不得虑，能者不得治，贤者不得使。故君上蔽而无睹，贤人距而不
受。"（下引《荀子》只注篇名）在"怀将圣之心"的理想下，荀子专门
对"群"展开了细致的探索，提出了"明分使群""群居和一"的命题，
成为古典儒学中系统思考社会政治问题的代表。

一　明分使群

荀子认为人总是以群体的形式生活，群体生活使人区别于动物并且胜
过动物。他说："人之生不能无群。"（《富国》）因为人就个体而言，"力
不若牛，走不若马"，更不要说比之于虎豹狮熊了；但是，"群"却通过整
合个体力量使人胜过禽兽，并以禽兽为用。荀子指出，"力不若牛，走不若

马，而牛马为用何也？曰：人能群，彼不能群也"（《王制》）。这种使人根本改变自身面貌的"群"并不是个人的简单聚合，而是一个由一种精神力量联结的、具有道德性本质的共同体。

人何以能"群"？荀子认为，"凡生于天地之间者有血气之属必有知；有知之属莫不爱其类""有血气之属，莫知于人；故人之于其亲也，至死无穷"（《礼论》）。人和禽兽皆有"知"的能力，这种"知"的能力作用于同类之间就生出"爱其类"之情。在荀子看来人是"血气之属"中具有"知"的能力的最高者，因此，人爱其亲"至死无穷"。荀子的"知"是理性认识能力，当这种"知"投注于人伦关系上时，就可能生出"亲亲"的道德情感，圣人以其"伪"，将这种可能性转变为现实而形成礼义。人类之所以能群，还在于有"分义"。他说："人何以能群？曰分。分何以能行？曰义。故义以分则和，和则一，一则多力，多力则强，强则胜物。故宫室可得而居也；故序四时，裁万物，兼利天下。无它故焉，得之分义也。"义是人生活中所不可须臾相离的东西，"人生不能无群，群而无分则争，争则乱，乱则离，离则弱，弱则不能胜物。故宫室不可得而居也，不可少顷舍礼义之谓也"（《王制》）。在荀子的群己观中，维护群体的纽带主要依靠孝悌之德，并且群体维持的责任需要落实在个体自我上，从这一点上看，荀子对群己关系的认识是与孔孟一脉相承的。

荀子隆礼贵义，认为礼义是维系群体、安治天下的根本，同时亦是人之"最为天下贵"的根据。《荀子·赋》中记载了一段荀子与王之间关于礼的价值的对话，荀子说："爰有大物，非丝非帛，文理成章。非日非月，为天下明。生者以寿，死者以葬，城郭以固，三军以强。粹而王，驳而伯，无一焉而亡。臣愚不识，敢请之王。"王说："此夫文而不采者与？简然易知而致有理者与？君子所敬而小人所不者与？性不得则若禽兽，性得之则甚雅似者与？匹夫隆之则为圣人，诸侯隆之则一四海者与？致明而约，甚顺而体，请归之礼。"《议兵》又说："礼者，治辨之极也，强国之本也，威行之道也，功名之总也。王公由之，所以得天下也；不由，所以陨社稷也。"《王霸》又讲："国无礼则不正，礼之所以正国也。"《礼论》则言："天下从之者治，不从者乱；从之者安，不从者危；从之者存，不从者亡。……礼之理诚深矣。……礼之理诚高矣。……故绳墨诚陈矣，则不可欺以曲直；衡诚县矣，则不可欺以轻重；规矩诚设矣，则不可欺以方圆；君子审于礼，则不可欺以诈伪。故绳者直之至，衡者平之至，规矩者方圆之至，礼者人道之极也。"从上述表达中可以看到，正是礼使人根本区别于禽兽并贵于禽兽。"礼"在社会生活中，无论对于群还是对于己，也都是具有绝对的价值。不仅如此，荀子还将礼义的价值领域由人类社会推广到宇宙万物，以为宇宙的运行有序皆因其依于礼："天地以合，日月以明，四时以序，星辰以行，江河以流，万物以昌，好恶以节，喜怒以当。以为下则顺，以为上则明，万变不乱。贰之则丧也，礼岂不至矣哉！立隆以为极，而天下莫之能损益也。"（《礼论》）

礼义的地位被荀子推崇，主要在于其具有十分重要的社会伦理意义。这主要表现在两个方面。其一是礼义"养人之欲；欲而不得，则不能无求；求而无度量分界，则不能不争。争则乱，乱则穷。先王恶其乱也，故制礼义以分之，以养人之欲，给人以求。使欲必不穷于物，物必不屈于欲，两者相持而长，是礼所起也。故礼者，养也"。（《礼论》）礼之养人之欲就是使人之欲与物"相持而长"，使欲在一定度量分界内得到满足，以实现消除群内争乱的治群目标。肯定人之欲并主张养人之欲，实际上就是对群体中个体存在和权利的肯定，而礼就是为消除导致人们求而不得的争乱而使普遍的个体欲望在适当界限内得到满足。其二是礼义分别功能。荀子说："群而无分则争，争则乱，乱则穷矣。故无分者，人之大害也；有分者，天下之大利也。"（《富国》）"君子既得其养，又好别矣。曷谓别？曰：贵贱有等，长幼有差，贫富轻重皆有称者也。"（《礼论》）"贵贵、尊尊、贤贤、老老、长长，义之伦也。行之得其节，礼之序也。"（《大略》）礼义构建群体的人伦差序格局，并且使各类人伦角色自觉履行其人伦责任。为"人君"者，"以礼分施，均偏而不偏"；为"人臣"者，"以礼侍君，忠顺而不懈"；为"人父"者，"宽惠而有礼"；为"人子"者，"敬爱而致之"；为"人夫"者，"致功而不流"；为"人妻"者，"夫有礼则柔从听侍，夫无礼则恐惧而自竦也"。（《君道》）

礼义之分别使群体内个体贵贱有等、长幼有差，这种社会伦理秩序主要来自三个方面的标准。① 第一，是以传统的血缘为基础的宗法人伦定差序。《王制》说："君君、臣臣、父父、子子、兄兄、弟弟，一也。""君臣父子兄弟夫妇，始则终，终则始，与天地同理，与万世同久，夫是之谓大本。"这是最基本的标准。第二，是以德能定差序。"王者之论，无德不贵，无能不官，无功不赏，无罪不罚。朝无幸位，民无幸生，尚贤使能，而等位不遗。""贤能不待次而举，罢不能不待须而废。……虽王公士大夫之子孙，不能属于礼义，则归之庶人。虽庶人之子孙也，积文学，正身行，能属于礼义，则归之卿相士大夫。"（《王制》）根据这个原则，荀子论人之差序："志不免于曲私，而冀人之以己为公也；行不免于污漫，而冀人之以己为修也；甚愚陋沟瞀，而冀人之以己为知也：是众人也。志忍私，然后能公；行忍情性，然后能修；知而好问，然后能才；公修而才，可谓小儒矣。志安公，行安修，知通统类：如是则可谓大儒矣。大儒者，天子三公也；小儒者，诸侯、大夫、士也；众人者，工农商贾也。"（《儒效》）天子三公、诸侯士大夫、工农商贾这一系列社会等级是根据德能来划分的。《修身》中又有这样的区分："好法而行，士也；笃志而体，君子也；齐明而竭，圣人也。"第三，是以职业划分等级次序。荀子看到社会生活中职业分工的客观性，并进行分析论证："故曰：心枝则无知，倾则不精，贰则疑惑，以赞稽万物可兼知也。身尽其故则美，类不可两也。故知者则一而壹焉。农精于田，而不可为田师，贾精于市而不以为市师，工精于器而不可以为器师。有人也不能此三技，而可使治三官。"（《解蔽》）人精于一项，便成职业之区别："人积耨耕而为农夫，积斲削而为工匠，积反货而为商贾，积礼义而为君子。"（《儒效》）

此外，职业的分工形成社会分层和人群的等级次序，有利于群体的维系和社会生活的稳定。荀子说："明分职，序事业，材技官能，莫不治理……人习其事而固。人之百事，如耳目鼻口之不可相借官也。故职分而民不慢，次定而序不乱。"（《君道》）故"传曰：农分田而耕，贾分货而贩，百工分事而劝，士大夫分职而听，建国诸侯之君分土而守，三公总方而议，则天子共己而已。出若入若，天下莫不平均，莫不治辨，是为王之

---

① 王齐彦：《儒家群己观研究》，第37~39页。

所同也，而礼法之大分也"（《王霸》）。上述三个方面的标准，前两个方面是对孔孟思想的发展，第三个方面则是荀子的创见。德能标准的设定，是对宗法等级观的否定或损害，反映了当时知识阶层主体意识的增强和对个体德能素质之社会价值的肯定。以职分定差序，把农、工、商等劳动阶层纳入差序系列中，肯定劳动者安身立命的职业根据，体现了荀子对群体中个体认识的深化。

虽然荀子明分使群的重要手段是礼义，因而隆礼贵义，但是，法也是另一个重要手段。他在《性恶》中说："……起礼义，制法度，以矫饰人之情性而正之，以扰化人之情性而导之也，始皆出于治，合于道者也。"明确肯定了法度正人性、导人情使之合于"道"的"治"人价值，主张治人治世中的礼法并行，"人无法则伥伥然，有法而无志其义则渠渠然。依乎法而又深其类，然后温温然"（《王制》）。荀子主张礼法并行，而在礼法之间是以礼为法的根据："礼者，法之大分，类之纲纪也。"（《劝学》）"类"指具体的法的律例，礼是法律的指导原则和纲领。

二 从"明分使群"到"群居和一"

荀子承继了儒家对共同体秩序的根本关怀，他对人以及人之群体性的思考并非纯为思辨，而是指向社会治理，即"群"秩序的维护。通过对荀子的"分"（"辨"）与"群"的阐发，可以展现"明分使群"所承载的儒家对社会机制运行和维护的关注，荀子所希望的共同体秩序正是以"分"（"辨"）在"群"中进行的方式达成的。

（1）"分"（"辨"）与"群"

荀子的"明分使群"以人之固有的欲求为起点："人生而有欲；欲而不得，则不能无求。"（《礼论》）欲是人生而有之的天性，且人之欲望"欲多而不欲寡"，穷年累世也难以足。然与"欲多"对应的现实却是"物寡"，共同体当中的物质条件极为有限，无法满足所有人的需求，如此"求而无度量分界，则不能不争"，人们为了争夺有限的社会资源，就会出现纷争，然后乱起、穷生。既然人逐利是天性使然，那么如何在满足人合理欲求的同时保证良好的社会秩序？荀子认为，"能群"是"力不若牛，走不若马"的人胜于禽兽乃至能役使禽兽的关键所在，这是因为人的需求多样性与能力有限性之间的矛盾，孤立的个人无法同时掌握各项技能以满足所有的欲求，故"离居不相待则穷"，一旦人离群索居就容易陷入穷困，因而"能群"是人类出于生存目的而必须采取的方式。但是人若成群后依然任欲求滋长，没有一套统一的标准来约束人的行为、恰当分配群的公共成果，群秩序仍然会受到纠纷与抵牾的困扰。因此，荀子主张通过"分"规范人的欲望、为权力划定边界，"人何以能群？曰：分。……群而无分则争。……救患除祸，则莫若明分使群矣"（《富国》）。社会秩序才能向政治哲学意义上的"群居和一"迈出第一步。

"分"在《荀子》中的含义主要有三个方面。

第一个层面是指一事物与其他事物的区别，如《不苟》中的"君子、小人之分""禹、桀之分"，也正是荀子之"辨"的"辨别，分别"义。从更广泛的角度来说，"分"（"辨"）还涵盖了社会高低贵贱的等级差异，这种差异主要指向家庭血缘关系构建的伦理纲常，荀子认为人之所以为人而区别于飞鸟走兽正是贵在有"分"（"辨"），飞鸟走兽虽有长幼之分而不具备人的"君臣之义，父子之亲，夫妇之别"，这里的"义""亲""别"即荀子之"分"（"辨"）的表现。

第二个层面是社会分工及以此为基础形成的"士农工商"的职业阶层。荀子将分工置于社会视域之下，以个体间的差别论证社会分工的合理性："使贵贱之等、长幼之差，知愚、能不能之分，皆使人载其事，而各得其宜。"（《荣辱》）从人之不齐的现实出发，既然人之所长各不相同，那么只有合理分工、各司其职，才能保证社会有序、各得其所、消除贫穷，从而充分肯定了社会分工是人类社会得以维系的重要原因。生而有欲、好逸恶劳、趋利避害是人的本性使然，假使"群无分"，"争""乱""离""弱""不能胜物"等一系列问题遂生；假使"业无分"，抢功、懈怠的情况亦无法避免。因此，"分"对群的治理具有关键作用。

第三个层面是人类社会中身居不同职位、具有不同身份之人所需承担的职责本分，以及人在社会分配中能够得到与其地位相称的份额。荀子从人本身出发解释在人群中分出高下的必要性："人伦并处，同求而异道，

同欲而异知，生也。……势同而知异，行私而无祸，纵欲而不穷，则民心
奋而不可说也。"（《富国》）欲生来有之而并无不同，人之所思所行却是
迥异。势位齐同而认知迥然者，既无法相互说服，也无从彼此管制，如此
势必造成他们对各自欲望的放纵，继而引发社会动乱。为此，必须明"同
异""贵贱""高下"之别，推贤者而尚之，援不肖者而废之，物质的分
配除了与"贵贱""长幼"相关，还和人"知愚""能不能"的品行能力
挂钩，可以说此"不均"在一定程度上破除了血缘家庭的划分，反而体现
了公正。

后两种"分"的含义由第一种"分"（"辨"）衍生而来，社会分工、
职业阶层以及相应的职分、权利、关系等内容都需要建立在"分别"的基
础之上。

至于"分"在群当中的具体落实，荀子认为要以"义"为准则："分
何以能行？曰：义。"（《王制》）何为"义"？《大略》释："义者，理
也。"作为"理"，"义"并不是具体某一项规范，而是一种普遍的道德原
则。如此，"分以义行"所面向的被赋予社会职能及人理伦常之"分"的
各主体，需要根据自己的社会或血缘定位循道义、尽本分，使得所承担的
职能和角色能够根据自身条件达到应然状态，即君者尽君道，臣者尽臣
道，父慈子孝，兄友弟恭，夫信妇贞；农人序五种，贾人通财货，工人便
备用。

既然人禀赋性恶，若不加以教养习修，就有走向混乱的趋势，那
"义"又如何为人所认知和遵守？心作为内在主体，具有认识事物的能力，
且唯有不断积累习能而后才能形成一种习惯。这意味着荀子主张人的认识
和学习能力的培养需要通过后天的努力。换言之，社会的秩序与社会治理
的达成还需要人自身的学习能力和道德理性。"君子之于小人，其性一
也。"（《性恶》）人之性相近，但成人的结果却大为不同，最终形成"君
子小人"的德性之分、"士农工商"的职业之分、"尧舜""涂之人"的身
份之分。荀子认为这完全是个人自我选择与"积"的结果："故圣人也者，
人之所积也。人积耨耕而为农夫，积斲削而为工匠，积反货而为商贾，积
礼义而为君子。"（《儒效》）道德和理性的通达与否，既是人与人区别的

体现，也是修身、学习、践行能否为个体意识所接受、贯通，并进一步转化为个体精神具体内容的差异。

（2）礼义治辨

人在行动中各司其职、恪守本分来落实"义"，抽象的"义"通过人的具体行为得以表达和实施，外在地表现为"礼"，《大略》说"制礼反本成末，然后礼也"，意在君子当以仁义为本，礼节为末，始于仁义而成于礼节，礼是义的发显，义是在对礼的遵循中实现的。不同身份和地位的个体依照"礼义"的要求自觉履职责、行正道，方能构建起运行平稳、协调统一的群秩序。

"礼起于何也？曰：人生而有欲，欲而不得，则不能无求。求而无度量分界，则不能不争；争则乱，乱则穷。先王恶其乱也，故制礼义以分之，以养人之欲，给人之求。使欲必不穷于物，物必不屈于欲。两者相持而长，是礼之所起也。"（《礼论》）缺少礼义规范的群，恰如霍布斯所讲的"自然状态"下的人们，人欲膨胀不得遏制，遂辞让不复、争端四起，群也就无法维系，故"尽伦""尽制"之圣王起礼义，通过礼义使人明辨，以节制人的欲求，明确人的职责，使欲望的表达符合一定的秩序，人人各安其位、各得其所，物质资源也就不会被耗尽，能够更为长久地满足群的整体需求、给养群的成员。

不过，荀子"綦于礼义""依道而行"的要求并不意味着对人欲的禁绝与否定，他承认"生之自然之资"的"性"乃是天赋所有，欲不可去也，乃性之具，亦是人生存的客观需求，是故圣王制礼义不仅仅是对欲进行调整和规范，也是保证欲能得到合理的满足："以养人之欲，给人以求。使欲必不穷乎物，物必不屈于欲。……礼者，养也。"（《礼论》）人的欲望会随着时间的推移不可避免地扩大，禁欲、寡欲事实上的可操作性不强，"欲虽不可尽，可以近尽也"（《正名》），礼之用就在于协调人欲与物质现实的关系，使物欲相持而长、群成员养生安乐。那么就整体而言，礼义对人之欲求的动态满足，对群的全局利益及内部的个体性利益都具有增进作用。

对礼的系统论述是荀子思想的特点之一。荀子以礼为核心建立起一套渗透各方面社会活动的完整体系，大到国家治理，小到个人行为，均有礼的规定。

从个人层面来说，礼是君子用以自修、正身、明道的内容，"礼者，所以正身也"（《修身》），亦是为人处世的衡量尺度，"君子审于礼，则不可欺以诈伪"（《礼论》），君子有所为而有所不为，其标准就在于其举止是否违礼。从群体层面来说，礼是规范与评价的标准，礼在社会活动中具有评价群成员的责任，进而可以成为赏罚奖惩的依据，如《王制》"无德不贵，无能不官，无功不赏，无罪不罚"，这里的"德""能""功""过"就是对具体行为依据礼的要求做出的判断，那么是否认为其品行可贵、能否授官、该当奖赏或惩处就是依据具体情况做出的处理。另外，礼也是具体的礼节仪式，且荀子指出完备的礼仪当"情义俱尽"，即通过外在的礼节仪式表达主体的内在感情，使人们"喜怒以当"，确保人的行为不会因难以抒发情感而失去控制，做出有违礼义和损害秩序的举动。

从治理层面而言，礼作为划分等级的依据，是与宗法血缘、政治制度、物资分配和财产收入、文化程度等方面相关的一整套制度，它将社会中的人以相对固定的标准划分为不同社会群体，形成等级制度，也就是"分"（"辨"）。以政治地位明"贵贱"之分，以血缘亲疏明"长幼"之分，以财产占有数量明"贫富轻重"之分，通过"分"（"辨"）使自然万物各自运行得宜、变而不乱。

此外，在群治理的过程当中，众多的力量中应有一个主体积极作为，能够凝聚各方共识、整合各方力量，发挥全局性的导向作用。依照荀子的观点，"善群"是君主独有的能力，亦即长于组织协调群的能力，包括社会供需范围的"生养"、行政治理领域的"班治"、人事分工的"显设"和伦理纲常范畴的"藩饰"四个层次要领。君主治下的群不但有良好的秩序，"万物""牲畜""群生"皆尽获其宜，以上四方兼备还可得"天下归之"，受到百姓的拥戴。君是群的治理者，但这并不代表君不受礼义法度的约束，君主作为群的一部分，须由"慎礼义、务忠信"的君子担任，以礼义修身，成为礼义的遵循者与执行者，"先王之道，仁之隆也，比中而行之。曷谓中？曰：礼义是也"（《儒效》）。荀子认为："人之生固小人，无师无法则唯利之见耳。……君子非得势以临之，则无由得开内焉，道德先觉的君子必须得到权势、教化于民，把礼节道义灌输于民，并以身示范，使民明德，人之性恶才不至影响到群的治理。礼义者，治之始也。"（《王制》）因此，礼也是治辨之要。

尽管《正名》篇中罕言"礼"，但荀子正名处处不违礼，事事可会"辨"，时时切于道。首先，圣王制名是为了"上以明贵贱，下以别同异"，意在划清相同与差异、高贵与低贱的界限，明辨等差，不可混淆。"辨莫大于分，分莫大于礼，礼莫大于圣王。"（《非相》）"辨"的最高要求为明亲疏、长幼、上下、尊卑、贵贱之分，从更广泛的角度来说，"辨"可与"分"关联，进而归宗于"礼"，因而"分"（"辨"）只是手段和方式，而非目的。荀子认同的社会秩序需要人遵守建立在亲疏贵贱之上的、由圣王起制的礼义规范，于是各安其分，显现出人与尚处自然状态的禽兽的根本差别。故而，名产生的目的与礼存在一致性。

其次，确立正名的方式就是礼的教化作用的发挥过程。圣王、士君子作为正名的推行者，同时也是礼义的践行者。他们借助言辩谈说向人们传达王道礼义的要旨，关于礼义与正名的学说在人们的头脑心智中建构起一个王道秩序实现了的世界。通过言语的调节整合，具有智识能力的"心"认识到奸言邪说的谬误之处与礼义法度的合理之处，进而认可道、与道相合。心得正，礼义的教化作用得到了实现，正名也就获得了确立。

最后，正名的确立是礼义王道实现的前提。名定后，现实世界的各种现象可得以辨别，思想上的混乱可以解决，社会交流得以顺畅，民众务于礼义而无异议，谨于政令而无二心，礼义能够在社会治理中得到运用，"隆礼义者，其国治；简礼贱义者，其国乱"（《议兵》）。以礼治国，秩序才能达成，社会才能兴盛；不以礼治国，失序的情况就会发生，社会就会动乱。因此，正名在思想上为礼义治辨、社会秩序之功成扫清了障碍。

（3）"群居和一"的达成

"分"（"辨"），即地位、职能和责任的划分只是方法，整体性的"群居和一"才是目的。"故义以分则和，和则一，一则多力，多力则强，强则胜物，故宫室可得而居也。"（《王制》）以"义"进行"分"指向的是群之"和"，旨在役使外物、服务于人本身的需求。从这个意义上来说，儒学所重视的"明辨""为仁""守礼""尽分"的路径与"群居和一"的公共秩序是紧密关联的。"成人成君子"的个体目标并非私人空间内的自我达成，而是个人在群这一共同体当中以事件为契机与群互动而实现了个人的社会性、个人与共同体的共存。能"分"之群表明群成员的行为不是以一己私欲为出发点，而是把公共利益作为共同目标。"分"（"辨"）需在"群"的视野下进行，在"群居和一"状态下，群成员根据自己的职位和等级对公利各得其宜，促使私欲与物质现实达到平衡和洽，进而维护群的整体发展和个体的利益分配。

总而言之，"群居和一"绝非简单松散的群之主体或阶层的联合，而是建基于公共价值追求之上的、通过"礼义"成就良好共同体秩序的社会关系，正名所畅想的人人"壹于道法而谨于循令"、上下有序的理想得以在"群居和一"中实现。"明分使群"论述的是一种群体整合的优位性与前瞻性，以人与人群本身的生存特点和合作特性架构起社会各部分和个人按自身逻辑合理活动的可能性和连续性。

三　君、臣、民关系

荀子对群己的认识，主要从社会国家的范围内立论，因此更加重视君、臣、民的价值、责任及其关系的调节。荀子将君王作为群体的特征，他说："君者何也？曰：能群也。能群也者何也？曰善生养人者也，善班治人者也，善显设人者也，善藩饰人者也。善生养人者人亲之，善班治人者人安之，善显设人者人乐之，善藩饰人者人荣之。四统者俱，而天归之。夫是之谓能群。"（《君道》）能群、善群是对君王提出的要求，即只有作为群体的代表、象征，君才是有价值的。这同孟子关于君行无道即"一夫"的思想是一致的。

君既然作为群体的代表，就对群体及其中的个体成员承担着一系列责任。荀子讲："君者，治辨之主也，文理之原也，情貌之尽也。"（《礼论》）"君子者，治之原也。官人守数，君子养原。原清则流清，原浊则流浊。故上好礼义，尚贤使能，无贪利之心，则下亦将綦辞让，致忠信，而谨于臣子矣。""君者，仪也，仪正而景正；君者，槃木也，槃木园而水园；君者，盂也，盂方而水方。"（《君道》）"圣王在上，分义行乎下，则士大夫无流淫之行，百吏官人无怠慢之事，众庶百姓无奸怪之俗，无盗贼之罪，莫敢犯上之大禁。"（《君子》）君的主要责任是修身，故"闻修身，未尝闻为国也"（《君道》），但要达到"王者之事毕"的目标还必须做到"刑政平""礼义备"。荀子说："刑政平而百姓归之，礼义备而君子归之。故礼及身而行修，义及国而政明，能以礼挟而贵名白，天下愿，令行禁止，王者之事毕矣。"（《致士》）

荀子强调君的责任是为了隆君，他说："《诗》曰：'恺悌君子，民之父母。'彼君子者，固有为民父母之说焉。父能生之，不能养之；母能食之，不能教诲之；君者，已能食之矣，又善教诲之者也。"（《礼论》）故"相率而致隆之，不亦可乎"（《礼论》），并且荀子把"隆君"作为礼之"三本之一"的"治之本"，他说："礼有三本：天地者，生之本也；先祖者，类之本也；君师者，治之本也。无天地，恶生？无先祖，恶出？无君师，恶治？三者偏亡，焉无安人。故礼，上事天，下事地，尊先祖，而隆君师。是礼之三本也。"（《礼论》）治人、治世必以"隆君"为本。

至于如何"隆君"，就是要树其"道德之威"，荀子进而又把权威分为三类。"威有三：有道德之威者，有暴察之威者，有狂妄之威者，此三威者，不可不孰察也。礼乐则修，分义则明，举错则时，爱利则形。如是，百姓贵之如帝，高之如天，亲之如父母，畏之如神明。故赏不用而民劝，罚不用而威行，夫是之谓道德之威。"（《强国》）不过，君王"道德之威"的基础仍在于君的"修身"。荀子指出君之修身的目的，在于使君王真正成为群体的代表和象征。因此，隆君也即隆群而非隆君之个人。当君王作为个体通过自我的修身造就丰满的道德人格而获得"道德之威"时，君王的自我就在群体中获得实现，其人格价值也就真正发挥了利群、利民的作用。从这个意义上看，荀子的隆君说是具有群己互益的价值的。

先秦儒学历来重视民的价值，荀子继承孔孟，同样强调了民为君之本。其中《王制》讲道："庶人安政，然后君子安位。传曰：'君者，舟也，庶人者，水也；水则载舟，水则覆舟。'此之谓也。"以及："用强者：

人之城守，人之出战，而我以力胜之也，则伤人之民必甚矣；伤人之民甚，则人之民必恶我甚矣；人之民恶我甚，则日欲与我斗。人之城守，人之出战，而我以力胜之，则伤吾民必甚矣；伤吾民甚，则吾民之恶我必甚矣；吾民之恶我甚，则日不欲为我斗。人之民日欲与我斗，吾民日不欲为我斗，是强者之所以反弱也。地来而民去，累多而功少，虽守者益，所以守者损，是以大者之所以反削也。"民去而所以守者损，是战争中以力胜人之恶果，虽"胜"犹败。在战争的策略上，荀子也以"附民"为要。民有如此重要的价值，因而应富之、教之。他提出："不富无以养民情，不教无以理民性。故家五亩宅，百亩田，务其业，而勿夺其时，所以富之也。立大学，设庠序，修六礼，明七教，所以道之也。《诗》曰：'饮之食之，教之诲之。王事具矣。'"（《大略》）另外，荀子还说明了乐教化民的重要："乐者圣人之所乐也，而可以善民心，其感人深，其移风易俗。""乐行而志清，礼修而行成。耳目聪明，血气平和，移风易俗，天下皆宁，美善相乐。"（《大略》）

荀子重视民的价值，以民为本，因为民的去留决定邦国的存亡、弱强，表明他仍是以群体利益为首位的。由此，他也提出了民为目的君为用的主张："天之生民，非为君也；天立之君，以为民也。故古者列地建国，非以贵诸侯而已，列官职，差爵禄，非以尊大夫而已。"（《大略》）另外，荀子认为臣是君与民的中介，而且臣的处境决定了他们人格的复杂性。荀子强调臣对君必须忠顺，而这种忠顺又必须以道义为基础，他认为"臣道"应当："从命而利君，谓之顺；从命而不利君，而谓谄；逆命而利君，谓之忠；逆命而不利君，谓之篡。"（《臣道》）忠顺不以从君命为标准，而以"利君"为目的，（其实质在于利群）能利群者，唯礼义而已，所谓："从道不从君。"（《臣道》）"从道不从君"的忠顺在事君上具体表现为"谏""争""辅""拂"。荀子说："君有过谋过事，将危国家陨社稷之惧也，大臣父兄有能进言于君，用则可，不用则去，谓之谏；有能进言于君，用则可，不用则死，谓之争；有能比知同力，率群臣百吏为，而相与强君挢君，君虽不安，不能不听，遂以解国之大患，除国之大害，成于尊君安国，谓之辅；有能抗君之命，窃君之重，反君之事，以安国家之

危，除君之辱，功伐足以成国之大利，谓之拂。故谏诤辅拂之人，社稷之臣
也，国君之宝也，明君所尊厚也。"（《臣道》）"谏""争""辅""拂"是
以国家社稷这一群体利益为行事准则，是"从道不从君"的忠顺之行。

　　此外，荀子还讨论了臣对君的三种"忠"和对不同君的不同态度。他
说："有大忠者，有次忠者，有下忠者……以德复君而化之，大忠也；以
德调君而补之，次忠也；以是谏非而怒之，下忠也。"（《臣道》）又说：
"事圣君，有听从，无谏争；事中君者，有谏争，无谄谀；事暴君者，有
补削，无挢拂。"（《臣道》）针对不同的君采取不同的忠顺方法也是以国
家群体利益为目的。总之，荀子主张臣道忠顺，是以臣帮助君维护群的角
色为基点，在臣的"谏""争""辅""拂"中，在臣灵活采取适当的忠顺
方式中，彰显出臣对于君的相对独立精神和人格价值。这也是对孔子以来
为臣之道德的继承和完善。

四　群内公平

　　荀子认为要实现群体的安定有序和人际关系的和谐，公平是一个重要
条件，公平正义的实现则要依靠君子、圣人。"公平"有两层意思，其一
是报酬方面的公平。荀子曾说道："水至平，端不倾，心术如此象圣人。人
而有势，直而用抴必参天。世无王，穷贤良，暴人刍豢，仁人糟糠……"
（《成相》）公平正直是圣人之象，可以成就王者之治，若失去公正，则会
出现仁人贤士穷困潦倒，而暴虐之徒则脑满肠肥的情况。这正是失去王道
的表现，是分配、报酬不公带来的问题。其二，德必称位的公平。荀子
说："治古不然。凡爵列、官职、赏庆、刑罚，皆报也，以类相从者也。
一物失称，乱之端也。夫德不称位，能不称官，赏不当功，罚不当罪，不
祥莫大焉。"（《正论》）又说："故刑当罪则威，不当罪则侮；爵当贤则
贵，不当贤则贱。"（《君子》）

　　要实现群内的公平需要依赖君子、圣人，而衡量公平的标准则是"礼
义"。荀子认为："故公平者，职之衡也；中和者，听之绳也。其有法者以
法行，无法者以类举，听之尽也。偏党而不经，听之辟也。故有良法而乱
者，有之矣，有君子而乱者，自古及今，未尝闻也。传曰：'治生乎君子，

乱生乎小人。'此之谓也。"（《王制》）故"有治人，无治法"，"法不能独立，类不能自行。得其人则存，失其人则亡。法者治之端也；君子者当之源也。故有君子，则法虽省，足以遍矣；无君子，则法虽具，失先后之施，不能应事之变，足以乱矣"（《君道》）。君子之治并不等于人治；人治中尚有小人之治，是儒家所深恶痛绝的。君子要进行"德治"所依据的准则是礼义，"先王之道，仁之隆也，此中而行之。曷谓中？曰：礼义是也。……有所正矣。……若夫谪德而定次，量能而授官，使贤不肖皆得其位，能不能皆得其官，万物得其宜，事变得其应。……言必当理，事必当务"（《儒效》）。既然公平是以礼义为准则，那么它就不是一种平均，而是指群内各个体以礼义所序定的等级位次为基础去各安其位、各行其宜。"分均则不偏，势齐则不壹，众齐则不使。有天有地，而上下有差；明王始立，而处国有制。夫两贵之不能相事，两贱之不能相使，是天数也。"（《王制》）因此，荀子理解的公平的实际内涵，其实是维持人伦群体安定有序的礼义，其调节的价值指向是人伦群体。

荀子从人的群体存在这一客观事实出发，辨析了人何以能群在于"爱其类"的天性质朴和能定分义的根据，这一根据正是"礼义"，礼义既可以维持群的安定有序，也是个体"化性起伪"的准则。但是，荀子隆礼贵义若推向极致，容易导致以群体为上而轻个人。与孔孟相比，其对独立人格的重视趋于渐弱，其群体至上的意识则趋于强烈。这一倾向为汉宋以后儒家思想中可能蕴含着扼杀个性、崇尚君权的群己关系走向提供了思想前提，以至于清末谭嗣同批判宋明理学之实质为荀学。[①]

第三节　《礼记》中的"大同"与"小康"

《礼记》是秦汉以前儒家各种礼学文献的选集，也是一部有关儒家思想的资料汇编，共有 49 篇。《礼记》各篇本来大多是解释"礼经"，即《仪礼》的"记"，或解经所未明，或补经所未备，附属于《仪礼》的参

---

① 谭嗣同：《仁学》，华夏出版社，2002。

考资料性质的东西，是《仪礼》的"附庸"。[①] 在《礼记》中，涉及群己关系的内容，主要是在《礼运》《大学》《中庸》中。《礼运》篇的重要性在于提出了对传统社会政治思想影响重大而深远的"大同"理想，并对以礼义为基础的"小康"社会进行了全面、系统的阐述。

一　天下为公

《礼运》篇以子游问、孔子答的形式提出了中国历史上著名的"大同"社会理想，并进而说明礼制是"大道之隐"之后"小康"社会的产物。然后着重叙述礼的起源、发展、演变，以至于完善的过程，并探讨了圣王制礼的根据、原则，礼与仁、义、乐等的关系，以及礼制的运行规律，强调了运用礼来治理人情、社会的重要意义，进而描述了通过运用礼制以达到天下"大同"。

在《礼运》篇中记述了孔子的感叹："大道之行也，与三代之英，丘未之逮也，而有志焉。"他感叹自己出生未遇其时，没有赶上大道能够施行的那个时代，也没有见到三代的英明之君王，因此，他向往那个"天下为公"的大道。"三代"指的是夏、商、周，"三代之英"指禹、汤、文、武、成王、周公。"大道之行"的主导者是谁，是在何时，《礼运》的作者并没有给出回答。[②] 不过，孔子给出了理想社会的描述：

> 大道之行也，天下为公，选贤与能，讲信修睦。故人不独亲其亲，不独子其子，使老有所终，壮有所用，幼有所长，矜寡孤独废疾者皆有所养。货恶其弃于地，不必藏于己。力恶其不出于身，不必为

---

① 程奇立：《"三〈礼〉"真精神》，广东高等教育出版社，2019，第229页。
② 对于这个问题，学界有一些争论。有观点认为，作者之所以不说，是由于其中存在着对大同与小康的肯定与否定的矛盾问题：三代之前是三皇和五帝时期，如果明确说大道之行在三皇时期，则颂扬大道那就是隐含着对皇权的否定。如果说大道之行在五帝时期，那就是肯定了王权却伤害了大道，因而《礼运》篇既不说三皇也不说五帝。郑玄注《礼记》，则肯定"大道谓五帝时"，于是就会产生"兵不当起于大同之世"的矛盾。于是，到底大道之行的时代究竟是三皇还是五帝时期，另一种观点就明确认为是三皇时代，因为只有三皇时期的原始共产社会才有可能相当于《礼运》所描绘的大同世界。（程奇立：《"三〈礼〉"真精神》，广东高等教育出版社，2019，第263页）

人。是以奸谋闭而不兴，盗窃乱贼不作。故外户而不闭，是谓大同。

"大道之行也，天下为公"，道之得以实现的人类社会，就是一个天下为公的社会。这样的社会能够选贤任能，让有贤德和才能的人有所施展其德能，为社会与天下服务，整个社会的风气良好，人与人之间能讲信用、和睦相处，能够不只是爱自己的家人子女还能关爱他人，不同年龄不同层次的人都能得到很好照顾，不用担心生存问题。人人都不为己，且冲破家庭界线，大家都能为"公"、为他。人们之间讲究信义，和睦相处，不为私利而影响他人。在这个天下为公的时代，人们不论男女老幼，都能获得美好生活所需的全部资源，人与人之间没有利益争夺，进而再也没有盗贼祸乱，能真正幸福地生活。

在这样的儒家理想社会中，群体的"大同"和个体的为"公"是其中群己关系的主要内涵。"大同"是社会理想，体现着群体价值；而其基础建立在个体普遍的无私为公上（"天下为公"），即把"大同"理想的实现寄托于人人为公。人人为公，发挥德性，实现"大同"，那么每个个体也就都能适当地实现自我的价值，这也同样体现出了群己互益的特征。

二 礼义纪群

如果说"大同"描绘的是理想社会及其群己关系的表达，那么对于现实社会，怎样才是最好的，其中的群己关系又是怎样的？《礼运》接着给出了这样的描述：

> 今大道既隐，天下为家。各亲其亲，各子其子，货力为己。大人世及以为常，城郭沟池以为固，礼义以为纪；以正君臣，以笃父子，以睦兄弟，以和夫妇，以设制度，以立田里，以贤勇知，以功为己。故谋用是作，而兵由此起。禹、汤、文、武、成王、周公，由此其选也。此六君子者，未有不谨于礼者也。以著其义，以考其信，著有过，刑仁讲让，示民有常。如有不由此者，在执者去，众以为殃。是谓小康。

　　与大同社会相对的小康社会，"天下为公"的大道消失了，演化成以"天下为家"。在"天下为家"的原则下，一切社会现象都与大同世界有所不同了。人们各亲其亲，各子其子，货为己藏，力为己出，人人为公的社会道德不见了，各尽其力的劳动态度没有了。所有这些改变，都来自权力私有的出现，"大人世及以为礼"。所谓的"大人世及"就是指君主世袭制度。为了维持"家天下"的私有制，人们便需要制定出礼义的行为规范和思想观念来维持群体的和谐与社会共同体的稳定，即所谓"礼义以为纪"。正是由于世袭权力的存在，为了维持社会阶层结构的稳定，"礼义"发挥着无可替代的重要作用，这就是纲纪社会与规范思想意识形态。其具体表现："正君臣""笃父子""睦兄弟""和夫妇""设制度""立田里""贤勇知"，所有这些根据和标准都要按照礼义来进行。①

　　"小康"中的个体以"为家""为己"为特征，人人"各亲其亲""各子其子"。那么，天下国家之群体如何维系？即以君臣、父子、兄弟、夫妇人伦为网络联结起每个人，再以"礼义"纪之。群体利益的实现需要通过礼义规定各个体的人伦角色，然后通过"刑仁讲让"来维护。因为小康社会的个体普遍不能自发"为公"，从而需要礼义来规定他们对群体所担负的必要责任，于是礼义就成为社会群体和个人不可或缺的原则。"礼义者，人之大端也，所以讲信修睦，而固人之肌肤之会，筋骸之束也。所以养生，送死，事鬼神之大端也。所以达天道，顺人情之大窦也。"礼之于人，有如集合肌肤筋骸使成人之身体的"会""束""失之者死，得之者生"。"故坏国、丧家、亡人，必先去其礼。"（《礼运》）

　　礼对于国、家、个人链条中任何一个环节的生死存亡都具有决定性的作用。礼义的价值具体实现是在"治人情"之上。正因为"小康"之世的个体以"为家"取代了"为公"，"故肥人、肥家、肥国、肥天下"："四体既正，肤革充盈，人之肥也；父子笃，兄弟睦，夫妇和，家之肥也；大臣法，小臣廉，官职相序，君臣相正。国之肥也；天子以德为本，以乐为御，诸侯以礼相与，大夫以法相序，士以信相考，百姓以睦相守，天下之

_____

① 《礼运》中的小康与大同相形见绌，但秦汉以后的儒者多尊小康而不言大同，以三代为法，尊禹汤文武周公，于是大同的历史和理想被模糊虚化了。

肥也"。(《礼运》)

礼义也是圣王修订来补救"大道既隐天下为家"所生弊端的。礼义治人情、救弊端是靠群中个体各安其位来实现的。就个体所扮演的人伦角色："君臣也，父子也，夫妇也，昆弟也，朋友之交也。五者，天下之达道也。"各种角色应"知其所止"，即"为人君，止于仁；为人臣，止于敬；为人子，止于孝；为人父，止于慈；与国人交，止于信"（《大学》）。君臣、父子各按自己的人伦角色居守于仁敬、慈孝，也就是以礼义治人情。就个体所处社会位置和境况，是要人素其位而自得，"君子素其位而行，不愿乎其外。素当贵、行乎富贵；素贫贱，行乎贫贱；素夷狄，行乎夷狄；素患难，行乎患难。君子无入而不自得焉。在上位，不陵下；在卜位，不援上；正己而不求于人，则无怨。上不怨天，下不尤人"（《中庸》）。即要每个个体，无论处于何种环境、何种等级层次，都应该一如既往，安于本分，不陵下援上，不怨天尤人，这样的正己自得状态就不会在群中滋生离散之怨恨，在自我中生出不平之怨愤。

三　《大学》《中庸》的个人修身

个人修身是先秦儒家群己观中的一个重要基础，同样在《大学》《中庸》中也传达了以个人修身为起点的群己关系。《大学》说："古之欲明明德于天下者，先治其国；欲治其国者，先齐其家；欲齐其家者，先修其身。""身修而后家齐，家齐而后国治，国治而后天下平。自天子以至于庶人，壹是以修身为本。"《中庸》也说："凡为天下国家有九经，曰修身也，尊贤也，亲亲也，敬大臣也，体群臣也，子庶民也，来百工也，柔远人也，怀诸侯也。"二程解释说："九经之用，皆本于德怀，无一物不在所抚，而刑有不与焉。修身，九经之本。"（《二程集·经说八》）治国平天下以修身为本，这样，个体修身就不仅具有培养自我高尚品德、熔铸自我人格的价值，而且是群体稳定发展、健康向上的根本所在，也是形成个体修身本位的群己互益的逻辑过程。这一逻辑继续体现在《大学》《中庸》设定的修身内容中，即如何修身，修身需要注重哪些方面的内容。

第一，个体修身需要行亲亲尊贤的仁义之道。"修身以道，修道以仁。

仁者，人也，亲亲为大。义者，宜也，尊贤为大。"（《中庸》）"亲亲为大"，自然重视孝悌之德，孝悌是齐家的基本道德。因为孝悌之德所具有安定群体的价值是通过家的环节开始的，再到国与天下，所以孝悌具有的修身价值也首先体现在家的范围之内。《大学》说："所谓治国必先齐其家者，其家不可教，而能教人者，无之。故君子不出家，而成教于国。孝者，所以事君也；弟者，所以事长也；慈者，所以使从也。""一家仁，一国兴仁；一家让，一国兴让；一人贪戾，一国作乱。其机如此。""故圣人拟天下为一家，以中国为一人……"（《礼运》）重视家及其人伦对个体修身的关键作用，正是先秦儒家的共同特征。家之所以重要，就在于家本身是个体与国家社会联系的枢要。家庭伦理的孝悌诸德又是个体在国家社会中安身立命的基本条件。《孝经》讲，"夫孝，始于事亲，中于事君，终于立身"，可谓明确表达了这一逻辑。

第二，个体修身需要达到中庸或中和之德。《中庸》说："故君子尊德性而道问学，致广大而尽精微，极高明而道中庸。"中庸是君子道德之至者，是君子与小人的分水岭，中庸或中和之德具有润理万事万物的功能，圣人君子用之既可使社会群体安定有序，人际关系协调和谐，又可使个体自我成就其独立人格，实现其自我的人格价值。《中庸》说："中也者，天下之大本也；和也者，天下之达道也。致中和，天地位焉，万物育焉。"又说："舜好问而好察迩言，隐恶扬善，执其两端，用其中于民。其斯以为舜乎！""中"使群内和谐，但"和"又不是乡愿式地堕于流俗，从而"中"在个体上又表现出强烈的独立人格的价值。"故君子和而不流，强哉矫！中立而不倚，强哉矫！国有道，不变塞焉，强哉矫！国无道，至死不变，强哉矫！"因此，"致中和"而又"和而不流"的中庸之德的修养在群己关系调节中益显其价值。

第三，个体修身需遵循"诚明"之性。行仁义之道和修中庸之德的主体根据在于"诚"。《中庸》说："诚者，天之道也；诚之者，人之道也。诚者，不勉而中，不思而得，从容中道，圣人也。诚之者，择善而固执之者也。""自诚明，谓之性。自明诚，谓之教。诚则明矣，明则诚矣。"天道"诚明"，人道"明诚"。个体修身明诚便可达到诚明境界，天道与人道合一。"诚"的价值也是绝对的,"唯天下至诚,为能经纶天下之大经,立天下之大本,知天地之化育""唯天下至诚,为能尽其性。能尽其性,则可以赞天地之化育。可以赞天地之化育,则可以与天地参矣"(《中庸》)。"诚"既是"立天下之大本""经纶天下之大经",又"能尽人之性",使人"与天地参"。无论对社会群体,还是对个体自我都具有至关重要的价值。据《中庸》所述,"诚"的内涵实际上主要是仁义之德,"诚者,非自成己而已也,所以成物也。成己,仁也;成物,知也。性之德也,合外内之道也。故时措之宜也"(《中庸》)。"成己""成物""时措之宜"是仁义之德的表现,由"己""诚于中""形于外",推于物的途径就是"絜矩之道"。《大学》也说:"上老老,而民兴孝;上长长,而民兴弟;上恤孤,而民不倍。是以君子有絜矩之道也。所恶于上,毋以使下;所恶于下,毋以事上;所恶于前,毋以使后;所恶于后,毋以从前;所恶于右,毋以交于左;所恶于左,毋以交于右。此之谓絜矩之道。"这种以仁义之德为底蕴,由我及人、推己及人以及融和上下、前后、左右、人、物的道德修养,自然会造就一个合于一定之规的稳定群体。这种立于个体自我的"明诚"而"形于外"成于物的道德实践,显示了儒家道德自我本位的特征。

可以看到,从孔子以仁涵摄群己开始,再到后来的孟荀、《礼记》,儒家的群己观念都具有鲜明的群己互益特征。就某一个思想家或某一具体问题而言,或许对于群、己的各自价值有所侧重,但强调群与己、个人与共同体之间相互增益或一损俱败的思想路线是一贯的。这与汉唐之后乃至宋明儒学对群体重视和放大的整体主义有着明显的不同。

第八章　从康有为到梁漱溟：早期儒家群己观念的近代转化

　　早期儒家群己观念经由孔子发端、孟荀承续之后，逐渐在儒学内部以对"义利""公私"问题的讨论来展现。秦汉以后到宋明时期，群己、义利、公私问题更与心性、天道及其关系的讨论相融合。明末清初，在对宋明理学的反省思潮中，群己观念又在"义利""公私"问题的展现形式上融入反思君主专制与回归人性的主题。到了近代，群己观念特别是"群"观念和群己关系重新回到思想的舞台中心。晚清到近代，中国社会结构与生存状态的变化深刻改变着人们对群、己概念及二者关系的认识，其中以康有为、梁启超、谭嗣同、梁漱溟等为代表，对群己观念和群己关系提出了新的认识与阐释，一方面他们对早期儒学所奠定的群己观念有所继承，比如，梁启超在其《先秦政治思想史》中高度评价荀子"群"的思想"最为精审"，更在《中国法理学发达史论》中称赞荀子是"社会学之巨擘"，荀学的群学内容与"欧西学者之分类正同"等。另一方面，他们也在西方思潮的影响下有所创新发展，其中最显著的就是对个体性观念有所认识而发展出权利意识，对群观念的重塑而发展现代国家意识，这些内容明显不同于早期儒家的群己观念。由此，在传统群己关系的理解之外，近代群己观念针对人与群体的结构性变化提出了丰富的讨论，比如康有为对"群""独"的观点、谭嗣同的"群学"、梁启超关于"群术"与"独术"的讨论，以及梁漱溟伦理本位的社会理论及其实践。同时，近代的思想家们力图通过发现和重塑古典群己观念的社会政治内涵以与西方社会政治理念相沟通，建构起对社会与国家的现代性认知。

第一节 康有为"大同"思想中的群己观念

康有为在时代的洪流中，以托古改制的方法，提出了近代中国的民权和平等思想，其弟子梁启超评价他说："以改制言《春秋》，以'三世'言《春秋》者自南海也。改制之义立，则以为《春秋》者，绌君威而申人权，夷贵族而尚平等，去内竞而归统一，革习惯而尊法治，此南海之言也。"（《论中国学术思想变迁之大势》）康有为将公羊"三世说"结合社会进化的历史观，描绘出人类社会发展的三个阶段：据乱世、升平世、太平世。在这三个阶段中，"群"与"独"结合，演变而形成三个阶段不同的社会状态和群己关系。在他关于"大同"理想社会的专门说明中，则呈现了他的群观念的核心以及他在吸收西方思想基础上对群己关系的世界主义设计。

一 "群"与"独"

首先，康有为试图以天道证明人以群体的方式生活是一个客观的社会存在。他说："人为有知之物，则必恶独而欲群；人为有欲之物，则必好偶尔相合。道有阴阳，兽有牡牝，鸟有雌雄，即花木亦有焉。人有男女之质，乃天之生是使然。人道者因天道而行之者也，有以发挥舒畅其质则乐，窒塞闭抑其欲则郁。"① 天道之阴阳分而统一，人道之男女别而相合，人类的群体存在形式就是人道承天道的必然结果。人的群体生活方式是人道的合理结果，康有为又从人道之趋乐避苦方面分析："夫喜群而恶独，相扶而相植者，人情之所乐也。故有父子、夫妇、兄弟之相亲，相爱，相收，相恤者，不以利害患难而变易者，人之所乐也。"又说："结党而争胜，从强而自保者，人情之所不能免也。故有部落、国种之分，有君臣、政治之法，能以保全人家室财产之乐也。"② 家庭、部落、国家都因保全财产之乐和相亲、相爱、相收、相恤之乐而生，是人道的合理产物。

---

① 康有为：《大同书》，周振甫、方渊校点，中华书局，2012，第27页。
② 康有为：《大同书》，第5页。

其次，对于"群"和"独"，康有为认为二者均有其重要性。他提出：

> 人生群中，事事须服从，亦事事须自立。不自立，则不能成一器用；不合群，则不能成一群业。此如车之有双轮，屋之有两墙，并行而立而相成者也。①

> 人各受天之才智聪明，宜各独立以上承天，若不能自立而随人，则所执下。人不能不与人交接和会，故宜合群，以大同人，若不能得众而失人，则其势孤。但自立而不犯人，则无所争；合群而不偏比，则无所党。②

"群"与"独"，所表明的是合群与独立的意思。二者犹如车的两轮不可或缺，又相互成就。自立而独立，自然能够不"随人"而"合群"，这是最为理想的群己关系。同时，康有为关于"群"与"独"的理解也反映在他对具体制度和政治理念的认识上，并且以个人、国家与天下秩序的三个面向予以思考。其中，"独"的观念融入了近代的权利意识，而不同于传统的"己"，并形成了对民权的认识。

虽然"群""独"需要相互配合才能发挥最好的作用，但在康有为后期，"合群"成为他强调的核心观点。他认为，人类之所以能够强大，正是在于合群。他提出：

> 荀子言物不能群，惟人能群。象、马、牛、驼不能群，故人得制焉。如使能群，则至微之蝗，群飞蔽天，天下畏焉，况莫大之象、马而能群乎？故一人独学，不如群人共学；群人共学，不如合什百亿兆人共学。学则强，群则强，累万亿兆皆智人，则强莫与京。③

合群使得人类群体能够超越其他的物种，因为个人的力量微不足道，只有

---

① 康有为：《康有为全集》第八集，中国人民大学出版社，2007，第70页。
② 康有为：《康有为全集》第六集，第506页。
③ 康有为：《康有为全集》第二集，第97页。

当无数的个人组成为群时才能做到个人做不到的事，合群是人类发展的动力。这与荀子对群的认识是一致的。那么，如何使得人人能够合群呢？康有为指出，近代中国落后的原因在于"不学"："吾中国地合欧洲，民众倍之，可谓庞大魁巨矣，而吞割于日本，盖散而不群、愚而不学之过也。"[①]近代中国不能强大起来正是由于"不群"和"不学"。这里的"不群"即没有共同的凝聚力和一致求发展之动力。更好的"合群"需要以"学"的方式来让人们发挥各自的能力以推动群体的发展。

此外，康有为更偏重对"群"的强调，还在于他认为群体的生存发展应该是首要的，"独"所要求的民权观念会导致追求个人自由权利的无限制，从而造成对群体发展、国家富强的损害。总体上，康有为对个人与国家关系的认识在传统群己观念之上发生了改变，出于追求富强的迫切需要，他更希望通过"合群"来促进国家富强，从而倾向于对"群"的极度重视，作为具有个人权利的"独"则让位于国家权利的追求。康有为并不把合群看成单个人的简单集合，他针对当时国家所面临的危机，认为需要通过学习先进的经验和技术，调整社会共同体的合理结构，达成观念上的认同才能改善国家孱弱的状况。康有为的"合群"，本质上是要超越传统群己关系的藩篱而达成个人与共同体的统一，即个人之完成与共同体发展的合一。这在其后来的"大同"理念中得到了充分体现。

二　人道与仁义

人道是什么？群体依靠什么力量来维系？康有为给出的答案是："人之道曰仁与义。"（《长兴学记》）"仁"即"爱人"，是人皆具有的"不忍之心"。他说："不忍人之心，仁也，电也，以太也，人人皆有之，故谓人性皆善。"（《孟子微》）"不忍人之心"即是"爱质"。"爱质"是人之所以合群的内在根本的力量。从"爱质"的提出可以看到，康有为受儒家仁学传统的影响，接受儒家的仁爱思想，也是奠基于仁之上的儒家群己关系的反映。康有为又进一步解释："人道所以合群，所以能太平者，以其本有爱质而扩充之，因以裁成天道，辅相天宜，而止于至善，极于大同，乃

---

① 康有为：《康有为全集》第二集，第 97 页。

能大众得其乐利。"（《大同书》）这种"爱质"对于个体自我之身犹如地之气，身之脉，不可断绝，"然则人绝其不忍之爱质乎，人道将灭绝矣。灭绝者，断其文明而还于野蛮，断其野蛮而还于禽兽之本质也夫"！（《大同书》）康有为把合群的根本力量归之为"吾身"就表示对个体存在的社会价值的肯定，然后他又说明这种仁爱力量是如何实现群体的太平气象。在他看来，这种仁爱力量的发挥是有一定次序的，即由父子、夫妇之间开始而再推广开，"父子，天性也，立爱之道自父子始，故教之孝，奖之以慈。而孝慈之至则爱恋愈深"，"若夫夫妇之道，异体合欢，以爱为宗旨，以恋为实行，此天地所同也"。（《大同书》）父子之爱与夫妇之爱都是立爱之始，但父子之爱更重要，"故夫妇父子之道，人类所以传种之至道也，父子之爱，人类所由繁荣之极理也，父子之私，人体所以长成之妙义也。不爱不私则人类绝，极爱极私则人类昌，故普大地而有人物，皆由父子之道，至矣，极矣，父子之道蔑以加矣"。（《大同书》）那么，人类为什么不以母子之道为至极而单尊父子之道呢？康有为解释说："夫父子之道虽本天生，而人道之始不以母子传姓而以父子传宗者。实以男子之强易于养生故也。故子非父无以长成，父非子无以养老，交相需而为用，虽不言施报而实为施报之至也。且分形之子，传体之人，天性之亲，爱不可解，唯其爱不可解于心，然后可长相论也。"（《大同书》）血缘传种虽是父子之道为至道的天然原因，但养育长成却是其社会原因。这样，康有为的人伦之爱就突破了血缘关系的界域，而达到"交相需而为用"的利益论界域，个体生存、成长的利益需要决定了父子相亲、相爱甚于母子。因此，父子之爱就成为康有为的人道之始和人道之要。

三　人道与家庭

家庭是群己关系中的一个重要连接，康有为对家庭的关系十分重视。他认为家庭是父子之爱实现的必要条件，家庭之爱又是父子之爱的必然延伸。家庭是父子、夫妇、兄弟诸人伦主体的组合，是群体分层中最基本的形式，家庭之爱体现了群己关系调节的最基本内容。康有为说："夫家者，合夫妇、父子而名者也。大地之上，虽无国无身未有无家者也。不独其为天合不可解也，人道之身体赖以生育抚养，赖以长成，患难赖以相保，贫乏赖以存救，疾病赖以扶持，死丧赖以葬送，魂魄赖以安妥，故自养生、送死，舍夫妇父子无依也。"（《大同书》）家庭因为能够满足个体之间的需要而成为"人类相保之良法"。传统的五伦中有三伦在家庭，康有为认为"立家法""定三伦"是人类益乐之术。他说："圣人者，因人情之所乐，顺人事之自然，乃为家法以纲纪之，曰'父慈、子孝、兄友、弟敬、夫义、妇顺'。此亦人道之至顺，人情之至顺矣。"（《大同书》）康有为通过采撷三伦，以孝慈、友敬、义顺并举，一反理学伦理关系中对主体义务的单向性强调，凸显父子、兄弟、夫妇之间道德义务的相互性，在一定意义上体现了道德平等精神。

康有为重视家庭的伦理价值，并且以中国传统家庭之制为自豪。他说："凡大地各国，无论文明野蛮，皆有夫妇、父子、兄弟之伦，然或仅知有父子、兄弟，或仅知祖、父、子、孙、伯叔父、再从兄弟，而中国之族制之盛他国莫如是。"（《大同书》）这种家族制蕴含着一种牢固的凝聚力，使人即使身在异国他乡，其心思也向往其族其乡。他还以此与欧美人的情况进行了比较："欧美人以所游为家，而中国人久游异国，莫不思归于其乡，诚以其祠墓宗族之法有足以系人思者，不如各国人之所至无系，故随地卜居，无合群之道，无想收之理也。盖犹天和夫妇、父子、兄弟之道而推至其极，必若中国之法而后为伦类合群之至也。"（《大同书》）康有为在这里十分肯定地认为要以家庭三伦推而达人道之极，舍中国之家庭之制而无由，因为中国家庭之制"善于繁衍其种族，固结其种类"。中国的家庭是个体与社会联系的重要环节，具有生生不息的生命力和凝聚力。

此外，很重要的一点就是家庭的价值也自然而然会表现在由家庭而推广出"国"的方面。康有为认为："人之知识多，能推广其爱力而固结之"，"人能由父子、兄弟而推立宗族……人因爱家族而推爱及国种……其推爱力愈广，其固结愈远。由此推之，故合群愈大，孳种愈繁者，其知识最大者也"。（《大同书》）这样由"出于天之自然"的夫妇、父子、兄弟之伦进而推广到有家、有国，又由人之本有的"爱质"推而可以爱家人、爱国家。由此，体现了"己"这一个体自我对家、国、天下的责任，这种责任是由个体自觉到自身并成为主体的主动方式来履行的。他指出："生于一家，爱人鞠育而后有其生，则有家之荷担。若逃之而出其家，其自为则巧矣，其负恩则何忍。……生于一国，受一国之文明而后有其知，则有国民之责任。如逃之而弃其国，其国之种灭而文明随之堕坏，其责任亦太甚矣。生于大地，则大地万国之人类皆吾同胞之异体也，既与有知，则与有亲。"并以自己作为比喻："康子不生于他天而生于此天，不生于他地而生于此地，则与此地之物，触处为缘，相遇为亲矣。"（《大同书》）上述表达说明，康有为主张在个体与大众、民命与国种之间不得已而二者择一时，应以大众和国种为重，当群己利益出现紧张的时候，应以"群"为重："夫为治之义，亦有舍一人以为大众者，若牺牲以立其国，是则以国种为重，故民命为轻，于立国之义实不得已；然论天下之公理者，犹非其私。"（《大同书》）可见，虽然个人与群体均被康有为视为重要的部分，但在极端的群己关系选择中仍是以群体为重。这种选择的趋向表面上看似乎与传统中对"群"的优先考虑无太大区别，然而在康有为的理想设计中，所谓的群，其实是一个以现代平等价值为基本内涵的共同体，这正是他将儒家思想传统的群己观念与当时西方传播的民主和平等的政治理念进行糅合与重新诠释的结果，这一变化也使得传统儒学的群己之辨获得了新的内容。

四 群内平等

以上分析表明，主张群体中的自主平等是康有为群己观的一个最重要特征。他提出："人人独立，人人平等，人人自主，人人不相侵犯，人人交相亲爱，此为人类之公理。"（《孟子微》）因为，"凡人皆天生，不论男女，人人皆有天予之体，即有自主之权，上隶于天，人尽平等"，"人人有天授之体，即人人有天授之自由之权。故凡为人者，学问可以自学，言语可以自发，游观可以自如，宴飨可以自乐，出入可以自行，交合可以自主，此人人公有之权利也。禁人者，谓之夺人权、背天理矣"，"夫人类之生，皆本于天，同为兄弟，实为平等"。（《大同书》）这些思想很类似西方近代的天赋人权平等说。不过，康有为不认为这些思想来自西方，反而相信这是孔子首创的儒家传统之一。他说:"孔子曰:'性相近也。'夫相近则平等之谓,故有性无学,人人相等。"(《长兴学记》)"孔子创平等之义,明一统以去封建,讥世卿以去世官,授田制产以去奴隶,作春秋、立宪法以限君权,不自尊其徒属而去大僧,于是中国之俗,阶级尽扫,人人皆平民,人人皆可由白屋而王侯,卿相,师儒,人人皆可以奋志青云,发扬蹈厉,无阶级之害。""平之为义,大矣哉:故孔子之于天下,不言治而言平,而以春秋三世进化,特以升平、太平言之也。"(《大同书》)"自主平等乃孔子立治之平。"(《中庸注》)这种以己意托孔子之言而发挥的平等自由的思想,体现了康有为伸张平等自主之权利的热切用心,也显示了他的平等自由的主旨,同时也是儒家思想传统的延续性在康有为思想中的呈现。

既然倡导群内人人平等自主,必然就要反对、批评群体中宗法等级秩序及其引起的人间疾苦。康有为抨击由血缘关系决定的人间不平等之"投胎之苦",说:"凡此体肤才智,等是人也,孔子所谓人非人能为,天所生也。"孔子又曰:"夫物非阳不生,非阴不生,非天不生,三合然后生。故谓三母之子也可,天之子也可。同是天子,实为同胞,而乃偶误投股,终身堕弃,生践蝼蚁,命贱鸿毛,不能奋飞,永分沦落,虽有仁圣不能拯救,虽有天地不能哀怜,虽有父母不能爱助。天地固多困苦,而投胎之误,实为苦恼之万原,是岂天造地设而无可拯救软!"(《大同书》)他又直指"三纲"违背天道,造成人间的"压制之苦","君臣也,夫妇也,乱世人道所号为大经也,此非天之所立,人之所为也,而君之专制其国,鱼肉其臣民;视若虫沙,恣其残暴;夫之专制其家,鱼肉其妻孥,视若奴婢,恣其凌暴。在为君夫则乐矣,其如为臣为民为妻者何!"(《大同书》)康有为还否定了君超越庶民的至尊地位,认为不能"独以王者为天之子而庶人为母之子"(《春秋董氏学》)。同时,他也强烈反对父尊子卑的传统伦理,明确认为:"人天所生,托藉父母生体而为人,非父母所得专也,人人直隶于天,无人能间制之。盖一人躬一人身之自立,无私属焉。"(《大同书》)

可以说在康有为眼中,血缘宗法等级差序、封建伦理纲常都是压制、禁锢人的身体和精神的枷锁，是囚禁个人、扼杀个性的牢笼和桎梏，既反天道又反人道。"凡人之情，身体受缚则神明不王。若夫名分之限禁，体制之压迫，托于义理以为桎梏，比之囚于囹圄尚有甚焉。"（《大同书》）总之，在康有为的理想人类社会，时时刻刻要以人人平等原则为中心。此外，康有为还看到人类各族群、地域文明的发展不平衡而导致的不平等现实："即同为人类，等是男身，而生落边蛮，僻居山穴，片布遮体，藜藿果腹，不识文字，蠢如马鹿，不知服食之美为何物，不知学问之事为何方；其与都邑之士，隐囊尘尾。裙屐风流，左图右书，古今博达，不几若人禽之别欤！"（《大同书》）这种文明的不平等也是违反天道、不合人道的，需要加以改造而使之平等。

群体之中的个体都是平等的，这是公理，但"物之不齐，物之情也"，对于不齐之物求平等必须因物之情，不能以我意强为之。康有为认为："凡言平等者，必其物之才性、知识、形状，体格可以平等者，乃可以平等行之，非然者，虽强以国体，迫以君势，率以公理，亦有不能行者焉。"（《大同书》）可见，康有为主张的是群体内人际相对平等的状态，而非整齐划一机械的绝对平等。因为若真的达到所谓绝对平等的状态，那么平等也就不能持久了，祸乱又将丛生："太平之世，农工商学铁道邮政电线汽船飞船皆出于公，人皆作工，只有工钱，无甚贫富。"（《大同书》）财产至平无差，绝无竞争而性根皆平，则又会导致群体制度、功能的腐败和退化。绝对的平等违反了"物以竞争而进上，不争则将苟且而退化"的原则，退化使人愚，事将复塞，则平等状态也同样不能维持："夫天道不平者也，不平则乱，人道感于乱祸，故裁成辅相而力求其平。然至于平时，则平之祸又出矣，补偏救弊，不可不虑患而深防之。"（《大同书》）

那么，如何才能"深防之"？康有为用"竞美"与"奖智"两种方法来解决这个问题。所谓"竞美"与"奖智"，其实质是在群体内维护相对平等的同时，肯定根据差别产生的合理性。在群体中的等级差序既然不能避免，那么就应当以仁智为标准来确定这种差序，而绝不能依血缘宗法制来规定社会的等级。这是康有为在继承孔子以来的儒家传统群己观念的同时，对传统的扬弃。他说："夫贵贱之宜，只论才德，大贤受大位，小贤受小位，故九德为帝，三德有家，天工人亮，乃公理也。"（《大同书》）依据仁智的标准，可以对人群的层级次序予以划分："凡仁智兼领而有一上仁或多智者，则统称为善人。上仁对智兼者，则统称为贤人。上仁多智兼领而或兼大仁或大智，则为上贤人。大智大仁并领，则统称为贤人。大智大仁并领而兼上智者，则可推为哲人。大智大仁并领而兼至仁者，则可推为大人。上智至仁并领而智多者，则可推为圣人。仁者则可称为天人。天人、圣人并推，可合称为神人。"（《大同书》）这种善人、贤人、上贤人、大贤人、哲人、大人、圣人、天人、神人的划分，实际上是道德人格的划分，是以道德人格划分作为社会等级的根据，此为康有为在个人与共同体关系之中所倡导平等观的一个特点。

五　大同

"大同"理想可以视为康有为所希望的群己关系的最佳状态，"大同"说同时也反映了康有为对人与人、人与社会的认识蓝图，反映了近代时期个人与共同体关系的独特思考。

首先，在康有为看来，"大同"群体内的各"界"都是有害的，尤其是家与国。他说："人之恒言曰'天下国家'。凡有小界者，皆最妨害大界者也。小界之立愈多，则进于大界之害愈大。故有家界以保人，国界以保民，而于大同太平之发达愈难。"（《大同书》）然而他列举"有家"碍于大同的十四种危害，其中最根本的是"各私其家"而不能"天下为公"，"盖一家相收，则父私其子，祖私其孙而已"（《大同书》）。这些情况造成人与人之间各方面的不平等。"故家者，据乱世人道相扶必需之工具，而太平世最阻碍相隔之大害也。"（《大同书》）在通往大同的进程中，必须去其家界。家是如此，国亦如此。他接着谈道："盖大地自太古以来，有生人而即有聚落，有聚落而渐成部众。积部众而成一统一之霸国。盖有部落邦国之名立，即战争杀人之祸惨。而积久相蒸，人之以为固然，言必曰爱国，故自私其国而攻人之国以为武者，在据乱世之时，全地未一，为保种族之故，诚不得不然，然一有国之文，自为域界，其贼害莫大，令人永有争心而不和，永有私心而不公焉。故国之文义不删除净尽之，则人之争根、杀根、私根无从去而性无由至于善也。"（《大同书》）因为有"自私其国"之患，所以大同之世必去国而成。

康有为主张走向大同必须去家、去国，其原因在于"自私其家""自私其国"的隐患，而且，去家、去国的根本是要去私，去私而归于大同。然而，康有为在某些方面对"私"的意义也有一定的肯定。他认为："人之性也，莫不自私，夫惟有私，故事竞争，此自无始已来受种已然。原人之始，所以战胜于禽兽而独保人类，据有全地，实赖其有自私竞争制胜之功也。其始有身，只知有身而自私其身，于是争他身之所有以相杀；其后有家，则只私其家，于是争他家之所有以相杀；有姓部落则只私其姓族部落，于是争他姓部落之所有以相杀；有国则只私其国，于是争他国之所有以相杀。"（《大同书》）如果从"私"作为人类活动的内在动力之一，促成竞争相杀，推进人类历史进程的方面看，便是有其相当的价值的。不过，在人道范围内，推进人类历史发展的"天演"之既成事实并不是合宜的："夫天演者，无知之物也，人义者，有性识之物也。"（《大同书》）故不能以"天演"为"人义"。人道之个体的合理实现需要在"天下为公"的条件下才有可能，即"天下为公者乃能成其私"。（《大同书》）一言以蔽之，只有"天下为公"才能使人人"成其私"。如果人人都"自亲其亲，自爱其子，而不爱人之亲，不爱人之子，则天下人之贫贱愚不肖者，老幼矜寡孤独废疾者，皆困苦颠连，失所教养矣"，只有"人人分其仰事俯畜之物产财力以为公产，以养老慈幼，恤贫医疾。惟用壮者，则人人无复有老病孤贫之忧"。（《礼运注》）

康有为还在个体自身内所具"爱质"与"私"的相互作用中展示其对群己关系辩证的理解。他认为，个体有身而知自私其身，这是个体内在的"私"的力量。同时，个体自身还本有一种"爱质"，这种"爱质"就是"仁"。"仁"与"私"一道促成个体的有身，并进而有家、有国。但在"有身""有家""有国"之后，仁与私即成对立力量，私欲固持其身、家、国，而"仁"则要不断扬弃已有的身、家、国而极于"大同"。在康有为看来，"仁"将推人类至于大同之世，个体也将获得完全的实现，各成其私。整体上看，康有为是在批判以"三纲"为核心的血缘宗法等级制基础上提出他对群、己的认识，并阐发个体自主、平等和自觉为公等理念，以及在大同中实现自我的群己统合论。

第二节　谭嗣同的群己观念

谭嗣同对群、己的认识，主要蕴含在其《仁学》思想体系当中。《仁学》以儒学为主，吸取了佛学理念及自然科学知识，力图建立新的理论体系。"仁学"的宗旨是"救全世界之众生"，既为人类群体之全体，又为此人类群体中的每个个体。谭嗣同的"仁学"思想也受到康有为的影响，梁启超曾评价说："南海之教学者曰：'以求仁为宗旨，以大同为条理，以救中国为下手，以杀身破家为究竟'，《仁学》者，即发挥此语之书也。而烈士者即实行此语之人也。"（《仁学·自叙》）"仁"作为谭嗣同《仁学》的中心思想，是儒家伦理的精髓，是其他道德观念的总汇，他在《仁学》中强调，儒家思想中不管是三达德抑或其他道德观，都为仁所涵摄包容。不过正如张灏所指出的，仁在谭嗣同的思想中不仅代表一种道德观，它也代表一种宇宙观，即"天地亦仁而已矣"。[①]

一　"仁"与平等

首先，谭嗣同用"以太"来证明人类群体和个体的生成。因为"以太"是谭嗣同理解宇宙整体和宇宙万物构成的一个基本单位，张灏将它称之为"质体"。[②] 谭嗣同认为"以太"这种质体也是一种吸力，从而可以达到整个宇宙，甚至小到宇宙间最微小的东西都以此凝聚而结合："遍法界，虚空界，众生界，有至大治精微，无所不胶粘，不贯洽，不筦络，而充满之一物焉，目不得色，耳不得而声，口鼻不得而臭味，无以名之，名之曰'以太'。"[③]（《仁学·自叙》）"夫人之至切近者莫如身，身之骨二

[①] 〔美〕张灏：《烈士精神与批判意识——谭嗣同思想的分析》，崔志海、葛夫平译，中央编译出版社，2016，第 68 页。

[②] 〔美〕张灏：《烈士精神与批判意识——谭嗣同思想的分析》，崔志海、葛夫平译，第 79 页。

[③] 谭嗣同：《谭嗣同全集·仁学序》，生活·读书·新知三联书店，1954。

百有奇，其筋肉、血脉、脏腑又若干有奇，所以成是而粘砌是不使散去者，曰惟以太。"（《仁学一》）人的个体生成也基于"以太"，在人的个体之后，"以太"也是人伦和群体成立与维系的基础："由一身而有夫妇，有父子，有兄弟，有君臣朋友；由一身而有家有国有天下，而相系不散去者，曰惟以太。"（《仁学一》）谭嗣同还特别突出了人伦群体中"我"的本原性，他认为："对待生于彼此，彼此生于我，我为一，对我者为人，则生二；人我之交，则生三。参之伍之，错之综之，朝三暮四，朝四暮三，名实未立，而爱恶因之。由是大小多寡，长久短暂一切对待之名，一切对待之分别，殽然哄然。"（《仁学一》）人伦关系皆对待，对待之分的根本在"我"。自我是一，他人是二，自我与他人关系为三，由此就有了自我与他人关系的成立，也才有人伦群体及其调节的伦理存在。

谭嗣同"以太"的内涵丰富，需要仔细分析。但就人道而言，"以太"则与"仁"相对等。他在《以太说》中解释"以太"为："精而言之，夫亦曰仁而已矣。"蔡元培在谈到"以太"时曾说道："康有为氏说'以太'，说'电'，说'吸摄'，即作为'仁'的比喻，谭氏也是这样。"[1]（《五十年来的中国哲学》）可见，在谭嗣同的"仁学"中，"以太"即是"仁"，"以太"和"仁"构成他群己观念的基础内容，而"仁"或"以太"的根本特性则在于"通"。

谭嗣同说"仁"有四通："仁之为道也凡四，曰'上下通'。天交地泰，不交否；损上益下，益反三损，是也。曰'中外通'。子欲居九夷，春秋大黄池之会，是也。曰'男女内外通'。子见南子是也。终括其义，曰'人我通'。此三教之公理，仁民之所为仁也。"（《仁学二》）"夫仁者，通人我之谓也。"（《仁学一》）仁为人道之应然，其意在通人我。这种"通"的功能，主要表现在使人我为一体，异域如一身："通者如电线四达，无远弗届，异域如一身也，故《易》首言元，即继言亨。元，仁也。亨，通也。苟仁，自无不通。亦惟通，仁之量乃可完。由是自利利他，而永以贞固。"（《仁学一》）又说："脑为有形质之电，是电必为无形质之脑。人知脑气筋通五官百骸为一身，即当知电气通天地万物人我为

---

① 王彦齐：《儒家群己观研究》，第 171 页。

一身也。是故发一念，诚不诚，十手十目严之；出一言，善不善，千里之外应之。莫显乎微，容色可征意旨；莫见乎隐，幽独即是大廷。我之心力，能感人使与我同念，故自观念之所由始，即知所对者品诣之高卑。彼此本来不隔，肺肝所以如见。"（《仁学一》）在谭嗣同看来，这种人我之通达到极致就是平等。

其次，谭嗣同认为在万有世界中存在着"不齐""相异"，究其原因在于"意识乘之，纷纭而起"。正因如此，只有"仁"之"通"，才能使得世界的平等得以可能。他说："人与人，地与地，时与时，事与事，无所往尔不异，则人我安得有相通之理？凹凸力之为害，即意识之为害也。今求通之，必断意识；欲断意识，必自改其脑气之动法。外绝牵引，内归易简，简之间又简，以至于无，斯意识断矣。意识断，则我相除；我相除，则异同泯；异同泯，则平等出；至于平等，则洞彻彼此，一尘不隔，为通人我之极致矣。"（《仁学二》）也就是说，由每个个体自我主动消除自己的"有我"意识，这样共同泯灭"我"也就泯灭了"异"，于是平等也就可能实现了。因此，平等不仅是群体必需的特征，又是个体自我自主行为的成就。

谭嗣同崇尚个体自主和人群中的平等，反对和抨击维护宗法等级制的纲常。因此，他对封建伦常有切肤之痛的批判："吾自少至壮，遍遭纲伦之厄，涵泳其苦，殆非生人所能忍受。"（《仁学·自叙》）"数千年来，三纲五伦之惨祸烈毒，由是酷焉矣。君以名桎臣，官以名轭民，父以名压子，夫以名困妻，兄弟朋友各挟一名亦相抗拒，而仁尚有少存焉者得乎？"（《仁学一》）谭嗣同认为"三纲"之中，君臣一伦为祸害之主导，"君臣之祸亟而父子夫妇之伦遂各以名势相制为当然矣"（《仁学二》）。纲常名教的祸害主要有两方面：一是愚民，二是破坏人与人之间的平等关系。因此，他明确提出要破除纲常名教，最困难之处就在于破除父子这一伦。他说："名之所在，不唯关其口，使不敢昌言，乃并锢其心，使不敢涉想。愚黔首之术，故莫以繁其名为尚焉。君臣之名，或尚以人合而破之。至于父子之名，则真以为天之所命，卷舌而不敢议。不知天命者，泥于体魄之言也，不见灵魂也。子为天之子，父亦为天之子，父非人得而袭取也，平等也。且天又以元统之，人亦非天所得而陵压也，平等也。"（《仁学二》）这里以魂魄相分说明人皆天之子，以破除父子之间的不平等。

通过对"忠"的重新解释，谭嗣同论证了破除君臣之间不平等的必要。他说："古之所谓忠，以实之谓忠也。下之事上当以实，上之待下乃不当以实乎？则忠者共辞也，交尽道也，岂又专责之臣下乎？""古之所谓忠，中心之谓忠也。抚我则后、虐我则仇，应物平施，心无偏袒，可谓中矣，亦可谓忠矣。"（《仁学二》）正因为"忠"是诚实无偏袒之意，是君臣相互的道德责任，若只强调臣忠于君的单方面义务，那就会助君为虐，摈民于国外，扰民之生计，只忠于君而不爱民。针对传统"忠君"之德，谭嗣同批判道："君为独夫民贼，而犹以忠事之，是辅桀也，是助纣也。其心中乎不中乎？呜呼！三代以下之忠臣，其不为辅桀助纣者几希？况又为之掊克聚敛，竭泽而渔。自命为理财，为报国，如今之言节流者，至分为国与民二事乎？国与民已分为二，吾不知除民之外，国果何有？无惑乎君主视天下为其囊中之私产，而犬马土芥乎天下之民也。民既摈斥于国外，又安得少有爱国之忧？何也？于我无与也。"（《仁学二》）民既无爱国之热忱，而君只求国祚永命，何由可得？这番论证，谭嗣同以国是否"于我与"为标准，说明爱国的根源，体现其将民之切身利益与国家联系起来，以及把民视为国家共同体是否真实存在的标准，一旦明确了民为国之本的主张，那就需要以人的普遍自觉性为首要价值。

谭嗣同还从发生学角度和职能角色论证民为国之本的思想。他说："生民之初，本无所谓君臣，则皆民业，民不能相治，也不暇治，于是共举一民为君。夫曰共举之。则非君择民而民择君也。夫曰共举之，则其分际又非甚远于民，而不下济于民也。夫曰共举之，则因有民而后有君；君末也，民本也。天下无有因末而累及本者，亦岂可因君而累及民哉？夫曰共举之，则且必可共废之。君也者，为民办事者也；臣也者，助办民事者也。"（《仁学二》）谭嗣同这种君民之辨，斩断了君与天的血缘关系，还君于民中一员的本来面目，破除了数千年来的权威，同时也在思想理论上破除了"三纲"中最重要的一纲。

此外，谭嗣同对传统人伦纲常之等级观念深恶痛绝。他认为"朋友"

尚存有平等之义，有保留的价值，其余皆应废除。他说："五伦中于人生最无弊而有益，无纤毫之苦，有淡水之乐，其惟朋友乎！愿择交何如耳，所以者何？一曰：'平等'；二曰'自由'；三曰：'节宣惟意'。总括其义，曰不失自主之权而已矣。自主之权于人至为重要……""上观天文，下察地理，远观诸物，近取之身，能自主者兴，不能者败。公理昭然，罔不率此。伦有五，而全具自主之权者一，夫安得不矜重之乎！"（《仁学二》）然而"世俗泥于体魄，妄生分别，为亲疏远迩之名，而末视朋友。夫朋友岂真贵于余四伦而已，将为四伦之圭臬。而四伦咸以朋友之道贯之，是四伦可废也"（《仁学二》）。废除四伦应当走独尊朋友一伦的路子，"夫唯朋友之伦独尊，然后彼四伦不废自废。亦唯明四伦之当废，然后朋友之权力始大"，他还认为尊朋友、变五伦是变法的起点："今中外皆侈谈变法，而五伦不变，则举凡至理要道，悉无从起点，又况于三纲哉！"（《仁学二》）尊朋友之所以被视为变法的起点，就在于其中蕴含着个体自主平等之权。

二 "仁"与变制

谭嗣同认为想要伸张个体自主之权，就必须改变群体现状。他提出通过"变制"的方式来消除不平等，实现平等。谭嗣同以儒、释、耶三教之历史事实，说明变制的重要，其中专门标记了孔子、佛和耶稣所倡行的主旨。

对孔子，谭嗣同这样评论：

> 中国自绝地天通，惟天子始得祭天。天子既挟一天以压制天下，天下遂望天子俨然一天，虽胥天下而贼之，犹以为天之所命，不敢不受。民至此乃愚入膏肓，至不平等矣。孔出而变之，删《诗》《书》，订《礼》《乐》，考文字改制度，而一寓其权于《春秋》。《春秋》恶君之专也，称天以治之，故天子诸侯，皆得施其褒贬，而自立为素王。又恶天之专也，称元以治之①，故《易》《春秋》皆以元统天。

---

① 谭嗣同释"元"为"仁"。

（《仁学一》）

对耶稣，他认为：

> 泰西自摩西造律，所谓十诫者，偏倚于等威名分，言天则私之曰以色列之上帝，而若屏环球于不足道，至不平等矣。耶出而变之；大声疾呼，使人人皆为天父之子，使人人皆为天之一小分，使人人皆有自主之权，破有国有家者之私，而纠合同志以别立天国，此耶之变教也。（《仁学一》）

对佛，他则说：

> 印度自喀私德之名立，分人为四等，上等者世为君卿大夫士，下等者世为贱庶奴虏，至不平等矣，佛出而变之；世法则曰平等，出世法竟愈出天之上矣，此佛之变教也。（《仁学一》）

通过对三种文化主要代表人物的主旨思想的评论，谭嗣同指出了他们如何通过思想设计把不平等变为平等的特点。[1]

在总结了孔子、耶稣和佛的思想后，为了进一步将群体内人与人的不平等变为平等，谭嗣同提出了在其所处时代实现平等的变制方法，也即用通商的方法实现"互相均""两利"，最终达到"仁"。他提出："通商者，相仁之道也。两利之道也，客固利，主尤利也。西人尚于中国，以其货物仁我，亦欲购我之货物以仁彼也。"（《仁学一》）又说："为今之策，上焉者奖工艺，惠商贾，建制造，蕃货物，而尤拒重于开矿；庶彼仁我后我亦有以仁彼。能仁人，斯财均，而已亦不困矣。"（《仁学一》）这是从结果上说仁通人我而使人际平等。同时，变不平等为平等还要求个体主观上有互仁的主动性，"力即不足仁彼，而先求自仁，亦省彼之仁我"。"不甘受人仁者，始能仁人。"不然，"日受人之仁，安坐不一报，游惰困穷，至

---

① 王齐彦：《儒家群己观研究》，第 176~178 页。

于为翦灭屠割，揆之上天报施之理，亦有宜然焉耳。夫仁者，通人我之谓也"。(《仁学一》)加强开放、流通、通商是沟通人我的主要方式。

谭嗣同认为沟通人我就要使"财物以流"，不能聚敛。因此，他尚奢不尚俭，因为："俭从人金；凡金皆金人也。"他抨击富豪、尊贵们炫耀的尚俭之德："嗟乎！金玉货币，与夫六府百产之饶，诚何足撄豪杰之心胸，然而历代圣君贤相贵之重之，何哉？以其为生民之大命也。持筹握算，铢积寸累，力遏生民之大命而不使之流通。今日节一食，天下必有受其饥者；明日缩一衣，天下必有受其寒者。家累巨万，无异穷人。坐视赢瘠盈沟壑，饿殍蔽道路，一无所动乎中，而独室家子孙之为什，天下且翕然归之曰：俭者善德也。是以奸猾桀黠之资，凭借高位，尊齿重望，阴行豪强兼并之术，以之欺世盗名焉。此乡愿之所以德贼，而允为金人之尤矣！"(《仁学一》)他甚至断言："夫岂知奢之为害烈也，然害止于一身家，而利十百矣。锦绣珠玉，栋宇车马歌舞宴会之所集，是固农工商贾从而取赢，而转移执事者所奔走而趋附也。"(《仁学一》)也就是说，尚奢反倒可以提供更多的生计或就业机会给予民众。"故私天下者尚俭，其财偏以壅，壅故乱；公天下者尚奢，其财均以流，流故平。"(《仁学一》)

以上便是谭嗣同基于民众生计，求财均、通人我而对"奢"与"俭"的思考。这些思考表明谭嗣同立足于社会整体的政治、经济以及社会关系结构等方面对近代中国的重新认识。当然，财产均、人我通的最佳途径是富者将其资财投入生产领域来博施济众，"富而能设机器厂，穷民赖以养，物产盈，钱币赖以流通，己之富亦赖以扩充而愈厚。不惟无所用俭也，亦无所用其施济；第就天地自有之利，假吾力焉以发其复，遂至充溢溥遍而收博施济众之功。故理财者慎言节流也，开源而已。源日开而日亨，流日节而日困。始之以困人，终不必困乎己"(《仁学一》)。因此，"私垄断天下之财，悭不一散以沾润于国人者，背仁通之理，当于克除之"(《仁学一》)。这些是谭嗣同变现实的不平等为平等的变制设计之一。

变制除了惠商、财物以流、博施济众外，还要使人与人相爱以显人我之通。于是，谭嗣同又提出兼爱说，将儒家传统的爱有差等转换为无差序的兼爱，并使之成为"仁"之内容，对儒家仁义之道进行变制。他说：

"呜呼，墨子何尝乱亲疏哉？亲疏者，体魄乃有之。人人而有，则人人而乱之。若夫不生不灭以太，通天地万物人我为一身，复何亲疏之有？亲疏且无，何况于乱？不达于此，反诋墨学，彼焉知惟兼爱一语为能超出体魄之上而独认灵魂，墨学中之最合以太者也。"（《仁学一》）旧儒尊尚之"礼"（谭嗣同认为由荀学所倡），由于囿于体魄，用以分别亲疏，结果是"自礼明亲疏，而亲疏于是乎大乱"。对于个体，则"心所不乐而强之，身所不便而缚之"。（《仁学一》）礼所形成的等级制度、秩序，于群体、于个体都是一种祸害，故必去之。如何去？唯一的办法是用"仁"。因为"礼"依"仁"而著，"仁则自然有礼，不待别为标识而刻绳之，亦犹伦常亲疏。自然而有，不必严立等威而苛持之也。礼与伦常皆原于仁，而其究也，可以至于大不仁，则泥于体魄之为害大矣哉"。（《仁学一》）"仁"之爱有差等源于礼之作祟，去"礼"归"仁"之后的"仁"之爱即为"兼爱"。"善用爱者，所以贵兼爱矣。有所爱，必有所大不爱；无所爱将留其爱以无不爱也。"（《仁学一》）谭嗣同以平等观改造儒家传统仁爱之说，是对儒家群己观念的近代发展。

三　"仁"与个体自主

谭嗣同"仁"的宇宙观肯定了宇宙是一个真实的存在，并且兼具物质性和精神性。这种物质和精神真实存在的宇宙是浑然一体的，"以太"类似"气"一样充满着一切，宇宙中的每一个个体都不能单独存在，他们是相互依存、相互涵摄的，共同构成一个圆融和谐的有机整体。就此而言，在谭嗣同看来，只有这个圆融的整体具有真实性，而感官所觉察的个体只是相对的和衍生的存在。从宇宙本体论的意义看，谭嗣同消解了个体的真实性，以不同个体间的依存关系的整体为真实。但是，在个体的道德实践中，个人在实现仁之通的过程中是否重要，也就是说，仁之通的一个方面，即人我通的实现仍然必须依靠个体的努力，立足点在自我上，只有以自我存在为起点，以自我奋斗为动力，才能化人我通为现实。

谭嗣同分析自我的特点说："今夫我，又何以知有我也？比于非我而知之。"（《仁学一》）他继承儒家传统定位自我的关系型立场，进一步指明自我是在与他人交往中存在的。接着他又继续讨论人与我之间的关系应当如何对待:"其机始于一人我,究于所见,无不人我者,见愈小者,见我亦愈切。愚夫愚妇,于家庭所亲,则肆其咆哮之威,愈亲则愈甚,见外人反畏之而忘之,以切我者与不切我者也。切于我者,易于爱;易于爱者,亦易于不爱;爱之能不及,亦不爱之能及。同一人我,而人我之量,斯其小者;大于此者,其人我亦大。"(《仁学一》)他要求自我能够超越血缘亲情关系的界限而进入更为广阔的他者与我的交往之中,放大人我之间的关系,从另一个侧面也表明谭嗣同对自我主动性价值的肯定。

在人与我的交往关系中,谭嗣同强调了自我也是在不断生长和变化的:"以生为我而我倏灭;以灭为我而我固生。可云我在生中,亦可云我在灭中。……一切众生,并而为我,我不加大;我遍而为一切众生,我不减小……则日日生者,实日日死也。天曰生生,性曰存之。继之承之。运以不停。"(《仁学一》)而且在人我关系中的自我,还需要自觉地立公心、除机心。"以心挽劫者,不惟发愿救本国,并彼极强盛之西国,与夫含生之类,一切皆之。心不公,则道力不进也。……以此心为始,可言仁,言恕,言诚,言絜矩,言参天地,赞化育。以感一二人而一二化,则以感天下而劫运可挽也。"(《仁学二》)如果只立"机心"就会导致"劫运":"吾观中国,知大劫行至矣,不然,何人心之多机械也!西人以在外之机械制造货物;中国以在内之机械制造劫运。"(《仁学二》)人之自我若可以自觉地立公心、除机心就自然会杜绝劫运的降临。谭嗣同特别在人与我的关系中,强调了自我的变化,提出以自觉立公心为大的观点,肯定了个体的自主性,突出了个体自我在人我关系、社会共同体中所应该具有的主动性。

此外,正如张灏指出的,谭嗣同由于受到王夫之气一元论的影响,接受了王夫之对人之情欲的肯定,这也促使他在对待个体自我之人性解放和两性平等问题上提出了批评。[1] 他指出中国对男女之间性关系的态度与西方面对现实的态度形成对比,中国以此"为禁为耻为讳",然而这种"禁

---

[1] 〔美〕张灏:《烈士精神与批判意识——谭嗣同思想的分析》,崔志海、葛夫平译,第45页。

讳"的态度恰恰越发助长了淫风，"西人男女相亲，了不忌避，其接生至以男医为之，故淫俗卒少于中国。遏之适以流之，通之适以塞之，凡事盖莫不然"（《仁学十》）。同时，他还批评传统的社会关系对女性的不友好，甚至是牺牲女性的，他认为应当"明男女同为天地之菁英，同有无量之盛德大业，平等相均，初非为淫始生于世"（《仁学·自叙》）。

第三节　梁启超政治革新思想中的"群"论

梁启超的思想吸收了近代西方关于国家和个体的学说，对近代中国社会具有重要的启蒙价值。其《说群》，可以视为中国思想史上群己关系的专论。张灏指出，"作为经世理想的核心，梁启超的政治革新思想的形成是如何受了西方政治经验的影响，这在变化多端但又是重要的'群'的概念中看得最清楚。可以说，梁启超的大部分社会政治思想就是围绕群的概念展开的"[1]。梁启超在《说群》一文中，提出治理天下的根本原则与其师康有为所倡言的相一致。他在《说群序》中说："启超问治天下之道于南海先生。先生曰：'以群为体，以变为用。斯二义立，虽治千万年之天下可已。'启超既略述所闻，作《变法通义》。又思发明群义，于是乃成《说群》十篇。"[2] 梁启超意图重新理解近代的社会，因此他敢于接受新的思想和面对新的社会政治变化，提出"新民说"、讨论"公德私德"，都旨在尝试为构建一个全新面貌的"群"而展开理论论证。正因如此，如何"合群"也就成为梁启超政治革新思想的重要内容。梁启超在他所有关于社会政治的文章中或多或少都涉及"群"，我们可以看到他试图通过"群"这个单一概念的阐发来解决当时面临的很多新问题的巨大努力。

一　"合群为第一义"

梁启超说："群者，天下之公理也。地与诸行星群，相吸相摄，用不

---

① 〔美〕张灏：《梁启超与中国思想的过渡1890—1907》，崔志海、葛夫平译，第72页。此外，张灏还指出，在同一篇文章里，梁启超宣布他打算写一本书来阐发他对群问题的看法，同时也吸收谭嗣同和严复的思想，但这一宏大计划从未见诸文字。

② 梁启超：《说群序》，《饮冰室合集》第二册，中华书局，1989，第4页。

散坠。使徒有离心力则乾坤毁矣。六十四原质相合相杂，配剂之多寡，排列之同异千变万化，乃生庶物。苟诸原质各无爱力，将地球之大为物仅六十四种，而世界靡自而立矣。……人之一身，耳司听，目司视，口司言，手足司动，骨司植，筋司络，肺司呼吸，胃司食，心司变血，脉管司运血、回血，脑思觉，各储其能，各效其力，身之群也。"（《说群一·群理一》）大到宇宙万物，小到身体各部，皆因群而成立。"群"的这种力量何在？在于群中各部分的相互吸力、爱力、凝聚力。因此，群中各部分必须各效其力，各尽其责，由此便生出合群之力。之所以"合群为第一义"，是因为群的功能是由个体各尽其能，共生变化而成立。可见，梁启超所说的"群"偏向于一个有机的系统，而绝非局部杂凑而成的整体。在他看来，人类社会这个"群"也同样合乎这个公理。

梁启超主要从"群"的普遍性上阐释"群"作为天下之公理、人之共性的重要。他认为"群者万物之公性，不学而知不虑而能也"，不过，吸力与拒力的相互消长又决定不同的群体属性之间的差别，"于是乎有能群者，必有不能群者，有群之力甚大者，必有群之力甚轻者"。这种差别使得"不能群者必为能群者所摧坏，力轻者必为力大者所兼并"。比如，"兽之群不敌人之群""野蛮之群不敌文明之群"。于是"世界愈益进，则群力之力愈大，不能如率则灭绝随之"（《说群一·群理一》）。又说："处竞争之世，惟群之大且固者，则优胜而适于生存"（《论独立》），"以物竞天择之公理衡之，则其合群之力愈坚而大者，愈能占优胜权于世界上"（《十种德性相反相成义》）。在这里，梁启超提出了"群力"的问题，所谓群力的大小决定着该群竞争力的大小，越大的群在进化的模式中越能够适应生存选择而存续下来，因此，促使群能发展为大群的重要因素正是在于群力，而群力的实质则是"合群之力"，即如何形成一种整体性的社会政治共同体的力量。"是故横尽虚空竖尽劫，劫大至莫载，小至莫破，苟属有体积有觉运之物，其所以生而不灭存而不毁者，则咸恃合群为第一义。"[①]

张灏认为，梁启超在合群或整合意义上运用"群"一词的时候，不仅

---

① 梁启超：《说群一·群理一》，《梁启超全集》第二册，中国人民大学出版社，2018，第5页。

将它视为一个社会和政治原则，而且也视为一个宇宙论的原则。事实上，他认为社会政治的整合原则也就是宇宙进化过程的本质，因为万事万物结合为群的趋势是宇宙本质所固有的。于是，在梁启超看来，似乎宇宙间所有的变化和演进都是由包罗万象的合群原则所主宰的。宇宙中的一切事物——有生命的或没有生命的，都由相反的"原质"构成，一切事物的存在都依赖着合群原则，并将诸"原质"结合在一起。显然，合群原则在这里被设想为主宰宇宙间万物存亡的自然界本质规律。①

在梁启超看来，根据自然界进化的标准，合群原则愈益重要。在自然界的进化中，异质贵于同质，复杂贵于简单。作为它的一个推论，合群在生物界的关系要大于在非生物界，在人类社会里要大于在动物世界里，在开化民族中要大于在野蛮民族中。② 对于梁启超将"群"看作是宇宙和社会趋于群体整合和团结的观点，张灏认为这是一种浸透着达尔文式的概念、思想和隐喻的表现。他指出，之所以出现这样的情况极有可能是因为梁启超受到严复的影响，这可以在梁启超《说群》一文的开头得到佐证。③

从梁启超对"合群"的理解和阐释上可以看到，"群"这个概念是其政治革新思想之道德基础的核心。加强群体的凝聚力，促进群体利益是合群之道德的本质所在。在他看来，促进合群首先要认识何谓公德、何谓私德，于是他指出：

　　道德之本体一而已，但其发表于外，则公私之名立焉。人人独善其身者谓之私德，人人相善其群者谓之公德。二者皆人生所不可缺之

① 〔美〕张灏：《梁启超与中国思想的过渡1890—1907》，崔志海、葛夫平译，第73页。
② 梁启超：《说群一·群理一》，《梁启超全集》第二册，第6页。
③ 在这里，张灏提出了一个有意思的观点，即将"群"看作社会政治的有机体，表明梁启超的思想出现了疏远仁的道德思想的明显趋势。仁是儒家道德主义的主要理想，也是激发康有为和谭嗣同思考变革传统的首要源泉。但杜维明认为，仁在康有为和谭嗣同的思想中，主要是表示对规范性的儒家特殊神宠论的一个道德反感，这种规范性的儒家特殊神宠论妨碍了传统社会成为一个普遍的和有机的和谐社会。在谭和康两人的思想中，仁表示对一种合乎道德的自发产生的有机社会关系的强烈渴望，在那种社会关系中，人们因爱力彼此相吸，组织成一个有机的和谐的社会，而没有任何的歧视。这样一种看待仁的观点，仍可看作是儒家传统的仁和传统的礼之间固有的长期紧张关系的顶点。（参看杜维明《仁和礼之间的富有创造性的张力》，转引自〔美〕张灏《梁启超与中国思想的过渡1890—1907》，崔志海、葛夫平译，第74~75页）

具也。

> 我国民所最缺者，公德其一端也。公德者何？人群之所以为群，
> 国家之所以为国，赖此德焉以成立者也。人也者，善群之动物也（此
> 西儒亚里士多德之言）。人而不群，禽兽奚择？而非徒空言高论曰：
> "群之，群之"，而遂能有功者也，必有一物焉贯注而联络之，然后群
> 之实乃举，若此谓之公德。①

陈来认为梁启超的公德私德观念受到日本近代重视公德的影响，但二
者又有不同，日本近代的公德建设主要涉及公共道德，而梁启超则指向公
民道德的建设，也就是"政治性公德"方面。② 在梁启超看来，公德是那
些能够促进群体凝聚力的道德价值观，私德则是有助于个人道德完善的道
德价值观。对于一个群体的发展来说，公德与私德都十分重要，公德是群
体发展必不可少的保障，私德则决定着这个群体的整体性道德素质，它不
仅仅是关涉个人的修身德性，还极大地有助于群体发展的利益。因此，需
要处理好公德与私德的关系，"无私德则不能立。合无量数卑污虚伪残忍
愚懦之人，无以为国也。无公德则不能团。虽有无量数束身自好、廉谨良
愿之人，仍无以为国也。吾中国道德治发达，不可谓不早，虽然，偏于私
德，而公德殆阙如"（《新民说》）。在他看来，正是中国已有传统没有协
调发展好私德与公德之间的平衡，才导致近代中国公德的缺失，也正因此
导致近代中国社会没有团结力和凝聚力。为了解决这个问题，他提出只有
重新认识中国社会的人伦关系的内涵，才能发展成"合公私而兼善之"的
全体道德以适应新的社会国家结构。

要形成"合公私而兼善之"的道德基础，首先需要调整传统的伦理关
系。梁启超通过比较中西伦理的差异，提出新旧伦理之分，其目的在于指
出传统中国所具有的旧伦理需要向近代的新型伦理转化，他说：

---

① 梁启超：《新民说》，辽宁人民出版社，1994，第16页。
② 陈来：《中国近代以来重公德轻私德的偏向与流弊》，《文史哲》2020年第1期，第5~
23页。

新伦理之分类，曰家族伦理，曰社会（即人群）伦理，曰国家伦理。旧伦理所重者，则一私人对于一私人之事也（一私人之独善其身，固属于私德之范围，即一私人与他私人交涉之道义，仍属于私德之范围也。此可以法律上公法、私法之范围证明之）；新伦理所重者，则一私人对于一团体之事也。（以新伦理之分类，归纳旧伦理，则关于家族伦理者三：父子也，兄弟也，夫妇也；关于社会伦理者一，朋友也；关于国家伦理者一，君臣也。然朋友一伦决不足以尽社会伦理，君臣一伦尤不足以尽国家伦理。何也？凡国家者，尤非君臣所能专有。若仅言君臣之义，则使以礼、事以忠全属两个私人感恩效力之事耳，于大体无关也。将所谓"逸民不事王侯"者，岂不在此伦范围之外乎？夫人必备此三伦理之义务，然后人格乃成。若中国之五伦，则唯于家族伦理稍为完整，至社会国家伦理不备滋多。此缺憾之必当补者也，皆由重私德、轻公德所生之结果也。）夫一私人之所以自处，与一私人之对于他私人，其间必贵有道德者存，此奚待言？虽然，此道德之一部分，而非全体也。全体者，合公私而兼善之者也。（《新民说》）

梁启超所理解的群与合群的内涵与传统儒家的群己观念相比，既有不同又有关联。一方面，他所属意的"群"是在改造了传统群观念及其伦理关系内容上的新型社会和国家共同体。另一方面，他依然保留对传统儒家群己观念道德基础的承认与认可，力图以一种新道德的建立为新型的群与群体关系奠基。在群己关系上，他依然赞同早期儒家的群己互益模式，不过却引入了近代西方的权利与义务观念来说明个人与群体之间的关联。"今夫人之生息于一群也，安享其本群之权利，即有当尽于其本群之义务。苟不尔者，则直为群之蠹而已。彼持束身寡过主义者，以为吾虽无益于群，亦无害于群，庸讵知无益即为害乎？何则？群有以益我，而我先以益群，是我逋群之负而不偿也。"（《新民说》）此外，梁启超还谈到了道德的根本目的，即"道德之立，所以利群也，故因其群文野之差等，而其所适宜之道德亦往往不同。而要之，以能固其群、善其群、进其群为归"。

（《新民说》）可以看到，作为早期儒家对群己观念的形而上学奠基的道德，成为梁启超这里的功利主义基础。早期儒家以道德认识群己、建立群己关系的本体论基础，近代对社会和国家的理解则要求道德成为社会与国家的实践论，即以"利群""合群""善群"为道德的最终目的。

二 "群术"与"独术"

"群""独"关系首先在康有为那里有所讨论，但梁启超却首创"群术"与"独术"的概念。他讲："今夫千万人群而成国，亿兆京垓人群而成天下，所以有此国与天下者，则岂不以能群乎哉！以群术治群，群乃成；以独术治群，群乃败。"（《说群序》）接着他又剖析独术之要害在于"私"："何谓独术？人人皆知有己，不知有天下。君私其府官私其爵，农私其畴，工私其业，商私其价，身私其利，家私其肥，宗私其族，乡私其土，党私其里，师私其教，士私其学，以故为民四万万，夫是之谓无国。善治国者，知君之与民同为一群之中之一人，因以知夫一群之中所以然之理，所常行之事，使其群合而不离，萃而不涣，夫是之谓群术。"（《说群序》）这里，群之患在独，"群术"与"独术"所讨论的核心问题就是义利。

如何将"独术"转化为"群术"，其根本在于对义利之辨的回答。义利在早期儒家那里并不是绝对的冲突与对立，而是基于"仁"的平衡。子曰："富与贵是人之所欲也，不以其道得之，不处也；贫与贱是人之所恶也，不以其道得之，不去也。君子去仁，恶乎成名？君子无终食之间违仁，造次必于是，颠沛必于是。"（《论语》）孔子首先肯定了人的正当欲望，但认为"利"须以其道得之，真正的君子应该树立以"仁"为原则的根本价值。在义利问题上，孟子同样继承了孔子的观点："叟不远千里而来，亦将有利吾国乎？孟子对曰：王何必曰利，亦有仁义而已矣。"（《孟子》）这里的"仁义"指一种道德原则，"利"指过度的利益或功利。如果一切都以利益为导向，无论国家、群体还是个人都会危亡。要调和人与人、人与国家的关系，不能诉诸利害关系，而要寻求仁义原则。梁启超讲："善治国者，知君之与民，同为一群之中之一人，因以知夫一群之中所以然之理，所以常行之事，使其群合而不离，萃而不涣。夫是之谓群术。"（《说群序》）这里的"所以然之理"实际上是要分辨个人与群体的一体关系，从而将群体的发展作为最重要的目的，于是义利问题又转化成公私问题。子曰："唯仁者能好人，能恶人。"（《论语》）"仁"为"义"之本，义指的是正当性，人之所以能求正当，在于能立"公心"。程颐主张"以公言仁"，公是仁的所以然，人能做到这个"公"字，就能够"物我兼照"，就能够看到对象的特性，也能深刻理解自己。仁者立公心，故能好人，能恶人。义利公私的讨论从早期儒家延续到宋明儒家，到了梁启超这里，他主要将义利公私问题置于如何建构近代新社会和新型国家的范围中，也就是在"群"的领域中去讨论。相比早期儒家在仁学本体论的视角下探讨义利公私问题，梁启超更关注的是义利公私问题的明确对建立近代社会的重要性。不过，"群术"之发挥仍然需要每个个体去实现自身的"仁"性，只有如此，才能突破"独术"的限制。

在梁启超看来，"群"有"国群"与"天下群"，"群术"所要达到的社会共同体则是"天下群"："抑吾闻之，有国群，有天下群。泰西之治，其以施之国群则至矣，其以施之天下群则犹未也。《易》曰：'见群龙无首吉。'《记》曰：'大道之行也，天下为公，选贤与能，不独亲其亲，不独子其子。货恶其弃于地也，不必藏于己；力恶其不出于身也，不必为己，是谓大同。'其斯为天下群者哉。其斯为天下群者哉。"（《说群序》）在梁启超看来，西方国家通过社会变革的手段所创建的社会共同体还停留在"用"的层面，只有真正上升到"体"的阶段，才是一种"天下群"。"天下群"想要表达的理想境界又是由乾元之气所决定的，天道规律地运动变化，使得万物各得其所，达到一种和谐状态。《春秋》讲："太平之世，天下远近大小若一。"所谓"太平之世"是将春秋的历史划分成"三世"，太平世实际上是最后一个阶段，结合《礼记》，梁启超同样用"大同"的理想社会来描绘他的"天下群"图景。

通过区分独立之"独"与独术之"独"，梁启超指出，"独术"之"独"不是独立的意思，而是指"私"于己之意，独立之"独"可以用"中立而不倚"概括。他说："独立者何？不依赖他力，而昂然独往独来于世界者也。《中庸》所谓中立而不倚，是其义也。人之所以异于禽兽者以此，文明人之所以异于野蛮者以此。"（《十种德性相反相成义》）"独立"与"独术"的根本区别："独术"涣散群，为群之患，而"独立"为"合群"之基础，"合群云者，合多数指独而成群也"。（《说群序》）实际上，"独术"就是指个体利益之私，"独立"则指个体自我之挺立。梁启超又进一步阐释："独与群对待之名辞也。人人断绝依赖，是依群毋乃可耻？常绌身而就群，是主独毋乃可羞？""独"与"群"表面上似乎不能并存而立，其实不然。梁启超接着指出："今我辈所亟当说明者有二语：曰独立之反面依赖也，非合群；合群之反面营私也，非独立也。虽人自为战，而军令自联络而整齐，不过以独而扶其群云尔；虽全机运动，而轮抽自分劳而赴节，不过以群而扶其独云尔。苟明此义，则无所容其托，亦不必用其避。譬之物质然，合无数'阿屯'而成一体，合群之义也；每一'阿屯'中皆具有本体所含原质之全份，独立之义也。若是者谓之合群之独立。"（《说群序》）这可以视作梁启超对群己、个人与社会、个体与国家等关系的概括性理解。

梁启超对公共心（公）和自私自利（私）的两种道德及利己主义方法（"独术"）和集体主义方法（"群术"）区别分析后认为：公、私的概念与义、利的概念一样，是评判传统政治行为的主要的道德范畴。受康有为和谭嗣同的影响，梁启超在道德上对传统的社会政治也表现出强烈的反感。用他的话说，传统社会以"独术"治理，他期待一个以"公"的理想为基础的，以"群术"治理的新社会。然而，正是在对"公"的理想的探讨中，梁启超又越出了传统的利他主义，巧妙地提出了民权的内容。"公"指群体内每个人都有治理自己的权利，而自治权利则指每个人都有权做他应该做的事，每个人都有权享有他应得的利益。他说："君主者何，私而已矣；民主者何，公而已矣。"[1] 按照张灏的研究结论，梁启超的"群"概念已涉及民主制度中的民权内容，因为"群术"概念的核心正是梁启超等同于民主政治理想之公的道德理想。[2]

---

[1] 梁启超：《与严幼陵先生书》，《饮冰室合集》第二册，第109页。
[2] 〔美〕张灏：《梁启超与中国思想的过渡1890—1907》，崔志海、葛夫平译，第78页。

三　群与自由

梁启超接受西方的自由观念，将自由问题的讨论置于群己关系的理解中。首先，他区分了团体之自由与个人之自由，认为近代的自由应当指团体之自由。他说："自由之界说曰：人人自由，而以不侵人之自由为界。夫既不许入侵人自由，则其不自由亦甚矣。而顾谓此为自由之极则者何也？自由云者，团体之自由，非个人之自由也。"（《新民说》）但"团体之自由者，个人自由之积也。人不能离团体而自生存"。（《新民说》）这里既指出自由的真正内涵在于团体之自由，也不否定个人之自由。同时，梁启超认为个人之自由并非指个体任意的自由，他说："一身自由云者，我之自由也。虽然，人莫不有两我焉：其一，与众生对待之我，昂昂七尺立于人间者是也。孟子曰：'物交物，则引之而已矣。'物者，我之对待也，上物指众生，下物指七尺即目耳之官，要之，皆物而非我也。我者何？心之官是已。先立乎其大者，则其小者不能夺也。惟我为大，而两界之物皆小也。小不夺大，则自由之极轨焉矣。"（《新民说》）因此，在他看来，"心"作为一种精神上的自由是个人自由的要点，要实现"心"的自由，就必须消除"心奴"。梁启超说："人之奴隶我，不足畏也，而莫痛于自奴隶于人；自奴隶于人，犹不足畏也，而莫惨于我奴隶于我"，"辱莫大于心奴"。（《新民说》）

要去除"心奴"，梁启超提出了四个方法。首先是不做古人的奴隶，这样才能在古人成就的基础上，自由地我行我思。他说：

> 我有耳目，我物我格，我有心思，我理我穷，高高山顶立，深深海底行，其于古人也，吾时而师之，时而友之，时而敌之，无容心焉，以公理为衡而已。（《新民说》）

其次是不做世俗的奴隶，不可俯仰随人，人云亦云，这样心才能获得自由。

吾见有为猴戏者，跳焉则群猴跳，掷焉则群猴掷，舞焉则群猴舞，笑焉则群猴笑，哄焉则群猴睨，怒焉则群猴骂。谚曰："一犬吠影，百犬吠声。"悲哉！人秉天地清淑之气以生，所以异于群动者安在乎？胡自诬蔑以与猴犬为伦也！……狂澜滔滔，一柱屹立，醉乡梦梦，灵台昭然，丈夫之事业。（《新民说》）

再次是不做境遇的奴隶，胜境遇者获自由。

人以一身立于物竞界，凡境遇之围绕吾旁者，皆日夜与吾相为斗而未尝息者也。故战境遇而胜之者则立，不战而为境遇所压者则亡。（《新民说》）

最后是不做情欲的奴隶。其要在于克己，建立自主之道德心，如此，才可得心之自由。梁启超就此专门解释了孔子所讲的"克己复礼"："己者，对于众生称为己，亦即对于本心而称为物者也。所克者己，而克之者又一己，以己克己，谓之自胜，自胜之谓强。"（《新民说》）

此外，梁启超还区分了自由之俗与自由之德。他指出："自由之俗世自由之权操诸官吏，予夺在他人，其实是奴隶的自由，不是真自由。而自由之德者非他人所能予夺，乃我自得之而之享者也。"（《十种德性相反相成义》）自由之俗可表现在："所以幸得此习俗之自由者，恃官吏之不禁耳，一旦有禁之者，则其自由可以忽消灭而无复踪影。而官吏之所以不禁者，亦非尊重人权而不敢禁也，不过其政术挫劣，其事务废弛，无暇及此云耳。官吏无日不可以禁，自由无日不可以亡，若是者谓之奴隶之自由。"（《十种德性相反相成义》）也就是说，自由之俗不是人本身所具有之自由，而是官吏施之于自由。自由之德则不然，"其权非操诸官吏，而常采诸国民"。（《十种德性相反相成义》）在梁启超看来，自由之德又是团体之自由，是包含制裁的自由，所以："自由之公例曰：人人自由，而以不侵人之自由为界。制裁者制此界也，服从者服此界也。故自由之国民，其常要服从之点有三：一曰服从公理，二曰服从本群所自定之法律，三曰服从多数之决议。是故文明人最自由，野蛮人亦最自由，文野之别全在其有制裁力与否。无制裁力之自由，群贼也；有制裁之自由群之宝也。"（《十种德性相反相成义》）

四　群与国家

群体主要形式之一的国家被梁启超视为一个有机的群体，国家也是人类进步的标志。他指出："人群之初级也，有部民而无国民。由部民而进为国民，此文野所由分也。"（《新民说》）国民是组成国家的分子，"国者何？积民而成也"。（《爱国论》）由国民组成的国家群体并不是局部的杂凑，而是一个有机体。"国也者，积民而成，国之有民，犹身之有四肢、五脏、筋脉、血轮也。"（《新民说》）组成国家的国民，其属性如何？梁启超用近代西方"民约说"来阐述：

> 政府之所以成立，其原理何在乎？曰：在民约。人非群则不能使内界发达，人非群则不可能与外界竞争，故一面为独立自营之个人，一面为通力合作之群体。（或言由独立自营进为通力合作，此语于论理上有缺点，盖人能群之动物，自最初即有群性，非待国群成立后而始通合也。既通合之后，仍常有独立自存者存，其独性不消灭也。故随独随群，即群即独，人之所以贵于万物也。）此天演之公例，不得不然者也。（《论政府与人民之权限》）

梁启超指出，人既有"独立自营"的一面，也有"通力合作"的一面，这是人生而有之的"群性"。待到"国群"成立之后，人的群性自然也要在其中体现，具体而言就是对"国群"负有责任，应该爱国爱群。"国家之盛衰存亡，非命运使然，实乃由全国人过去之共同业力所造成，而至今乃食其依报者也。"因此，国家命运在于人民自身努力奋斗，"其权实操于国民，国民欲存之，则斯存矣，国民欲亡之，则竟亡矣"（《国家命运论》）。"斯乃真顾亭林所谓'天下兴亡，匹夫有责'也。"（《痛定罪言三》）

然后，梁启超又用父母与子女的关系来比喻国与民，他认为：

> 父母之于子也，生之育之，保之教之，故为子者有报父母恩之义务。人人尽此义务，则子愈多者，父母愈顺，家族愈昌；反是则为家之索矣。……群之于人也，国家之于国民也，其恩与父母同。盖无群无国，则吾性命财产无所托，智慧能力无所附，而此身将不可一日立于天地。故报群报国之义务，有血气者所同具也。苟放弃此责任者，无论其私德上为善人、为恶人，而皆为群与国之蟊贼。（《新民说》）

爱国是国民应当有的道德，因为"大抵爱国主义，本为人人所不学而知，不虑而能"（《痛定罪言二》）。但是，由于当权者以爱国为名，以权谋私，把国置于不可爱之地，令人痛心疾首。他说："'爱国'二字，十年以来，朝野上下，共相习以为口头禅。事无公私，皆曰为国家起见；人为贤不肖，皆曰以国家为前提。实则当国家利害与私人利害稍不相容之时，则国更何有者！……国民而至于不爱其国，则必执国命者厝其国于不可爱之地而已。"虽然"吾国人者，亢宗之念，怀土之情，以较他族，强有加焉，语于爱国，宜无待教诲激励"，但由于国民"求国之可爱者而不可得，故虽欲强用其爱焉而亦不可得"。所以，当政府号召人民爱国时，就难以得到人民的呼应和收到实际的效果。于是，人民有理由反问："国如当爱也，则爱之者其请自当道有司始。今当道有司是否以国家之休戚为休戚，而顾乃责难于吾民，假吾民真输其爱国之诚，安知不反为当道有司所利用以自遂其私也？"（《痛定罪言二》）因此，这就有可能导致"国民以国事为事也，且以国家政务为一己富贵利禄之具也，此正招亡之恶业，而我国前此造之已久者也"（《国家运命论》）。

在梁启超看来，政府和官僚们的"自遂其私"，愚弄人民的"爱国之诚"是激发人民爱国热情和行动的最大障碍，应该将此清除干净，这样才能使人民的爱国之诚"输"，爱国之行"至"，祛除了国家之病则国强可期。真正的爱国之举应该立足于自身和社会，变革腐败的政府以及治疗道德不健全之个人。从上述对群与国家关系的讨论看，梁启超所谓的"群"

既包含社会也包含国家，在不同讨论语境中各有所指也各有偏重。但总体上，无论是社会还是国家，形成有秩序、有道德的群体是社会和国家得以成立和发展的基础。梁启超力图重新塑造传统的群己关系和群观念，为新的社会国家提供转型的理论基础。在张灏看来，梁启超关心的是如何将中国人集合或整合为一个有凝聚力的组织良好的政治实体，以及建立这个群体的政治制度。在这个问题上，梁启超探讨的问题关键是中国应该保留君主制还是应采用根据公民参与原则组织起来的新的政府体制。此外，在政治参与问题上，梁启超还将注意力转向了新的政治共同体的范围，即思考中国应该作为一个帝国还是应该成为一个民族国家的问题。[①]

五　利己与利群

梁启超接受西方关于利己主义的思想，着重利用了利己与利他的关系，其目的仍是强调"利群"精神。在他看来，利己是"有生之公例"，他说：

> 为我也，利己也，私也，中国古义以为恶德者也。是果恶德乎？曰：恶，是何言！天下之道德法律，未有不自利己而立者也。对于禽兽而倡自贵知类之义，则利己而已，而人类之所以能主宰世界者赖是焉；对于他族而倡爱国保种之义，则利己而已，而国民之所以能进步繁荣者赖是焉。故人而无利己思想者，则必放弃其权利，驰掷其责任，而终至于无以自立。彼芸芸万类，平等竞争于天演界中，其能利己者必忧而胜，其不能利己者必劣而败，此实有生之公例矣。（《十种德性相反相成义》）

这种利己思想包含一个内在逻辑，在中国古代的表达以杨朱的"为我"为代表，即"人人不拔一毫，人人不利天下，天下治矣"。类似的逻辑在西方的表达大概是"天助自助者"。利己之自我努力而生出爱他的情感，以达到利群和天下治的结果。梁启超分析："利己心与爱他心，一而

---

① 〔美〕张灏：《梁启超与中国思想的过渡1890—1907》，崔志海、葛夫平译，第73页。

非二者也", "变相治爱己心者，即爱他心是也。凡人不能以一身而独立于世界也，于是乎有群；其处于一群之中而与俦侣共营生存也，势不能独享利益，而不故俦侣之有害 与否，苟或尔尔，则己之利为见而害先睹矣。故善能利己者，必先利其群，而后己之利亦从而进焉"。(《十种德性相反相成义》) 正是在这种内在逻辑的规定下，利己与爱他之间就会产生如下客观结果："但使举利己之实，自然成为爱他之行；充爱他之量，自然能收利己之效。"(《十种德性相反相成义》) 利己与爱他统一，便能生出利群的效果。

于是，梁启超又从群己关系的角度谈及个体责任在利群中的重要性。"人人对于人而有当尽之责任，人人对于我而有当尽之责任。对人而不尽责任者，谓之间接以害群；对我而不尽责任者，谓之直接以害群。"(《新民说》) 每个个体必须对自我和他人都尽其应当尽的责任，否则无异于自杀。梁启超如此认识利己与爱他的关系，用意不在于让每一个个体都去追求利己，而是为"利群""合群"作辩护，在二者统一的基础上寻求合理的阐述。从个体方面出发来重新认识"利群""合群"的根基，可以使每个个体能够发扬其进取精神。为此，他特别讨论了自我与群之间的选择关系：

> 身于群较，群大身小，绌身伸群，人治之大经也。当其二者不兼之际，往往不爱己，不利己，不乐己，以达其爱群、利群、乐群之实者焉矣。佛言："我不入地狱，谁入地狱。"佛之说法，岂非欲使众生脱离地狱者耶！而其下手处必自亲如地狱始。(《新民说》)
>
> 合群之德者，以一身对于一群，常肯绌身而就群；以小群对于大群，常肯绌小小群而就大群。(《十种德性相反相成义》)

总体上来说，梁启超通过对"群"观念的重构来对中西社会和政治思想进行整合。他吸收了西方近代的社会政治思想、进化论思想，也与早期儒家对群己关系的理解有着很深的联系。近代思想家在晚清诸子学复兴的语境下，重新回溯先秦诸子的思想，梁启超并不是单例。在早期儒者荀子那里，"群"也在其思想中占有十分重要的地位。荀子的群可以被理解为人类群体，并被看成人类区别于其他动物的明确特性。荀子还断言，人类凭借组织群体的能力才成了其他动物的主宰者，否则，那些动物在力量上远胜于人类。每一个人类群体组织都需要有其特性以及适合这些特性的相应规范，即礼。这些约定的规范，又反过来要求确立一个保持和贯彻这些规范的统治者。更具体地说，即确立王权。因此，在荀子思想里，王权的建立与人类社会密不可分，他将他所认为的"人道"部分地等同于他所称的"君道"，因为"君道"是组织人类社会的唯一办法。[①]

当然，梁启超对群的热情提倡与荀子对群的重视与强调其实存在差异。张灏的研究已经指出，事实上梁启超十分清楚他的观点与荀子观点之间的巨人差别。正是在1896~1898年这段时间里，荀子成为梁启超猛烈攻击中国政治传统的主要目标。他们之间的区别主要是对王权问题的讨论。荀子认为群的思想中包含了王权制度，而梁启超认为王权制度是败坏群的根源，因而也是中国政治制度中必须去除的东西。梁启超将传统的王权看成统治者根深蒂固的利己主义思想的化身，王权首先是为了维护自身利益，而不是抱着为公众服务的理想。这就是梁启超强调传统政治目标"防变"重于"经世"的真正意思。然而，事实却是各种非理性成了传统政治的特点，它们瘫痪了整个制度。王权俨然成了一种压制性制度，它不仅窒息了振兴中国所必需的活力，而且还必然导致王权自身的失败。[②]

> 自秦迄明，垂二千年，法禁则日密，政教则日夷。君权则日尊，国威则日损。上自庶官，下自亿姓，游于文网之中，习焉安焉，驯焉抗焉，静而不能动，愚而不能智，历代民贼，自谓得计，变本而加厉之。及其究也，有不受节制，出于所防之外者二事：曰彝狄，曰流寇。二者一起，如汤沃雪，遂以灭亡。于是昔之所以防人者，则适足为自敝之具而已。[③]

① 〔美〕张灏：《梁启超与中国思想的过渡 1890—1907》，崔志海、葛夫平译，第76页。
② 〔美〕张灏：《梁启超与中国思想的过渡 1890—1907》，崔志海、葛夫平译，第76页。
③ 梁启超：《论中国积弱由于防弊》，《饮冰室合集》第二册，第96页。

张灏认为，梁启超从孟子或黄宗羲反专制主义思想中最多只能吸收民是每个君主合法化的依据这一观点。由于认为建立君主制度是理所当然的，因此这类思想只能以"为民治理"的理想为核心，这与西方的"由民治理"的口号仍相距甚远。仔细考察一下梁启超这时期的思想，表明他已有意或无意地从仁政理想转变到西方政治参与的理想。因此，梁启超对传统专制主义的抨击，已不再是他为之悲叹不已的个别君主的自私自利，而是君主政治制度本身，他严厉指责君主政体是利己主义的制度化身。①

总之，借助群的思想讨论，梁启超从儒家合乎道德自发产生的有机社会关系的文化理想向一个早期民族共同体的思想迈进，"敢问国，曰有君焉者，有官焉者，有士焉者，有农焉者，有工焉者，有商焉者，有兵焉者，万其目，一其事……心相构，力相摩，点相切，线相交，是之谓力其涂，一其归，是之谓国"②。

第四节　梁漱溟"从身到心"的"伦理本位"
及其社会理念

梁漱溟对群己关系的理解和认识，主要是与其作为现代新儒家的思想发展及其社会实践紧密结合。梁漱溟首先是从自身的文化传统，特别是儒家的观念传统中去寻求与新的社会政治相通约的精神和内容。晚清以来，虽然出现了各种各样的社会改革，但都没有取得所期望的结果，梁漱溟对此反思的结果是认为问题的根本之处在于对文化的理解上。这时的人们始终不能认清文化传统与社会制度的关系。他通过对中、西、印文化不同路向的比较，考察了这三者在认识论上的差异，力图表明三者各自的特点和局限。与东方文化相比，西方人的思维方式过于强调人与自然、人与人之间的对立，因此更注重对事物进行分析，从而高度发展了理智和计算，科学比较发达。但是，其局限在于人与自然、人与人的关系紧张，不得不在社会组织管理上通过强制手段来制约人们的行为，是一种比较低级的管理

---

① 梁启超：《论中国积弱由于防弊》，《饮冰室合集》第二册，第100页。
② 梁启超：《南学会序》，《梁启超全集》第二册，第64~65页。

方式。与西方人的思维方式不同，中国人采用"理智运用直觉"的方式，是用直觉来干预理智的活动，可以消除人与自然的紧张，这正是以孔子为代表的儒家思想能适应时代发展趋势的方面。干春松就明确指出梁漱溟用"良知"来解释孔子思想中的"直觉"，这种良知的直觉即孔子所谓的"仁"，也是廓然大公的"无私心"。因此，梁漱溟的"直觉"并不是心理学意义上的，而是一种道德立场和生活态度。[①] 儒家在这样一种直觉的指引下，体现出一种仁的道德共同体生活：在物质生活上，能够与自然和谐相处，而不过多攫取。在社会生活上，也并不过于强调权利义务和法律关系，而是在自我与他人共同实现自我的相互关系中乐观地生活。在梁漱溟看来，中国作为世界宗教最微弱的地方，伦理秩序一直替代着宗教的功能，使人们确立了一种有生机的社会共同体生活。

一　人、礼俗与群

近代以来，社会思想文化发生转变，在救国与启蒙的双重任务下，人们普遍意识到并接受这样一种观点，即没有一个强大的国家，民主就难以落实，中国未来社会和国家的发展就无所依从。这种观点强调了整体性的重要和必要，也是近代以来比较普遍的群己观念——整体高于个体。在这样的时代氛围中，梁漱溟试图在已有传统思想资源的基础上去认识个人的自由，理解个人与社会、国家整体的关系。他十分赞同严复用"群己权界"来翻译"liberty"（自由），并通过进一步的思考提出他对新的社会、国家及其中群己关系的理解和建构。可以说，不论是个人的权利还是"群"的必要性，都始终在梁漱溟等近代思想家的理论视野之中。在"群"之必要视野之下，他们对团体、对组织以及维系近代社会和国家民主的基础都进行了不同的思考。

梁漱溟认为："在中国求民主与求组织不可分，而且宁在求组织中求民主。还不但如此。中国人政治生活之民主化，将与其经济生活之社会化同时并进，而且宁在经济生活社会之中而政治民主化。两面互为助益，彼

---

① 干春松：《伦理与秩序：梁漱溟政治思想中的国家与社会》，商务印书馆，2019，第 39 页。

此推动，末后政治上之民主主义与经济上之社会主义同时完成。"① 与传统中国"群"的生活习惯相比，需要建立一种新的具有社会政治内涵的群体生活，以此培养一种"公共观念"来实现对中国人和中国社会的重新塑造。他认为只要在国际环境的压力下结合国内制度的变革，就可以达成这一目标。"在外又有不容轻的压迫封锁，在内有一切生活于团体供给制。两下结合起来，而后所亲切的乃不再是家庭，所尊重的乃不再是父母。公共观念于是养成；纪律习惯于是养成；法治精神于是养成；组织能力于是养成。一个中国人到此才真的变了！"② 至于培养国人的团体生活习惯，则唯有通过教育这一条路。他从"政教合一"的观点出发，通过对团体和个人关系的辨析，提出个人自由要仰赖团体和组织的建立才能得到保障。

梁漱溟强调人总是过着"群"的生活。他说："宇宙生命虽分奇于生物个体，却又莫不有其群体即所谓社会者。"③ "人一生下来，便有与他相联系之人（父母、兄弟等），并且将始终在与人相关系中而生活（不能离开社会），如此则知，人生实存于各种关系。"④ 梁漱溟所谓的关系即人伦，强调的是人的群体生活，且在这样的群体生活中要有秩序就自然需要生成一系列的礼义制度，并要求大家遵守。于是他进一步提出：

> 伦者，伦偶，正指人们彼此之相与。相与之间，关系遂生。家人父子，是其天然基本关系，故伦理首重家庭。父母总是最先有的，再则兄弟姐妹。既长，则有夫妇，有子女，而宗族戚党亦即由此而生。出来到社会上，于教学则有师徒，于经济则有东伙；于政治则有君臣官民；平素多往返，遇事相扶持，则有乡邻朋友。随一个人年龄和生活之开展，而渐有其四面八方若近若元数不尽的关系。是关系，皆是伦理。（《中国文化要义》）

---

① 梁漱溟：《中国建国之路》，《梁漱溟全集》第三卷，山东人民出版社，2005，第346~347页。
② 梁漱溟：《中国建国之路》，《梁漱溟全集》第三卷，第351页。
③ 梁漱溟：《人心与人生》，《梁漱溟全集》第三卷，第542页。
④ 梁漱溟：《中国文化要义》，《梁漱溟全集》第三卷，第81页。

由此，在梁漱溟看来，关系－伦理是个体人生开展的主要形式，每一个人形塑着这样的关系伦理，也在这样的关系伦理中被形塑，从而"人是天然离不开旁人而能生活的"。(《人心与人生》) 社会共同体生活中的要求、规范与秩序，也促成了礼俗制度建构的共同需要，"人们在社会中总要有能以彼此相安共处的一种路道，而后乃得成社会共同生活。此通行路道取得公认和共信便成为当时当地的礼俗"①。礼俗制度对于群居生活的最主要价值就是维持群体的秩序和协调群体的整体性发展，秩序与规范对于群体生活是不可或缺的。梁漱溟对此多次强调，"人非社会则不能生活，而社会生活非有一定秩序不能进行，任何一时一地之社会必有其为组织构造者，形成于外而成其一种法制礼俗，是即社会秩序也"，"有秩序，则社会生活顺利进行，生息长养不难日起有功也"。② 如果秩序不立，则"处此局者，或牵掣抵牾，有力而莫能施也；或纷绘扰攘，力皆唐捐；或矛盾冲突，用力愈勤，而损害愈大。总之，各方面或各人，其力不相顺益，而相妨碍，所成不抵所毁，其进不逮其退"③。秩序对于群体生活的价值毋庸置疑。

另外，梁漱溟还以群体的秩序与群体中的人民所具有的财富进行价值比较，从而肯定群体秩序的价值高于群内民之财富的价值。他说："民穷财尽虽可忧，而所忧不在民穷财尽。"④ 梁漱溟近乎认为群的秩序是"乘"的价值，民的财富是"加"的价值，在由合理社会秩序维持的群中，其个体形成的群体力量是"积"，而仅由财富构成的群体的力量则是"和"。这样一来，相同数字的乘积必然高于其相加之和。他之所以做这样的比喻和计算，其目的是要指出社会共同体的发展与强大，根本在于人之价值的发挥，而人之价值的完全发挥则仰赖于群体的秩序、社会的礼俗制度和社会组织方式。

正因为群体的秩序和社会的礼俗制度对于共同体和个人的发展具有重要意义，梁漱溟进而又讨论了人与礼俗之间的相互关系。他从个体本性出

①　梁漱溟：《人心与人生》，《梁漱溟全集》第三卷，第 674 页。
②　梁漱溟：《乡村建设理论》，《梁漱溟全集》第三卷，第 177 页。
③　梁漱溟：《乡村建设理论》，《梁漱溟全集》第三卷，第 178 页。
④　梁漱溟：《乡村建设理论》，《梁漱溟全集》第三卷，第 179 页。

发，从人的需要出发，认为礼俗制度应于人生之需要，其构成又决定于人生所提供的可能性："任何礼俗制度之形成，必应于人生需要而来，没有需要不会发生，尽有其需要而无其可能，仍然不会发生和存在下去。"① 在人的种种需要中，身体需要表现为某种欲望，但人的欲望则从来不会满足，同时，人口还会持续地繁衍，这种来自宇宙大生命又发乎个人人身最终的汇集而成的伟大自然力，就是社会发展史中所称"自发性发展"的根本，一切礼俗制度正是由此而形成，以此为其原始动力。礼俗是公认、共信的，也是具有普遍道德约束的，它与个体人生的关系一定程度上也就是群己关系的折射。在梁漱溟看来，礼俗源自人生的需要，其中身体的需要是礼俗制度发生的原动力，正是个体生命力量的汇集成为社会礼俗制度的原发动力，个体生命力量是社会礼俗制度的主观基础，个体在群体礼俗制度的形成中发挥着决定性作用。

梁漱溟指出，群体生活价值的实现需要礼俗制度发挥其作用，而社会制度、礼俗习惯的形成又需要有理性和理智的选择，虽然也不乏一些强制力的作用。总体上，他认为需要依靠三种力量来达成礼俗制度的形成。他说：

> 凡礼俗制度所以得成其效用者，大约是基于三种力量之上。一是理智之力——即谓人们各从自身利害得失的计虑上而统一接受遵从。二是理性之力——即谓人们因其公平合理，虽不尽合自身利益，却允洽舆情而乐于支持拥护。三是强霸之力——即谓人们大半在被强制之下，不得不忍受服从。②

可以看到，这三种力量即利、理、力。这三种力量对维持社会礼俗制度都有价值，三种力量需兼而用之。"无规制无秩序，社会生活是不可能进行的，规制秩序的建立殆无不兼有以上三种力量在。"③ 在这三种力量

---

① 梁漱溟：《人心与人生》，《梁漱溟全集》第三卷，第680页。
② 梁漱溟：《人心与人生》，《梁漱溟全集》第三卷，第674页。
③ 梁漱溟：《人心与人生》，《梁漱溟全集》第三卷，第675页。

中，理智、理性的力量都需要以个体自觉性为其基础。"理性"是理解梁
漱溟道德思想及其理解人与社会共同体关系的核心观念。陈来就曾指出，
梁漱溟将"理性"视为最为珍贵的特质，也就是将儒家的道德自觉视为人
类的基本特征和理想状态。虽然在这个问题上，梁漱溟多少混淆了道德伦
理上应然和实然之间的差异，但从根本上确立了儒家价值的优先性，并以
此为基础来理解中国人的思维方式和社会形态。① 梁漱溟自己则把"理性"
视作理解中国文化的重点。不过，干春松提示，我们需要注意在梁漱溟的
概念体系中，多用"理智"来指称习惯上属于"理性"的那种能力，认为
人类在进行判断推理过程中，难以明确区分道德和价值等因素。他以此为
基础来展开他的"理性"概念，并认为中国社会的独特品格和中国人最早
发展起来的这种禀赋有关。如果说在梁漱溟那里文化是制度和习俗的决定
性力量，那么"理性"则是造成中国传统社会特性的关键。②

　　梁漱溟认为理性的精神在儒家身上得到了很好的体现："儒家对于宇
宙人生，总不胜其赞叹；对于人总看得十分可贵；特别是他实际上对于人
总是信赖，而从来不曾把人当成问题，要寻觅什么方法。此和谐之点，即
清明安和之心，即理性。一切生物均限于'有对'之中，唯人类则以'有
对'超进于'无对'。清明也，和谐也，皆得之于此。"③ 的确，儒家的
"理性"构成了中华民族的基本精神，梁漱溟又用两句话来概括它："一为
向上之心强，一为相与之情厚。"④ 这种向上的心，就是知善、知恶，追求
公平合理和维护正义的心。梁漱溟还特别从人心所体现的生命本性出发来
论证礼俗制度的维持和发展离不开人的理性能力与个体的主动自觉性。他
说："生命本性是要自由活动的，但同时却有其势若相反而恒相联不离的
惰性。群体生活中的礼俗制度正和个体生活中的气质习惯是同一样的东
西，自始便有些惰性（指其预先规定下来）而愈到后来，惰性愈重。"⑤ 这
种惰性表现在礼俗制度上就是礼俗制度的僵化，并且落后于社会的发展，

---

① 陈来：《现代中国哲学的追寻》，人民出版社，2001，第259页。
② 干春松：《伦理与秩序：梁漱溟政治思想中的国家与社会》，第236页。
③ 梁漱溟：《中国文化要义》，《梁漱溟全集》第三卷，第127页。
④ 梁漱溟：《中国文化要义》，《梁漱溟全集》第三卷，第133页。
⑤ 梁漱溟：《人心与人生》，《梁漱溟全集》第三卷，第634页。

"末后几乎失去任何意义，既不能起有利作用，就转落为不利而为病"①。他指出，要治疗和杜绝礼俗制度僵化这种弊病，就必须在根子上做文章，根子就是人心，就是要致力于发挥人心的自觉灵活的特性。如果每一个个体的人心能够不失去其主动自觉的精神，能够克服其惰性，那么礼俗制度便能不断推进，持续发挥其维系群体秩序的功能，实现其价值。换言之，个体之于礼俗制度，因需要而致其生，因理智、理性之力而致其用、道其行，更因其自觉主动精神而致其日新。

由上可见，梁漱溟肯定了群体的必要以及社会礼俗制度对个体的不可少，承认二者是个体人生实践的必然条件。同时，他也强调群体及其中发生积极价值效应的不断更新的礼俗制度又是个体主动自觉行为的结果，这由个体之理性也就是人心来发挥作用，从而将群体价值及其实现与其中个体的普遍主动自觉之精神紧密联系起来，使人之社会共同体成为有机的整体。正因为重视人类群体生活方式的价值，梁漱溟还从人类文明史的角度展开进一步论述，"社会（群居）生活是先天决定于人类生命本质的，必在群居中乃有文明创造，而赖以维系团聚此人群者，总少不得某些对象的崇信礼拜"，"群体内统一的崇信礼拜时，群的生活乃得以稳固顺利进行去"。② 群的生活创造了文明（首先表现为宗教形式），这种文明又成为群继续发展的必要条件。在梁漱溟看来，未来社会中人们自觉自律的行为固然还需要条文约束，但这些条例的产生并不背离民众的意愿，而是"准于人情事理形著之榜样的为群众所公认者。这就是礼俗，不是法律"③。所以，在他看来，礼俗固然是道德意识的外在化，而这种礼俗也有助于道德实践，任何理想的道德价值都要通过群体的礼乐活动来呈现。

二　人心、个体价值与群己统一

梁漱溟把社会共同体的发展视为所有个体人心的重要作用。他认为，从人类的自然性看，群体的形成是必然的，但是群体的和谐发展则不是必

---

① 梁漱溟：《人心与人生》，《梁漱溟全集》第三卷，第 634 页。
② 梁漱溟：《人心与人生》，《梁漱溟全集》第三卷，第 698 页。
③ 梁漱溟：《人心与人生》，《梁漱溟全集》第三卷，第 474 页。

然的，要完成共同体社会的完全发展，要依赖的重要基础是"人心"。干春松认为这是梁漱溟进一步发现了意志力量对于社会发展的意义，并将此看成是"心"的政治对"身"的政治的超越。① 也就是说，在一种更为现代和谐的群己关系中，群与己通过人"心"的意志达成整体与个体的一种协和，从而完成政治与社会共同体的发展。梁漱溟提出，从一般人的生活来看，主要有生存和繁衍两个主题，这也是其他有生命的类群体，比如动物的主题。人与动物之所以不同，根本上在于人可以通过不断创造，突破自己的局限。一旦人类从身体的本能状况解脱出来后，就不再是工具性的存在，而是能将基于生存和繁衍而呈现的利害得失的计较上升、转化为无私的感情。"具此无私的感情，是人类之所以伟大；而人心之有自觉，则为此无私感情所寄焉。人必超于利害得失之上来看利害得失，而后乃能正确地处理利害得失。"② 人之所以为人，在其心；心之所以为心，在自觉。然而，梁漱溟也意识到，强调人心相通一体，可能会遮蔽个人的主体性，但是他坚持认为所谓人心的意义和意志的动能是身体摆脱物的限制之后的事。若从心理机制上说，如果人们有共同的目标和追求，那么就可以实现人心之不隔，比如家庭作为一个小的共同体正是这样。

　　梁漱溟认为人类的群体性是人之生命得以开展的必要条件，人作为个体的主动性与自觉性又是个体价值之所在，人之价值又是表现在主动性与自觉性上，主动与自觉则是人心的特征。首先，人的主动性来自人的生命，"应当说，心与生命同义；又不妨说：一切含生莫不有心。这里彻始彻终一贯而不易者即后来所见于人心之主动性是已"。"一切生物的生命原是生生不息，一个当下接续一个当下的；每一个当下都有主动性在"，"生命本性可以说就是莫如其所以然的无止境的向上奋进；是在争取生产力之扩大，再扩大（图存、传种，盖所以不断扩大）；争取灵活，再灵活；争取自由，再自由"。（《人心与人生》）梁漱溟概括个体的主动性在于"日努力，日争取，日运用，总都是后力加于前力，新新不已"（《人心与人生》）。

　　① 干春松：《伦理与秩序：梁漱溟政治思想中的国家与社会》，第 268 页。
　　② 梁漱溟：《人心与人生》，《梁漱溟全集》第三卷，第 593 页。

其次，相较而言，梁漱溟认为自觉性比主动性更为根本，他说："一言一行独立自主，方显示生命本质，其根本要在内心自觉之明强。"（《人心与人生》）这是一种以个体自觉性基础为特征的个体论。梁漱溟将自觉性也归于人心的特征，他认为所谓的自觉，就是"不唯自知其动念而已，抑且自知自己之知之也"（《人心与人生》）。"自觉是随在人心任何一点活动中莫不同时而具有"，"自觉之在人，盖无时不有也"，"凡自觉之所在即心之所在"。（《人心与人生》）自觉与人心同在，人之所在，无处无时没有自觉，但自觉又不是单调的，而是"明、暗、强、弱、隐、显往往变于倏忽之间，一时一时不同"（《人心与人生》）。自觉对于人成就某种事业也至关重要，"人类的一切有所成就者，何莫非意识之动，但不是那悠忽散乱的意识（悠忽散乱只让光阴虚度），而是全在意识的认真不苟。质言之，就是任何成就莫非人心自觉之力，凡人类之所成就，从大小事功以至学术文化之全绩要可分别用'真''善''美'三字括举之。然而试看此三者其有一非藉人心自觉之力以得成之者乎？无有也"（《人心与人生》）。没有人的自觉，也就无所谓人之成就。自觉是人类无私感情的寄托所在，"具此无私的感情，是人类之所以伟大；而人心之有自觉，则为此无私的感情之所寄焉"（《人心与人生》）。

梁漱溟的"人心"也是指人与人之间互相理解、互相激励的态度。"人类社会看似在有意识地（其中有理智）无意识地（其中有本能）彼此互相利用而结合着，其实这至多是把人牵引到一起，或连锁不散而已。若要和好地共处，积极地协作，却必在此步不隔之心。没有此不隔之心，任何社会生活都搞不好，乃至搞不下去。故此人类社会之所以能成功，所以能发展，其心理学的基础不是旁的，就是人心。"身体是隔的，但人心是相通的，"生命本性要通不要隔，事实上本来亦一切浑然为一体而非二。吾人生命直与宇宙同体，空间时间俱都无限。古人'天地万物一体'之观念，盖本于亲切体认及此而来。此必从张目四望之散乱意识收敛、潜默、凝合到生命本身，亦即从有所对待转入无所对待方得"。传统儒家一直强调万物一体之仁，梁漱溟认为这个一体之仁也正是人心与宇宙的一体，而并非近代在科学主义影响下所理解的作为意识上假设的"一体"。

在强调群体秩序价值和个体自觉性基础上，梁漱溟设计和评价了个体与群体的关系。他指出个体与群体的关系是社会发展中的极大问题，"社会或云群体为一方，社会的组织成员或云个人为又一方，在此两方关系上有一个应该孰居重要的问题；以群体为重乎，抑以个人为重乎？这实在是社会生活规制上的极大问题"①。于是，群己关系被他理解为社会整体与社会组织成员（个人）的关系，他对二者关系的理解主要从以下四个方面展开。

首先，从个体方面来说，群体中的个体都应处于积极主动的位置，都应该尽量发挥自身的体力和脑力，即人人都应该是主体。如果"群体中的个人恒处于消极被动地位，不得尽其心思之用而只役用其体力，那显然不对，深可嗟惜"②。意思是说，群体中的个体发挥自我的体力和脑力，既是义务又是权利，个体需要群体给予其履行义务和权利的充分条件。

其次，"再从群体一方来说，社会发展要在其社会所由组成的各个成员都活泼积极主动地参加其社会生活，夫然后其社会乃为内容充实，组织健全"③。社会群体发展的动力来自其成员积极主动的建设性实践，社会群体需要其成员以各自创造性实践来充分发展社会生活的内容、健全社会组织的构成。

再次，综合上述两点，"人在独立自主中过着协作共营的生活，个人对于集体，集体对于个人，相互以对方为重，社会所由组成的各个成员都能活泼积极主动地参加其社会生活，其社会乃内容充实、组织健全，达于社会发展之极致"④。"协作共营"是人与社会能共同发展的基础，个人与集体互以对方为重，是梁漱溟解决个人与群体关系的理想策略。

最后，协调发展群己关系需要实事求是，辩证对待。生活是活的，在活的社会中，个人与群体孰为重，就应该根据实际的情况和具体条件来定，而不应执定某一方为重而另一方为轻。他说："伦理互相以关系之对方为重，而不执定具体之某一方为重，实在奇妙无比。譬如国家（集体）在危

① 梁漱溟：《人心与人生》，《梁漱溟全集》第三卷，第626页。
② 梁漱溟：《人心与人生》，《梁漱溟全集》第三卷，第627页。
③ 梁漱溟：《人心与人生》，《梁漱溟全集》第三卷，第627页。
④ 梁漱溟：《人心与人生》，《梁漱溟全集》第三卷，第628页。

难中则个人非所重；若在平时生活中则国家固应为其成员个人而谋。"①

如何实现上述理想状态中群己关系的协调发展，梁漱溟认为应当诉诸个体自我的自觉修养和对自身义务的自觉履行。"人对人的问题虽存于彼此之间，（今说人对人的关系应当包含个人对集体、集体对个人那种相互关系在内，亦包含集体对集体的关系在内）但人身有彼此而生命物内外，浑包对方若一体，从乎自觉能动性，采取主动解决问题，自是在我。若期待对方，责望对方，违失于道矣。唯责己者为不失自觉。"② 个体自我首先要能够"反求诸己"，能够"尽其在我"，但需要注意，这种责己、尽己的要求并不是要个体泯灭自我的个性，只讲对他人的义务，而不讲自我的权利。③ 梁漱溟以道德普遍律为前提说明："我既对四面八方与我联系的人负担着义务，同时四面八方与我有关系的人就对我负担着义务；当人们各自尽其对我的义务那时，我的权利享受不是早在其中了吗？"④ 也就是说，每个自我都以与自己相关的对方为重，结果自我也自然为对方所重。这便是他所谓的伦理，即统一群己关系的伦理本位。"所谓伦理无他义，就是要人认清楚人生相关系之理，而于彼此相关系中，互以对方为重而已。"⑤

通过与西方社会文化的比较，梁漱溟指出中国社会具有"理性早启"的特点，并表现出伦理本位、职业分途的特点。他说：

> 西洋始既以团体生活过重，隐没伦理情谊；继又以反团体而抬高个人，形成个人不本位的社会；于是他们的人生，无论在法制上、礼

---

① 梁漱溟：《人心与人生》，《梁漱溟全集》第三卷，第628页。
② 梁漱溟：《人心与人生》，《梁漱溟全集》第三卷，第627页。
③ 干春松认为，新文化运动之后，片面宣传自我中心和个人本位，旧秩序被破坏而新的秩序难以建立。虽然梁漱溟觉得个人不能挺立是伦理社会的一大缺失，但是，他并不是要强调个人权利，而是认为只有独立的个人才能建立真正的团体生活。他说："在旧日伦理中，一个人虽对团体负责之义不明，总还要对家庭父母兄弟负责，对亲戚朋友负责，伦理关系原不外此一种义务关系。而现在呢，却以个人权利观念代替之，各自肯定其权利；各自强调其权利。于是一新组织关系未见踪影，而旧组织关系却已被拆毁。"（梁漱溟：《中国建国之路》，《梁漱溟全集》第三卷，第338页）参见干春松《伦理与秩序：梁漱溟政治思想中的国家与社会》，第268页。
④ 梁漱溟：《人心与人生》，《梁漱溟全集》第三卷，第627页。
⑤ 梁漱溟：《中国文化要义》，《梁漱溟全集》第三卷，第79页。

俗上，处处形见其自己本位主义，一切从权利观念出发。伦理关系发达的中国社会反是。人类在情感中皆以对方为主（在欲望中则自己为主），故伦理关系彼此互以对方为重；一个人似不为自己而存在，乃仿佛为他人而存在者。这种社会，可称伦理本位的社会。①

这里，"伦理本位"强调的正是群己相关的人类社会的本质，或者说中国传统社会的特质。对这种互以对方为重的伦理的形成，梁漱溟又通过对家庭（或家族）的分析给出了说明。换言之，中国社会之所以是伦理本位，主要是基于家族观念对于社会和政治的影响，而西方则因为宗教和民族国家代兴，强调个人本位和阶级斗争，人们习惯于一种团体生活，也会思考如何突破这样的团体性。由此，西方近代以来的启蒙运动十分注重保护个人的权利。在中国传统社会，职业分途和伦理本位相互作用导致了中国社会的变革运动，不过，通过暴力革命并不是解决中国社会问题的合适途径，因为革命也可以理解为秩序的重建，只是破坏秩序的革命算不上真正的革命。②

三　家庭与伦理本位传统

在西方冲击下，中国的先进知识分子或多或少都发现了国人缺乏"国家意识"而只有"家庭""家族"意识，如上节所述，梁启超已经在《新民说》中谈到中国人缺乏"公德"意识，并专门讨论了公德私德的问题。梁漱溟对此则概括为中国人的四缺乏：缺乏公共观念、缺乏纪律习惯、缺乏法治精神、缺乏组织能力。鉴于此，他认为只有养成一种"新政治习惯"，才能将新的制度落实。"究其实所谓新政治习惯是什么呢？不是别的，不过是对公共事情——小而地方的事，大而国家的事——要关心，要过问，要参加进去，那种生活习惯而已。"③ 只有通过公共观念的培养将国民组织起来，国家才能获得发展的力量。不过，梁漱溟虽然提倡公共观念

---

① 梁漱溟：《中国文化要义》，《梁漱溟全集》第三卷，第80页。
② 干春松：《伦理与秩序：梁漱溟政治思想中的国家与社会》，第268页。
③ 梁漱溟：《中国建国之路》，《梁漱溟全集》第三卷，第338页。

和新政治习惯的培养，但仍然认可家庭这一小共同体在伦理社会中的重要性，他并不是继续认同教条僵化的伦理纲常，而是通过家庭阐发一种利他情感的重要性，以及出自仁爱之情感对人之价值和对社会共同体的重要意义。

梁漱溟认为家庭在人生中的价值是重大的。从组织社会各群体方面而言，家庭发生和培育着"人类真切美善的感情"，即"孝悌""慈爱""友恭"等，并帮助形成社会组织结构模式。由家庭蕴涵的情感和家庭模式构建成的社会群体，显示出一种"重情谊的社会"特征。在这类贯穿情感的家庭模式构成的群体中，有一种原则在发生着作用，即"人在情感中，恒只见对方而忘了自己"，"慈母每为儿女而忘身；孝子亦每为其亲而忘身。夫妇间，兄弟间，朋友间，凡感情的必处处为对方设想，念念以对方为重，而把自己放得很轻，所谓'因情而有义'之义，正从对方关系演来，不从自己立场出发"。① 如果家庭成员间的感情融洽之模式推而至社会群体中，则群体中各成员间也融洽如亲人，都以对方为重，这种凝聚力自然能够带来社会共同体的秩序稳定和力量提升。

不仅在情感上家庭对社会群体生活有如此之价值，家庭经济生活方面也对社会共同体有意义，比如家庭财产管理模式可能对社会群体的理财形式也具有重要影响。梁漱溟认为在家庭生活中，其成员在财产上显示着和衷共济的特征。具体说来，一是"共财之义"，即"夫妇、父子情如一体，财产是不分的。而且父母在堂则兄弟等亦不分；祖父在堂，则祖孙三代都不分，分则视为背理"②。二是"分财之义"，见于兄弟之间和近支亲族之间。"除此是在分居时分财，分居后富者或再度分财于贫者。"③ 防止了人们经济上的贫富悬殊。三是"通财之义"，即"亲戚朋友邻里之间，彼此有无相通"。虽然"原则上是要偿还的"，但"周济不责偿，亦正是极普通的情形"。四是"施财之义"，这是在更为宽泛的伦理关系范围内的经济上的彼此顾恤。家庭（家族）在经济生活上的这些功能放射到社会群

---

① 梁漱溟：《中国文化要义》，《梁漱溟全集》第三卷，第76页。
② 梁漱溟：《中国文化要义》，《梁漱溟全集》第三卷，第83页。
③ 梁漱溟：《中国文化要义》，《梁漱溟全集》第三卷，第267页。

体经济生活中，必然会使社会生活中争利之行消弭于无形而增强群体的凝聚力。

　　就个体自我人生和自我价值实现而言，家庭的作用绝不是可有可无的。除去那些家庭培育个体成长的必要功能不说，个体自身奋斗的精神源泉也总是来自家庭。梁漱溟认为，家庭（家族）给予成员人生奋斗的精神力量，家庭成员个体的努力有着共同的目标，在奋斗中也能相互体贴、同甘共苦，在这种奋斗中，个体也获得一种精神升华。"熙熙融融，协力合作，最能使人心境开豁，忘了自己此时纵然处境艰难，大家吃些苦，正亦乐而忘苦"，"所努力者不是一己事"，就"可能意味着严肃隆重、崇高、正大"，"有一种神圣般的义务感。在尽了他们义务的时候，睡觉也是魂梦安稳的"，"他们面前都有一远景，常常鼓励他们工作，当其厌倦于人生之时，总是在这里面（义务感和远景）重新取得活力，而又奋勉下去"。① 这种精神动力在历史上已经催生了很多伟大人物，而且还会继续催生新的英雄人物诞生。而且，家庭生活的氛围也是个体人生健康向上的保证条件之一，"人的家庭之乐是极重要无比的，他最能培养人心，并且维系了一个人生活的平稳"②。可见，家庭小共同体的存在和情感的培育对于个体的自我实现十分重要。梁漱溟还认为，一旦由家庭而扩展至社会群体的伦理本位和家庭孕育的个体奋勉不息的精神相统一，就会造就一个社会的进步。他说："何谓社会出路？这大约应有两个条件，一面从社会的个人看能得安居乐业，再一面从社会看能得向上进步者便是。"③ 伦理本位与个体奋勉不息正是促成社会进步的两方面。当然，"亦有一种变例，个人虽一时不得安居乐业，社会却于此得了向上进步的机会，那便是革命。革命是一过渡时期，总要过渡到两面条件具备，此社会才算有了出路"④。

　　通过对中西群己关系模式的比较，梁漱溟进一步肯定了中国传统的由家庭成员关系扩展出来的群己关系模式，并概括出其中的基本内涵为"向上之心强"与"相与之情厚"。西方传统社会由家庭（家族）生活转变为

---

① 梁漱溟：《中国文化要义》，《梁漱溟全集》第三卷，第267页。
② 梁漱溟：《东西文化及其哲学》，《梁漱溟全集》第一卷，第330页。
③ 梁漱溟：《教育的出路与社会的出路》，《梁漱溟全集》第六卷，第382页。
④ 梁漱溟：《教育的出路与社会的出路》，《梁漱溟全集》第六卷，第382页。

集团生活，个人与集体的关系明晰化，其调节趋向或为个人或为社会，形成群己关系调节的个体本位或社会本位的特征。在中国传统社会中，由家庭（家族）生活中拓展出伦理关系而作为国家社会群体的维系，模糊了个人与群体的关系，其调节以伦理为指向，形成群己关系调节中的伦理本位特征。在《中国文化要义》中，梁漱溟还强调，中国人具有一种理性的态度，这种理性的态度正是以家庭骨肉之爱为其发端的，所以中国是一个伦理本位的社会，而且儒家的伦理本位观念，并不纯粹导向社会组织的建构，而更注重一个人如何"成己"，注重对人生意义的追求。"所谓学问，应当是讲求这个的，舍是无学问。所谓教育，应当就是培养这个的，舍是无教育。乃至政治，亦不能舍是。所以他纳国家于伦理，合律法于道德，而以教化代政治（政教合一）。"① 梁漱溟的这一说法，正是儒家成己成人传统的一个继承。

从中国传统的伦理本位出发，梁漱溟指出："东方文化其本身没有什么是非好坏可说，或什么不及西方之处，所有的不好不对，所有的不及人家之一点，就在步骤凌乱，成熟太早，不合时宜。并非这态度不对，是这态度拿出来太早不对，这是我们唯一至误所由。"② 他用"理性早启"来说明中国文化的特质，这不仅使我们没有出现过西方式宗教对人的压制，也让我们走上了人类文明的独特道路，我们的文化既不主张出世而禁欲，也不注重现世的幸福，而是产生出了一种独特的文明，特别是"相与之情厚"。梁漱溟认为中国传统的伦理本位中群己关系的独特性可以概括为"一为向上之心强，一为相与之情厚"。"向上心，即不甘于错误之心，即是非之心，好善服善的心，要求公平合理的心，拥护正义的心，知耻要强的，嫌恶懒散而喜振作的心……总之，于人生利害得失之外，更有向上一念者是。我们总称之曰'人生向上'。从之则坦然泰然，怡然自得殊不见其所得。违之则欠恨不安，仿佛若有所失而不见其所失。"③ "人生向上"追求的是伦理，"念念不离当下，唯义所在，无所取求。古语所谓圣人

① 梁漱溟：《中国文化要义》，《梁漱溟全集》第三卷，第 96 页。
② 梁漱溟：《教育的出路与社会的出路》，《梁漱溟全集》第六卷，第 382 页。
③ 梁漱溟：《中国文化要义》，《梁漱溟全集》第三卷，第 79 页。

'人伦致至'者，正以此理不外伦理也"①。"伦理"是指个人的本能与情感的关系，"理智把本能松开，松开的空隙愈大，愈能通风透气。这风就是人的感情，人的感情就是风，而人心恰是一无往不通之孔窍。所以人的感情之丰啬，视乎生命中机械成分之轻重而为反比例（机械成分愈轻，感情愈丰厚）"。②"相与之情厚"正是这样的伦理文化陶冶的必然结果，是向上者相与的群体情状。③对于中国传统伦理文化的问题，梁漱溟也有针砭，但他对"向上之心强""相与之情厚"的民族精神给予了充分的肯定，这也是其对群己关系中的主体自觉和奋勉不息精神的认可，也折射出早期儒家群己观念在近现代的变体展开。

四　伦理本位与社会主义

梁漱溟通过"伦理本位"这一特别的概括将近代以后中国的社会主义运动与儒家伦理建立起一种联系。在他看来，伦理本位既不同于个人本位也不同于集体本位，由此，人就不会被特定的利益所束缚，反而能体现出以他人为重的伦理情谊。伦理本位所强调的是人与人、人与共同体之间的对待关系，通过各种关系责任，全社会的人被联系起来而共同承担一定的共同义务。根据这种理想状态，梁漱溟认为伦理本位可以克服任何以其他出发点开出的本位主义，从而确立起个人和集体之间的平衡。这种既不是个人本位也不是集体本位的伦理本位，在一定程度上与社会主义所展现的群己观念具有亲和性。④在梁漱溟的理解中，中国文化一直有一种互相"以对方为重"的价值观念，主要表现在需要注重团体利益的时候，会照顾到个人和利益，需要注重个人和利益的时候，也不会忘记团体的使命，尤其在协作共建的社会中更是如此："个人本位的权利思想、集体本位的权利思想，均属旧文化，已成为过去之事。在协作共营的新社会生活中，凡相关之两方彼此都要互相以对方为重，自觉者觉此，自律者律此。而根

---

① 梁漱溟：《中国文化要义》，《梁漱溟全集》第三卷，第79页。
② 梁漱溟：《中国文化要义》，《梁漱溟全集》第三卷，第122页。
③ 梁漱溟还以王阳明《大学问》中的天地万物一体说来阐发由一体之仁所产生的以对方为重的道德情感。
④ 干春松：《伦理与秩序：梁漱溟政治思想中的国家与社会》，第212~231页。

于此的伦理情谊以形著于社会上的种种风尚习俗，便是人们行为的准则，而为社会秩序、劳动纪律之所寄。这样以社会礼俗取代国家法律，乃体现了人类由社会而国家之新局。"①

不过，干春松指出，梁漱溟在 20 世纪 60 年代末修正了他对伦理本位的理解，即他开始将伦理本位视为恰好是一个介于集体本位和个人本位之间的平衡点和发展趋势。他说："集体本位主义也好，个人本位主义也好，表面似乎大相反，而实则其站在各自一方主张其权利而责对方以义务，正无不同，即同样是从身出发的，非是从心发出来的；同样失之一偏，失之不通不活，不能如根本人心情理之可以在必要时随有轩轾，伸缩自如。从人类社会发展前途来看，身的时代即将过去，心的时代就要到来，新社会其必非个人本位固不待言，亦非什么集体本位，而是很自然地要走向伦理本位之路。"② 丁耘将梁漱溟的这一伦理本位的理论理想，看成一种从儒家道统的高度来接纳社会主义的一种尝试。他认为梁漱溟把社会主义的成功综合到他对中国历史独特性的理解上，使礼乐文明的特色构成了后来居上的可能，这样，梁漱溟对中国发展独特道路的探索也转变为对于中国超越西方的跨越式发展的"文化自信"，在他对未来理想社会的建构中，儒家的礼乐精神提供了最为丰富的思想和实践的指南。③

通过比较，梁漱溟认为礼乐秩序的基础是"心为身主，以身从心"，而西方的政治秩序是心随身动，心未能主宰身。西方文化过于强调身体本能又加上其启蒙意识的强化，导致社会丑恶现象迭出，人心浅薄狭小。礼乐秩序所要取代的正是西方在近代以来所形成的个人权利本位及其与这种功利主义精神相配套的政治法律制度。梁漱溟认为这种礼乐秩序恰好与社会主义的新风尚相一致，最终可以达致"刑不用"的理想："对于以上说的社会问题，在一般阶级国家唯知用刑罚来对付，其不解决问题有不待言。社会主义国家在无产阶级专政下，一时仍不能不用刑罚制裁坏分子，而首要致力则在人们的思想改造，以世界革命的远大志愿提高人们的意

① 梁漱溟：《中国——理性之国》，《梁漱溟全集》第四卷，第 473 页。
② 梁漱溟：《中国——理性之国》，《梁漱溟全集》第四卷，第 462 页。
③ 丁耘：《大陆新儒家与儒家社会主义——以梁漱溟为例》，《文化纵横》2012 年第 2 期，第 62~67 页。

识，而且言教加之身教，形著社会新风尚，好事涌现，好人辈出，殊非往昔任何社会所可比。然必对于社会人生更从情感方面着手尤其高尚完善的礼乐设施，乃得从容升进于共产主义社会而刑措不用。"① 这里可以看到典型的儒家式的社会秩序建构方案的影子，即理想社会的建立，其入手处仍是修身，由"身教""言教"带来的道德人格所组成的社会必然会养成良风美俗，最终达成礼乐社会。这种从"以他人为重"的伦理情谊出发，依赖礼俗的完善来代替法律刑罚正是一种垂拱而治的理想境界。

干春松认为，从某种意义上看，这类似于儒家思想与马克思早期思想的一种结合体，在这样的观念下，梁漱溟更多地从精神生命的转变来理解社会的发展，而这种趋势本身也是落后国家实现社会主义、注重精神性创造的延续。值得注意的是，经典马克思主义理论中所强调的物质要素、生产力要素却隐而不见。② 与干春松不同，唐文明则从思想方法角度来理解梁漱溟上述的思维逻辑："理性引导人类迈向精神自由的新领域、新境界，意味着生命进化的一个更高阶段。在《人心与人生》中，梁漱溟将这个阶段与社会主义与共产主义的思想联系起来了。在他看来，社会主义、共产主义试图消除阶级和国家，达到世界大同的理想，实际上就是要实现宇宙大生命的真正'大通'。他和马克思一样在一个宏大历史观念的笼罩下谈论人类社会的演变和人类的进化，但是，如果说马克思更注重物质因素在历史进化中的作用的话，那么，梁漱溟则更注精神因素在历史进化中的作用。这也说明，梁漱溟是站在他自己的历史观念的立场上，或者也可以说是站在儒家思想的立场上来认同马克思主义的社会理想的。"③

---

① 梁漱溟：《中国——理性之国》，《梁漱溟全集》第四卷，第 471~472 页。
② 干春松还认为，梁漱溟虽然激烈反对康有为在《大同书》中对于未来社会的构想，但他自己也期待一种摆脱强力控制的理想社会，他认为未来的共产主义可能是这样的理想社会。参见干春松《伦理与秩序：梁漱溟政治思想中的国家与社会》，第 268 页。
③ 唐文明：《"根本智"与"后得智"——梁漱溟思想中的世界历史观念》，《近忧：文化政治与中国的未来》，华东师范大学出版社，2010，第 61 页。转引自干春松《伦理与秩序：梁漱溟政治思想中的国家与社会》，商务印书馆，第 228 页。

第九章 理论探索：个人与共同体关系空间中的传统与现代

通过追溯早期儒家群己观念的发生、演变及其在近代转化的进程，本章将尝试集中对早期儒家群己观念所赖以建构的形而上学基础结构及其以此展开的群己关系的现代意义做初步的哲学探讨。在早期儒家思想中，"仁"作为对人的道德的本体规定，首先，它不排斥人的情感，情感的普遍性和共通性成为仁之普遍有效性的基础之一。其次，它具有先验内容又不仅仅停留于先验的存在，而是通过其结构化的内容在生活实践中展开。此外，它作为本体的功能结构是一个不断更新发展的动态过程。仁作为道德的本体是一个动态的不断结构化的过程，它在情感的润泽中由理性的自觉与直觉共同作用，表现出情感与理性的合一。理解仁之作为道德本体的结构化，有益于重新面对和思考具体时代背景下人的存在、人与人、人与共同体关系等问题。人既是情感的存在，亦是理性的存在，更是社会性道德存在，人需要思考和实践与自身相关的人我关系，并在其中获取价值定位、实现道德选择。仁作为道德本体的结构化要求个体必须在人的共同体的具体生活境域中实现其价值，实现仁作为人的行为的内在根据，贯穿于人的意志选择与行为实践的整体过程，从而促进个体与共同体之间协调发展，实现对共同道德理想的价值认可。

第一节 早期儒家强调个人在共同体中的生存论意义

现代以来，对于人的社会性的理解极大地加强，黑格尔的自我意识辩证法可以看作是这一论说的典型开端。个体自我意识的形成过程是通过他者而得以可能的，也是在不同主体之间相互承认的斗争中展开的。这个说法在费尔巴哈那里被理解为辩证法的精髓，他强调真正的辩证法不是单个自我的独白，而是我与你的对话。到了马克思，这一点又被转换为一种对人的本质的现实性理解，即在现实性上，人的本质是一切社会关系的总和，它后来的形态则转化为米德关于社会个体化与个体社会化的论说，以及哈贝马斯关于交往行动理论与商谈伦理学的构想。① 当代西方社群主义对共同体理念的凸显，导致与共同体理念相关联的对身份与角色的看重。在社群主义者看来，那种先于社会权利与社会关系的"自我"只能是出自某种本质主义的虚构。此类抽象的"自我"或"个人"与孔子乃至儒家所认识到的自我和"己"有极大不同。"个人""自我"或者说"己"在早期儒家，尤其是孔子以仁为道德本体的结构化过程中是一个与超越相关联的、动态的关系性概念，个人只能通过某种具体而特殊的社会关系和社会情境过程来确认自我的超越性和现实性存在。"自我"向超越性的回归与"身份"在社会生活中的建构乃是一个统一而不可分割的生命历程，在这一历程中也同时确认了人在共同体中的责任分担和人对自我的充分肯定。

孔子以"仁"为道德本体的结构化层次来理解"己"和"人"的关系及其相互定位。首先，在仁作为道德根据的基础上，从仁的来源和构成内容及动态特点看，孔子说，不但个体，而且个体之间在道德行为的意识构成与态度选择方面都是相互依赖的。"德不孤，必有邻"（《论语·里仁》）这一说法告诉我们要成就道德，除了个体自我对仁的体认和具体实践之外，也不能脱离群体性互动过程对普遍仁性的认识与肯定。只有在道德共同体存在的前提下才能获得个体道德的实现。杜维明先生已经指出：

> 仁不是孤立的个人行为，而是一种公共行为，一种对超越的回应。……倘若我们不能将自身的"仁"扩展到能够克服社会中的非仁倾向，曾经一度有力量的"仁"就会对"恶"束手无策。我们或许就会孤注一掷，认定在我们天性中，某些东西根本上出了问题，我们的

① 王庆节：《道德金律、忠恕之道与儒家伦理》，《江苏社会科学》2001 年第 4 期。

内在力量本来就不足以与非仁匹敌。……但是仁克制战胜非仁，犹如水克火一般毋庸置疑。然而，既然我们现在的处境如此糟糕，那么，就迫切需要靠仁从个人与社会的角度来改变周围的环境。我们不能假设，我们有认识自身人性的内在力，于是凭此就会使我们自幼踏上正途。……只有自我教育，增进自身之仁，除此之外，我们别无依靠。①

《论语·颜渊》也说"君子以文会友，以友辅仁"，这种"友"是道德理想下的共学之友、默会之友，也是实践仁德的良伴，它营造了一个积极认取仁和促进仁的沟通领域。这种仁的共通感领域虽然没有提出明确的共同体和主体间性的概念，却通过特殊的"德""仁""友""邻"的方式从道德生活的角度提出了共同体与主体间性的重要意义。

其次，孔子对于道德规定性的阐述所涉及"己"和"人"的关系并没有导致主客体的分离，而是强调主客体的兼容性与互动性，仁之结构化的动态开展也正是建立在这种兼容性和互动性的基础上。通过奠定在仁本体之上的"己"与"人"及其相互关系的成立，展现了人在与客体的交往中以主体融入客体的形式，以客体本身被充满的思路来体现自我的意义和价值。以"仁性"为其本质的"己"，不仅仅是实施"反身而诚"行为的个体，更是在与"人"的交往中界定自我和认取自我的共同体存在的呈现，也只有在与他人的交往关系中，即社会共同体中，"己"才能称为"己"，"人"才能称为人。从实践的层面看，"己"和"人"的定位是相对的，两者在交往关系中存在，在仁性的结构化过程中融合。从仁性所肇端的"爱"所辐射的关系性内容看，既包含"个体"也包含"他者"，在仁爱的获得与实现中构筑起"自己"与"别人"的链接。从仁性所要求的主体的行为动力看，通过"人之所欲"与"所不欲"的区间范围划分了主体与主体之间的关系性领域及其合作。早期儒者所倡导的"仁者爱人"并非私己的、狭隘的、排他的，而是建立在"爱有差等"基础之上的人我关系的普遍性拓展。即使是"克己复礼"，也并不是一个单独个体的行动实践，更是人与我、人与共同体一体的实践过程。在孔子看来，仁作为人性的内

---

① 杜维明：《道　学　政——论儒家知识分子》，第12~49页。

在根据，必然要求个体人（仁性）与社会共同体（礼）相统一（仁体）。社会规范的制约及其对不同主体的普遍有效性来自仁作为本体内化于人的道德基础，即仁性；仁爱的情感则作为人之道德的发端与内化于人心的仁性基础，一起构成仁之本体得以呈现和发挥的内在动力。个人以一种理想人格的境界形式（圣人君子）来完成与共同体之善的统合。

早在先秦，孔子就将自己作为一个生活于共同体之中的个体去思考人的伦理、道德和社会政治问题，他既把自己融入思想文化走向的内部去理解人和世界，又把自己融入社会共同体的当下生存去追问、反思人何以需要仁，何以道德的原因。① 在他所谈到的"仁者爱人"的人我关系、人与共同体关系中，个人之"所欲""所不欲"的界限需要根据人所处的社会共同体中具有可公度性的范围来定。从人的心志选择和行为动机的层面看，"仁者爱人"的普遍性含义虽然在最狭窄的个体领域内展开，但这个最小的运作领域却具有最广泛的内容，它展现了对于不同境域中的人己关系的宽容性和公约性。人之"所欲"与"所不欲"，建基在对人的共同的、普遍的价值追求之上，即人的"仁性"的道德普遍性上。个体间的互爱、互重又常常通过仁之"爱人"的情感普遍化其关系性，也表明了社会共同体的价值基础是基于人类本身而非其外的任何超验性因素。这正是孔子思想所体现出来的群己关系的两个维度：为己之仁与爱人之仁，即李幼蒸所说的主体价值与主体间价值的相互涵融。②

再者，仁作为道德本体的实现需要在政治领域中展开，而且其展开必然要以个体和共同体的统一为目的。子曰："为政以德，譬如北辰，居其所而众星共之。"（《论语·为政》）德政强调了仁之展开的政治伦理的途径，其德即仁德，是个体与社会发展的导向与目的。仁德作为政治权力的基础规定着现世人际的道德规则及其伦理关系的价值。社会共同体的整体

① 程颐和朱熹通过对孔孟文本的解读，明确指出"孝悌"作为"行仁"乃"用"植根于"仁"之中亦即"仁"是"孝悌"之本。当然对宋明儒者来说，他们言"仁"的一个共同的基本前提在于：作为"孝悌"之本的"仁"，即人自身具有的道德之"心"或"性"。孔子对于孝悌之本是基于人的道德之心或性并没有明确地予以说明，似乎只有一种模糊的指向，他更强调去行孝悌以彰显"仁结构"的动态过程，并扩展这种运作于亲、友、世人的道德关怀中，心性与行为相互依存。

② 李幼蒸：《仁学解释学——孔孟伦理学结构分析》，第83页。

性道德目的（合群性），来自价值本源的"仁"在共同体中的反映，也是共同体组成方式和组织结构之合法有效性的前提。一个良好的社会共同体中的秩序与制度，既要朝向社会共同体之善即"仁"，也需要有助于共同体中的个体对人之普遍仁性的道德追求。

从社会共同体的政治向度看，孔子思想中多处对"政"的讨论，强调了作为"政治"之价值基础的"仁"的根本性，"为政"并非仅仅被视为一种技术性的政治学。

《论语·宪问》载：

> 子路曰："桓公杀公子纠，召忽死之，管仲不死。"曰："未仁乎？"子曰："桓公九合诸侯，不以兵车，管仲之力也。如其仁，如其仁。"子贡曰："管仲非仁者与？桓公杀公子纠，不能死，又相之。"子曰："管仲相桓公，霸诸侯，一匡天下，民到于今受其赐。微管仲，吾其被发左衽矣。岂若匹夫匹妇之为谅也，自经于沟渎而莫之知也？"

对于管仲之力术称霸，孔子不许其仁，然而对其不用杀戮而能维护周朝天下的安定仍是给予肯定，这一内涵是从"仁"之于民众天下的安定效用上说的。同一件事被孔子视作既合乎仁又违背仁，是因为所取事件之意义角度不同。不以暴力维护周的天下，使民不堪于水火，岂非仁义之举乎？从符合共同体之仁义导向来对管仲的评价乃是取其为共同体的利益有益的方面。可见，只要个体的作用可以在社会公共领域达成一致认可的道德效果，也可以视为仁的良好作用的展现。另外，管仲以自身权术去取霸业而非通过"仁性"的道德教化去完成，所以在个体手段动机上孔子不许其仁。从这一论辩方式可以看到，不能将"仁"要么视为动机论，要么视为效果论。对于整体与个体来讲，仁是内在的和谐统一，不脱离具体情境与实践活动，通过在这些领域的运作，把仁体视为自觉自愿的道德要求，并以成就社会共同体及个体自我为目的。

另外，孔子主张在仁性的自我修养中把"乐"与礼的规范性结合起来，进一步形成对仁的道德体认，以实现社会共同体的善。"乐"可以从情感认同的角度引领人们向往和谐的共同体的道德生活，这有助于仁实现人的最理想的生存状态。在人的生活中，"乐"将人的理性自律和情感的自然流露紧密联系起来，营造出一种情理相融的、和谐存在的自我和人际状态。孔子说："人而不仁，如礼何？人而不仁，如乐何？"（《论语·八佾》）行为的道德规范准则必须经由智性的指导来调和人际关系，人的道德性存在是脱离不了现实感情存在的生命个体，而乐对人的情感激发作用可以加强人对道德规范的认识与实践。在一定程度上，乐甚至可以缓和道德规范行为实践中的紧张感，从道德心志的内在情感角度去涵养仁心仁性。乐通过仁的结构化展开，帮助更好地发挥人的理性，导向礼的合规范性。在这样的状态下，就个体本身来说，一方面可以帮助缓和道德理性的强硬表达，另一方面可以合理地节制和提升人的生物情感，使个人在仁性的结构化过程中与社会共同体的价值保持统一。"乐"与"礼"一起，构成个体在共同体中得以实现其价值的基本要求，"是故先王之制礼乐也，非以极口腹耳目之欲也。将以教民平好恶，而反人道之正也"（《礼记·乐记》）。所以，在孔子看来，礼乐并不是要满足人民肉体感官上的需要，它毋宁是用来导向民众的好恶选择，引导群体走向正确的道德价值取向。正如孔子所言："名不正，则言不顺；言不顺，则事不成；事不成，则礼乐不兴；礼乐不兴，则刑罚不中；刑罚不中，则民无所措手足。"（《论语·子路》）把"德""礼"贯穿于仁性情感和理性认识中，使人成为一个圆融有机的整体。江文也说："礼乐之道之于国，乃指其人祭祀天地时，面对神祇当引起的敬畏之念；于家，乃指面对长上时，当引起尊敬之意。礼乐引发上下间的情感，是直接的，在孔子看来，可以依靠礼乐激发人民的心灵，这是无所逃于天地之间的真正的礼之行为，总是深层的敬爱之念，是自然渗透出来的。"[1]

就个体角度而言，个人"和乐"的理想状态可以导向社会整体对道德最高尚的自觉追求，最终也能带来社会共同体的"和乐"状态。社会群体生活永远是在人与人之间存续的，个体是以人的身份过活，其他人也同样是以他们自身的人的身份过活，仁在其作为本体的结构化过程中，要求人

---

[1]　江文也：《孔子的乐论》，华东师范大学出版社，2008，第141页。

发挥其理性兼顾人我，需要我们由此及彼，当想到自己是人之类属，人先天就具有群性，也就同时能够认识到非我的其他个人亦是同样的类属，也天然具有共同的群性，从而在每一个人的价值实现中获得对彼此的尊重，获得对人之群体性的认可。"乐"可以帮助个人推广自我人性体认的普遍性，通过情感的沟通完成主体间的理解和认同，并尊重其他生命主体的存在。《礼记·乐记》说："乐者为同，礼者为异。同则相亲，异则相敬。乐胜则流，礼胜则离，合情饰貌者，礼乐之事也。"也就是说，人际关系在"礼之异"中产生的距离隔阂，在乐的"亲和""中和"中拉近或者消失，以致社会各种矛盾在乐的"中和"作用下得到调和、解决。在"乐"的贯穿作用下，"仁"与"礼"相结合，情理交融。乐还有助于人的理性的发挥，促进对社会共同体规则的理解，尊重其他个人实现他们的价值。乐既可以有助于仁的本体结构的形成和作用的发挥，又激发出一种人的共同生命情感的和谐，使得人与人之间获得理性的宽容，促进对社会共同体之道德善的追求。

仁作为本体的结构化存在是在人、人类和人的社会共同体中展开的，人所具有的"仁性"以及朝向"仁"的努力，也是一种对人生的信仰和生活实践的指导，在这方面，其信仰性功能类似于宗教。孔子所谈论的"仁"表现出明显的内在超越性，主要体现为以现实世界为信念和行为的范围，以及人的个体心志作为道德存在之实践的唯一动力源泉。仁的结构性特点，恰好在伦理关系的道德实践基础上，与以人之主体的基点相契合，强调了个人的意识、意志自主。个人的意识、意志自主作为人的主体性存在，其实质内容恰恰是社会性和关系性的，并以社会性的存在为其基础。这种个体性与社会性的有机统一，充分体现了人在求仁的过程中需要实现与其他生命个体的统一性，这也体现出孔子之"仁"在理解人自身和人我关系上的理性主义特点。

总之，儒家思想中的自我或个人，是关系中的自我或个人，儒家很少离开相互性关系来谈个人，孔子也是如此。个人是处于这样的五伦关系中的个人：君臣、父子、兄弟、夫妇、朋友。这五伦关系包括政治关系、家庭关系、私人关系三个层面。在某种意义上，任何人都处于某种或多重人伦关系之中。与儒家重人伦关系不同，卢梭认为公民需要通过一次性社会契约行为而使他们成为政治共同体的一员。然而，公民如果要维持这个自由的政治共同体，并要在其中得到自由，必须服从自己的道德理性。龚群认为："公民在共同体中对于共同善的追求，应类似于亚里士多德那样的共同体中的对善的追求。在这种对善的追求中，德性起了关键性的作用。没有德性，也就缺少了公民相互联结的纽带，也就使得共同善的追求成为不可能的了。自洛克以来的自由主义传统只是强调个人权利对于民主政治和公民社会的奠基性作用，而忽略了公民义务的作用，也存在着它的不足之处。并且，程序法或程序性公正固然很重要，但如果没有公民应有的德性，同样也会损害民主政治的运作。"① 继孔子之后，《大学》就明确地把这种伦理的意蕴与政治的意蕴密切联系起来，要求任何一个社会成员都肩负着从道德上改进自己的义务与责任，人们需要通过道德上的完善来维护和发展相互性的关系，并借此来完善大家所参与的共同体。

第二节　早期儒家重视个人与社群的协调机制

仁作为道德本体的结构化特点及其动态展开的进程所体现的生存论意义，在于没有将人孤立于人类的整体，反而强调了个体与社会整体性的协调一致。通过对人的道德性的探索，孔子明确了人在社会共同体中以其所能实践的仁之善为最根本的理想和目标。在"仁"的构建中，孔子不仅关注人的道德本性，也认识到社会共同体与人之道德的交互性，从而认为"仁"与"礼"的统合正是个人与社会共同体协调一致的基础。

首先，孔子通过对外王的指向反过来强调内圣之仁的重要性以及仁对社会规范的认同意义。他强调，个体成就仁之道德性，不仅要依赖于对仁的内在道德自觉，还需要内在自我达到与社会规范一致。人与社会共同体的关系以及对社会共同体的认可，主要是通过"礼义"之社会规范的形式表现出来。子曰："知及之，仁不能守之；虽得之，必失之。知及之，仁

---

① 龚群：《公民社会与孔孟精神》，《中国思想史研究通讯》2005 年第 3 期，第 35~37 页。

能守之。不庄以莅之，则民不敬。知及之，仁能守之，庄以莅之，动之不以礼，未善也。"（《论语·卫灵公》）对于整个社会而言，对于统治者而言，若不能用统治者之仁心去守治民道，那么民心是难以得到的。不仅如此，国家和社会的发展、统治的顺畅，需要以"仁"守之、以"礼"动之，这才是一个"善"的社会状态。仁所守的是人心，礼发动的是使处在社会共同体中的所有人能够按照秩序来安排自己的生活，按照礼仪风俗来行为。"仁之守"和"礼之动"可以达成人与人之间的共鸣，有益于国家和社会的发展。从为政的角度看，这也是仁之于政治的作用。由此观之，仁之本体结构的普遍有效同样适用于社会政治领域。

仁，是内在心志动机处；礼，是外在规范处。二者相辅相成，共同成为人之道德全面树立的基础，共同成为人在社会之中实现自我价值的基础。从个人主体性的方面说，人对"仁"的自求行动，成仁的道德修行，都是欲仁、得仁的道德主体的收获，成圣则是将仁之内化与外推的"合而为一"的最高境界。仁之所以人人可得而修之，就在于其个体的自求性，但是仁又不是人人轻易可得而成者，因为仁之推己于群的共同性与普遍性的达成不是抽象的形式，其普遍性的认同需要建立在共同的社会规范基础上。

其次，正因为人发展其"仁性"需要理性思维而且不能脱离人类群体的社会生活，这就对人的主动性提出了要求，即自觉意识到自我与社群的关系，以及所处社群共同体的秩序规范。处于社会整体中的所有个体若在"仁性"的引导下都会对社会存在和社会关系有自觉的体认。在以孔子为代表的早期儒家视野下，以"仁"为主导的人伦关系是构成社会共同体关系的基础，也是群体秩序形成的基础。在儒家看来，任何一种人伦关系都有着相应的伦理规定，即相应的伦理规范，而这些规范可以视作礼的规定性。基于人伦关系的伦理规定对社会共同体中的每一个人都是对等的。也就是说，在人我、群己关系中主体的责任和义务既是个体的，也是社会的。人们处在相互的人伦关系网中，有相对等的道德责任也就有相应的道德义务需要履行，恰恰是这种相互性义务的履行构成了社群关系的前提，也构成了良好社会政治秩序的基础。

　　对于如何履行自我及其社群的道德义务，孔子之后的思孟学派诉诸获得对仁性体认的人心之上，即要反求诸己。通过向内反求的实践工夫，尽自己的本心去做，从而能够发现自己的仁性。只有经过朝向自我去反求仁性之善，才能体认到人性本真，然后推而认识到与人相关的物之本性，最终获得对天道之仁的超越性的了解，也就是使得人的内心秩序与外在秩序、社会秩序与宇宙秩序达到合一。仁作为道德本体对人性的规定，通过社会共同体成员的道德实践连接起个体自我的内在道德规定与社群整体的外在秩序规定，以达到人与共同体的和谐一体。儒家认为，这种和谐一体境界的实现便是"天地位焉，万物育焉"。①

　　在孔子看来，仁礼是并用的。仁强调对礼之规范性的认识，失去了礼的规范性，仁也难以落实。因此，仁与礼是须臾不可分离的，礼是人的道德性存在基础之一，人不能脱离人群的礼义而独自完成对人性本质之仁的体认，人需要在其整体性的生存中用礼义规范群体，在有序的秩序下实现人之为人的价值。对此，荀子有深入阐发，他指出：

　　　　水火有气而无性，草木有生而无知，禽兽有知而无义，人有气，有生，有知，亦且有义，故最为天下贵也。力不若牛，走不若马，而牛马为用，何也？曰：人能群，彼不能群也。人何以能群？曰：分。分何以能行？曰：义。故义以分则和，和则一，一则多力，多力则强，强则胜物，故宫室可得而居也。故序四时，载万物，兼利天下，无它故焉，得之分义也。故人生不能无群，群而无分则争，争则乱，乱则离，离则弱，弱则不能胜物，故宫室不可得而居也，不可少顷舍礼义之谓也。（《荀子·王制》）

荀子强调人之群的特点在于"分"，并通过"义"来实现。"得之分义"即按照万事万物的"天职"来实现群，最终达到和谐统一。"分"具体表

---

　　① 林语堂对儒学有过一段描述，他说："人性不被视为和道德法律相反，而需对人性用种种反抗、克胜、压抑等手段。人的本身有为善的可能性。因此，这种教人'完成我们的人性'就是合乎道德律的最初的、古典的儒学。"参见林语堂《从异教徒到基督徒》，陕西师范大学出版社，2004，第 51 页。

现为在社会生活领域则为"别"与"让"。① 舍弃"别"与"让"的统一关系，那么社会就要出现纷争，导致天下大乱而使人受制于外物，处于濒临灭绝的境地。追求社会之"大顺"是人之天性，这也是礼对社会所要求的现实价值。个人道德的实践时刻处于种种礼的要求之中，人既不能不学习相应的礼仪规范，也不能脱离人的群体性生活来不断优化社会的礼义制度。

此外，以仁为基础的对社会规范和道德原则的认知与涵养，使道德实践超越了他律层面，落实为个人自律的内在需要。仁之本体结构规定了人的实现离不开内在的道德基础和外在的社会规范，从人的仁性出发去追求社会群体的共同善，个体通过道德实践可以获得最大程度的自我存在和发展。相较而言，西方一般是从人类群体的抽象共同性出发，通过道德规则构成个体自我的规定和自我的定义，从社会、人之外在，来探寻人之群体生活的共同性。道德的实质一旦被定义为自律、自觉地按照道德准则来行事，那么，教育的根本就落实到对道德准则的认知上了，这也可能带来一定的局限，正如章太炎所言：

> 立德自情不自慧，不自慧，故虽智如孥瓶，辩如炙毂，无补益；自情，故忻望怨慕之用多。好德之厚，乃比于士女袵席之私，而不见，犹向往之且夫琴瑟专一，不可以听，日以道德之辩历人，亦犹调一弦也。方恐倦卧，何力行之望也？……古之化民者，兴则在诗，立则在礼，成则在乐。……知立德依于情，不依于慧，是故其教不肃而成也。②

虽然社会共同体对道德行为的合理化规范和导向是必需的，但是，只有伴随主体的情感认同下的仁性之自觉，才是个人内外一致的完满境界。

---

① "别"与"让"作为人区别于禽兽的两个标准并非荀子独倡，《大戴礼记·朝事》《礼记》的《乡饮酒义》《聘义》《坊记》《曲礼》《冠义》《郊特牲》等篇都有论述，只是侧重点有差异而已。

② 章太炎：《思乡原（下）》，《中国现代学术经典·章太炎卷》，河北教育出版社，2000，第552页。

假如只是由于受到规范的限制，道德行为与实践不是出于仁性的主动要求，行为的发生不是肇自内在仁性的自觉，而是迫于社会规范制约的影响，那么这种个人内外一致的境界终究有所阻滞。总之，社会共同体中的个体自我不能脱离人性本质之"仁"，个体在仁之道德本体的结构化展开中获得对自我、对他者的认识。孔子说："知之者，不如好知者。好知者，不如乐知者。"（《论语·雍也》）只有基于仁性的导向，才会有自觉之乐的行为。无论如何，对道德实践的个体而言，单纯依靠社会规范的外在强制约束还远远不够。① 道德践履，不仅要以理智知之，而且还要好之、乐之，也就是要自觉行之，才是立体丰满的成己与成人。孔子认为仁可以通过"能近取譬"来把握，即首推孝亲情感的发展、涵养与推广，作为仁之本的孝悌亲情不仅是人伦的开始，而且也是人之道德自我实现的初始起点，也是个体自我面向他人的开始，仁又通过这个过程得以展开，从而成就人格、成就道德、成就社会和世界。人的群体性存在离不开人与人之间的相互关系，个体是以人的身份存在，其他人一样也是以他们自身的身份过活，求仁所强调和需要的智识理性需要我们由此及彼，当想到自己是人之类属时，同时也要想到他人亦是同样的类属。乐的存在则可以帮助推广自我仁性体认的普遍性，通过情感的沟通完成主体间的理解和认同，去尊

---

① 从人与社会规范的关系出发，并非穷尽了人的本性以及道德生活的所有层面，它也会导致人与宇宙秩序的关联及人的超越性的消解。同时，过分强调社会的视角及逻辑，道德主体就不会被视为有自性的具体个人。个人只有通过与他者的关联，来保持自己行为的道德性，在此，人的自性成了道德的献祭："他向性的道德叙事，意味着道德已经被纳入现代政治技术中，成为一种规训的力量，于是，不是个体性的存在归属充分实现，而是秩序的臣服与顺从成为实质性的东西，这样，现代道德可以保证人们不触犯法律和规范，但却从另一个方面默许了道德的冷漠。在当今社会生活中，我们看到道德问题与法律问题常常混而为一，立法取代了伦理教育，法庭取代了良心，道德与不触犯法律成为同义语，而最高法院的法官也同时成为人们道德行为的最后裁判人。"（王庆节：《道德金律、忠恕之道与儒家伦理》，《江苏社会科学》2001 年第 4 期，第 95～103 页）所以，在现代性视野下，"规则成了道德生活的基本概念"，道德既然不再以具有自性的个人为主体，那么它就不再与个人志趣相关，而是普遍的社会规范。通过规范内化而形成的道德意识，在道德实践展开的过程中，主要表现为自觉遵循行为准则，即"他律"。孔子之仁性自律的根基与此不同，然而其所构建的道德内容却展现了另一种生存路径的指示，正由于当下仁爱情感的培养与持守的失落，更加强烈地要求对"仁"道德内容的回归，因为失去了仁爱情感的支持，冷冰冰、硬邦邦的"应该"规则，在某种程度上更加扩大了"是"与"应当"的距离。

重其他生命主体的存在。当构成社会的每个人都能融入仁性与情理的和谐之中，秩序调和，社会共同体也就可能更为和谐。

第三节　早期儒家群己观对责任伦理价值的认可

孔子仁学中对个体和社会共同体的认同以及对社会规范的合理重视必然要求将个人和社会的责任伦理放在首要位置。可以说，早期儒家视野中对群和己的理解，其现代性的价值还在于进一步强调了责任伦理的理论价值。关于责任的观念中西皆有，但明确提出"责任伦理"思想并对之加以阐述的是德国学者马克斯·韦伯。他在两篇演说中提出了"责任伦理"和"信念伦理"。韦伯说：

> 我们必须明白一个事实，一切有伦理取向的行为都可以受两种准则中的一个支配，这两种准则有本质的不同，并且势不两立。指导行为的准则，可以是信念伦理，也可以是责任伦理。……恪守信念伦理的行为，即宗教意义上的"基督行公正，让上帝管结果"。同遵循责任伦理的行为，即必须顾及行为的可能后果，这两者之间有着极其深刻的对立。①

道德活动的展开过程体现着人与人交往关系的复杂性和多样性。这个过程在早期儒家看来，与仁作为道德本体的结构化展开的过程相重叠。仁作为人性的本质，表明人之自我的实现所展开的实践正是在仁作为人之本质规定性的基础上，在自我与他人、自我与群体的关系中得以理解自身。因此"己"和"人"的义务和责任，正是在人际交往关系中实现的，也是在多元的对象化和多样性的群己关系中确证其合理性的。在同他人的交往中，通过他人对"己"之言行和态度的反应，确证自身言语和行为的合理性，体悟"己"所"应当"承担的道德责任和"应当"享有的道德权利。

---

① 〔德〕马克斯·韦伯：《学术与政治》，冯克利译，生活·读书·新知三联书店，1998，第127页。

这就意味着不是以"己"之价值标准强加于他人，而是在充分考虑对方并达到平衡互益的基础上，统合自我与他人的社会行为。①

此后，约纳斯对责任伦理进行了进一步的挖掘，提出传统伦理学虽然也讨论责任，但只是基于过去和现在的责任，而科技的发展要求它同时探讨对未来的责任，并且不仅对人类负责，还要对动物、植物、有生命物甚至所有的无生命物负责。约纳斯引入存在主义哲学，指出存在是人类乃至整个大自然的普遍和根本目的，作为大自然最高目的的人，应该为自己、为自己的后代以及整个自然界的存在负责。西方的传统伦理学不会考虑到对后代的责任，因为当时的科学技术还不会威胁到人类的生存。现在，如果不对未来负责，就有可能加速人类的毁灭进程，对人类的现在和未来负责亦是一种绝对责任。为此，约纳斯认为必须架起传统伦理学中"是"与"应该"之间的桥梁，即找到一种能够沟通主观和客观的存在。

约纳斯基于西方伦理学传统的构想，不仅描绘了对自我和人类的道德责任，也包括对动植物及无生命物的全部自然存在的责任。这一构想在儒家立基于仁的群己观念中早已是应有之义。早在孔子和早期儒家理解人之本质的仁学发展进程中，就把人与我、人类社群与其他物类乃至全部的自然世界纳入每个人当下存在的现实责任之中了。这也可以从后儒所总结的"万物一体"的仁学境界上得到说明。约纳斯对西方伦理传统中的"是"与"应当"分离的问题有着自身的理论解答，那就是技术时代的责任伦理学并不是像"传统的和现代的各种伦理学那样去研究人与人之间的道德规范，而是力图给科技时代的伦理一个本体论的解释"②。这一本体论的解释基于亚里士多德自然目的论的思想，从自然的本体论来论证技术时代的伦理学。③ 约纳斯认为"是"是个目的论问题，"存在"是个价值论问题，存在这个目的是具有无可争辩的价值的。因此，它应该受到尊重和保护，

---

① 儒家之仁所蕴含的关系性模式，可以通过对胡塞尔、狄尔泰、哈贝马斯所讲的"互主体性"和"主体间融性"的认识来获得其现代意义上的价值。

② 张旭：《技术时代的责任伦理学：论汉斯·约纳斯》，《中国人民大学学报》2003年第2期，第66~71页。

③ 张旭：《技术时代的责任伦理学：论汉斯·约纳斯》，《中国人民大学学报》2003年第2期，第66~71页。

要这样就必须对存在负起责任。① 以穆勒为代表的功利主义伦理学则从人有"利他"需要的方面,确认人类有为他人福利而牺牲自己的最大福利的能力。把这些观点用在责任上面,就可以推理出人天生具有责任的结论。

约纳斯的这种责任伦理辩护可以和孔子乃至早期儒家仁学视域中对全部生命共同体的负有的道德责任有相通之处。首先,在儒家看来,人的本质性在于人作为道德的存在即"仁性",这一道德性源于作为道德本体的"仁",也是作为世界万物之本体的"仁道"("天道")。正因为人与万物之本体都源于"仁道",所以作为以"德"为特质的人的存在就应当为天下万物的存在负责,放到当下来说,就是应当为其他生物的存在负责,为自然世界的存在负责。这一责任并不是一种他律的要求,而是在人的本质之中就赋予的责任,这也是仁学视野下的人与他人、人与万物之间必然的内生性关联。当我们意识到人在这样的关系责任之中存在时,我们就确认了一种儒家意义上的"群"观念和"己"观念。现实的人就是仁性本质的存在事实,这一存在事实就规定着人应当对他人负责的道德要求。在孔子以及早期儒家看来,人的道德能力究竟来自何处,或者说责任范畴的现实根源到底是什么?在孔子那里就只有一个结论,那就是"仁",仁就是人的道德能力、道德责任的根据,它的结构化展开就是人的自我实现。"仁"使得人对于现实存在世界有着道德的体认,要求作为仁之主体的"人"需要对其存在和其存在的全部世界承担道德责任。②

英国学者伯纳德·威廉斯(Bernard Williams)曾说过这样一种观点:

> 作为意志的产物而出现的任何东西,都是以这样一种方式由那些东西部分地形成的,以至于反思只能往两个方向中的一个方向上进行:其中的一个方向是断言"负责任的能动性概念"是一个很肤浅的概念(在和谐化所发生的事情上用处有限);另一个方向是断言那个概念不是一个肤浅的概念,但又认为它不可能在根本上得到净化——

---

① 方秋明:《汉斯·约纳斯的责任伦理述评》,《兰州学刊》2003 年第 4 期,第 56~59 页。
② 孟子把道德以及道德责任的依据完全收归人心与性善,以人之所以不同于禽兽的仁、义、礼、智的先验四端作为道德责任的依据,继承和发挥了孔子仁性中的责任取向。

如果我们按照一个人已经做的事情，按照一个人在世界上要负责任的
事情来理解他的同一性，并认为这种理解很重要，那么我们差不多就
得接受这个说法：我们只能按照在一个人那里实际上发生的事情来理
解他的同一性。①

如果说承担道德责任和履行道德行为是一种"无法得到净化"的事实，孔
子和早期儒家却提供给我们一个不需要去"净化"的仁性根据来面对生活
中的道德责任和具体行为，只有在仁性的现实化过程中，责任和行为，情
感和理智才能朝着"善"的方向去展开。② 在儒家对人的理解中，人需要
通过"反求诸己"来反躬自我的仁性内在以及道德责任的承担，"反"与
"求"都是一个主体过程，它由个人道德心的自省，过渡到行为对规则的
遵循。威廉斯认为："自我责备或者自我遗憾的说法并没有把什么东西反
映出来，而那种共存的遗憾和满意则更没有把什么东西反映出来，除非我
们能够把那种感受的某种表达方式鉴定出来。"③ 在早期儒家所提倡的"反
求"工夫中，自省恰恰就是自我责任要求的特定表达方式。反，返归自我
仁性的指引方向；求，求取行为的规范化。

其次，人具有作为其自身和共同体成员的双重身份。其成就道德的方
法进路可以从两个层面来说：一是从人的意志态度之激励机制的产生处
说，二是从具体行为实践处说。这两个层面都展示出"仁性"对责任的要
求。"里仁为美，择不处仁，焉得知？"（《论语·里仁》）以仁为人的本
质，以知为人的意志引导，内在道德动力充足才能实现居仁求仁，实现人
我和万物的一体之存在。"苟志于仁，无恶也。"（《论语·里仁》）人之
志在于求仁践仁，其意志动机中恶之生亦即为仁之生代替，立其志于仁，
就是立其志于克不仁，尤为克恶之流向。人之存心于仁，有爱，能好能

---

① 〔英〕伯纳德·威廉斯：《道德运气》，徐向东译，上海译文出版社，2007，第43~44页。
② 张君劢也认为西方文化的本质在于知识性，这种所谓的知识对于人是不要求义务的，而
　东方的学问则把知与德置于不可分离的境地，《论语》《孟子》《大学》《中庸》都把知识
　与道德的关系视为不可分离的东西。他说："在西洋，最近好像渐渐也注意到，自然科学
　者，应该使自然科学对于人生，非有一种责任感和非有一种义务感不可了。"参见张君劢
　《儒家哲学之复兴》，中国人民大学出版社，2006，第30页。
③ 〔英〕伯纳德·威廉斯：《道德运气》，徐向东译，第47页。

恶，从而无所恶，而爱人，亦从而无恶，不有过，不成恶，不有过不成恶，不仅指向自身也指向他人和万物。

再者，仁性的主体是人之自我，即"己"，是以一种典型实践者在社会共同体中的责任担当来展现的，以实现这一责任担当为己任的即是君子。这里的士君子并非一如传统解读中的读书人之伦理实践的表率，而是进一步展现为仁的机制下主体对道德的实践，并包含于社会现实性与主体性的统一之中。这一建基于人性立场上的"仁性"，以君子之主体品德的修养和价值选择实践为内容与方向。所谓"君子务本，本立而道生"，本，乃仁之本，君子之为道，须先立其本，抓住了仁之本，心志之"仁"的选择与行为的开展，才能求得仁道的完成。仁之本必本于君子之心求，有仁心，始可有仁道，君子之务"本"，在于其能诱发此仁心并促进其扩展，使人时刻不断地尽成德之大道，而这一仁心之涵养处，要从孝悌之道去入手，自孝悌始处培养仁心，推广仁而成为通行于人世之大道。

君子的态度之坚毅，强化君子人格之于一般人格境界的强大的吸引力，就在于道德的责任担当。在道德意志的选择层面是仁与不仁的对立，强化了仁的责任价值的重要性与导向性。"君子上达，小人下达"，此"上""下"之分承接义利之分，体现的是仁者之价值地位、伦理方面的不同，无论上达也好，下达也罢，其中君子以仁为基本核心，则可以"上达达于道"①，而小人不时刻求其"仁心"则有恶与不义，在下达于器之中，就会陷溺其间。这种责任价值的选择比较在《论语》中还有"君子怀德，小人怀土"（《论语·里仁》），"君子不可小知，而可大受也"（《论语·微子》），"君子易事而难悦，小人难事而易悦"（《论语·子路》）等表述。孔子理想中的君子是以个人内心的仁为根本，同时于外在行为方面又完全合乎礼之要求的处于共同体之中的社会人。君子在培养个人的道德品质方面是完全要对自己负责的，故"人不知而不愠，不亦君子乎？"（《论语·学而》）不在于求得他人的称赞，甚至了解，"不患人之不己知"（《论语·宪问》）。君子亦当自省自察"仁"之于己心的呈现，自察过失而严格自责。不断地反求诸己，意味着人不能只限于"己"建立其人伦道德的存在

---

① 钱穆：《论语新解》，生活·读书·新知三联书店，2002，第373页。

秩序，而要以与"己"相对的全部人类世界和自然世界为其道德的存在。

总之，对于事实与道德价值判断之间的沟壑，在孔子视野下是可以逾越的，指向道德就是指向事实，或者说，他根本就没有把这个看成妨碍人的存在，妨碍人对存在的认识和对自我认识的问题，在显示仁的过程中，行为就是"存在着"并"选择着"存在的价值方向，而这种"存在着"和"选择着"又必然是在共同体之中完成的，这正是另一种对世界图景以及人类群体存在的认识和解说。孔子基于仁和礼的道德责任的担当，既是个体的又是群体的，既是现实性自我的认同也是对规范社会的认可。人只要不是孤立存于世界的，那么人的自然属性和道德要求就会在群体的关系中相互成就。

第四节　早期儒家理解群己关系的非功利主义进路

正是由于对责任的重视，早期儒家对人以及人际关系、人物关系的处理以仁为根据，以礼为实践，并在此基础上对人之共同善达成理解，展现出丰富的内涵，没有完全陷入功利主义的窠臼。首先"君子喻于义，小人喻于利"（《论语·里仁》）的义利之辨强化了人在以仁为意志动机上的行为和价值选择的个体性。喻于义，君子对义的选择正是仁本体所要求的意向性动机，在"向仁"的自由意志上进行价值的选择，排除种种干扰，去除遮蔽人之自我实现的过度之"利"。不过，孔子虽然主张以义为本，以义绝利，但不是去利，只是更强调义作为人在现实人我关系中的重要性，这种重要性来自人心对仁本体的道德倾向。"义者，宜也"（《礼记·中庸》），义是事之宜，是指以礼为准绳的伦理关系和道德规范的合宜，义之合宜需要人与我的共同努力。尽管"君子义以为质，礼以行之"，"礼以行义"（《左传》），但追求生存的物质基础与合理的物质利益仍然是人的自然天性，因此孔子并不反对适当获得生存之"利"，比如"学也，禄在其中矣"，甚至"富而可求也，虽执鞭之士，吾亦为之"（《论语·述而》）。

其次，义利在早期儒家的视野中，是被限制在仁的实践场域中的，需要在人与社会共同体的统一中达成平衡。通过个体的价值选择，义与利的合宜性要求基于人性的基本规定。这种规定包括两个方面，一方面是体现人之为人的仁性本质，另一方面是人之生存所需的生命基础，只有在统一的基础上，才能实现二者的协调。在二者关系上，仁性本质是首要的，即人要在仁性的道德规定上实现义利关系的合理性，这在一定程度上需要通过"克己"来实现。"克己"使人不唯利是图或唯物欲是从而泯灭了道德性与社会性。并且，对责任的强调并非意味着压制一切利益或物欲，孔子也说，能获得生存之利，做个执鞭之士也是愿意的。"喻于义"即懂得如何正确地行动，而正确的行动则意味着以仁为正确行动的根据和动力，以礼为达到正确行动的途径和规范。君子"喻于义"就是要懂得仁，君子之谋道是谋仁道，而非求利之道，因为作为社群之中的个体，本身就承担着自我对他人、个人对社会的责任。

通过君子与小人的人格对比，孔子强调对仁的追求贯穿在人的人生实践之中，融贯在义利的选择之中。"富与贵，是人之所欲也；不以其道得之，不处也。贫与贱，是人之所恶也；不以其道得之，不去也。君子去仁，恶乎成名？君子无终食之间违仁，造次必于是，颠沛必于是。"（《论语·里仁》）富与贵、贫与贱均要以其"道"得之，君子要时时处仁而去不仁，以"道"得富贵去贫贱。在具体的处境中，唯君子能处于一切境地而不脱离仁，在任何时候都安于仁，包括在食寝之时，在顺境逆境之中致养仁。此所谓："汝为君子儒！无为小人儒！"（《论语·雍也》）孔子还说："士志于道，而耻恶衣恶食者，不与也。"（《论语·里仁》）君子求富须以仁道为原则，须以道德性手段为前提，即在逆境困苦之中，亦要展现本仁性而为的道德取向，为仁由己之乐，"饭疏食饮水，曲肱而枕之，乐亦在其中矣。不义而富且贵，于我如浮云"。（《论语·述而》）孔子称赞颜回："一箪食，一瓢饮，在陋巷，人不堪其忧，回也不改其乐。贤哉，回也！"（《论语·雍也》）在贫困潦倒中依然居仁由乐，践仁而自处，此正是于困逆之中彰显人之仁性导向的强大动力。

此外，"君子谋道不谋食，君子忧道不忧贫"。（《论语·卫灵公》）甚至君子的三畏，都在说明君子所担负的社会义务和责任的至关重要，不可以稍有懈怠。孔子甚至用自己的亲身经历展现了君子居仁以践仁道之大气魄，他在匡地遭遇困逆时，坦然而言："文王既没，文不在兹乎？天之将丧斯文也，后死者不得与于斯文也；天之未丧斯文也，匡人其如予何？"（《论语·子罕》）在宋国时，他面对司马桓魋则说："天生德于予，桓魋其如予何？"（《论语·述而》）"君子之于天下也，无适也，无莫也，义之与比。"（《论语·里仁》）君子的根本选择不在于外部实践的出处，而在于内在意志对仁的价值态度的确立。君子是不以世俗常规标准为己之原则，而以仁学原则为标准。孔子亦说："邦有道，贫且贱，耻也。邦无道，富且贵焉，耻也。"（《论语·泰伯》）孔子之谓"隐"与"出"，无可无不可，是以其"仁性"之于外的推广而权衡之，如何居仁、如何行义并非一味地要固执一端，而是以"仁"为主，则可"义之与比"。

在儒家所构筑的群己关系之中，每个人通过自身的道德实践来达成对自我、对其他人和社会共同体的善。家庭正是培养君子推展仁性的，将个体责任与社会道德责任提升的首要实践场所。"君子笃于亲，则民兴于仁"（《论语·泰伯》），孝亲是扩充仁爱之心的基本途径之一，亦是践行仁的自然途径。以孝为仁之实践的基础，更加体现在君子的"笃亲"之上，君子以孝入手则其随之带来的社会价值的仁的导向效果是十分强大的。实行仁道是君子践行"仁"的人生原则和理想，是展现仁的生动途径。贯彻此仁之实践，就要对父兄孝悌，核心是敬，而不是养；对君主要忠，而不能犯上；对民众要爱，为惠民；对朋友则要信。君子对仁展现出强大的意志力和态度选择，在抗逆抗欲之中愈发清晰。

儒家对义利问题的认识，来自他们对人之本性的基本认识，这与西方传统的致思不大相同。比如，以孔子和亚里士多德为例，二者对人性设定的向度不同，展现了探讨道德问题的不同思维路径。孔子对于人的本性问题并没有进行明确的讨论，仅将其融入对仁的扩展当中，作为人的本性在孔子理论体系中更多的是处于一种"依于仁"的规定性。亚里士多德则认为，每一种活动、每一种探究和每一次实践都是指向某种善的，即事物或人的活动所要求和实现的终极目的。人类的特殊本质决定了人有一定的目的和目标，并使其在本性上朝着一个特殊的目的迈进。这种人类本性所生而秉具的目的善性对人类并非仅仅等同于金钱、荣誉或者快乐。在他看来，善是这样一些品质，拥有它们就会使一个人获得幸福，缺少它们就会妨碍他达到这个目的。

德性的实践在亚里士多德看来是作为获得人类善的手段，德性具有与善、幸福不可分离的内在相关性。① 在孔子那里，通过对仁之结构化的实践性展开，表明道德的实践并非仅仅是达到人类善的一种手段，而恰恰就是善本身。人之为人的道德本质要求一种共同的当下人的生活，道德的实践，即仁性的达成，是一个自我意志与自我行为同步的过程，也是自我与他人之意志与行为统一的过程，善就存在于这个过程中。存在于这些关系的协调中，德性的实践不仅仅只是一种确保生活、描述人类善的手段。

孔子所说的德性总是与仁相关涉，与亚里士多德之德性二分的"理智的德性"与"伦理的德性"不同。因为德性的根据在于仁，仁作为本体的结构化过程展开是当下实践的，具有动态的特点，它在内体现为个人意志的发动，在外表现为行为实践的落实，二者是一体之两面即发即用，密不可分，即所谓知行合一，没有理智和伦理的截然区别，也就是说没有所谓感性和理性的截然明确的二分形式。正如东方朔总结的："仁在孔子那里，以至于在整个儒家思想中可谓是一切价值的最终基础、源泉和归宿。仁非外加，是人作为道德主体的内心呈现。"②

亚里士多德将人视为目的性的存在从而要有德性的生活指向，而对于孔子来说，仁则是先验内在于人的普遍性存在，是人之异于禽兽的本质，它不是一个抽象的、客观外在的道德律令。仁，即体即用，在人的生命活动的当下引导人成就自己。仁作为本体，也不同于亚里士多德之实体，即外在的客观某物。仁的呈现乃寓于仁的结构化展开的当下，孔子在各种具体的情境之中，随机指点何以为仁。比如，在回答宰我的三年问丧时，孔

---

① 麦金太尔曾批评亚里士多德没有明确区分两种不同手段-目的关系："当我们说一个事件、状态或者活动是达到别的什么目的的手段时，我们一方面是说世界作为一种偶然性事实是如此有序，以至于假如我们引起第一种事件、状态或活动，那么，第二种事件、状态或者活动就必定发生。另一方面是说，手段和目的都可以不依赖对方而得到充分描述；许多大相径庭的手段可用来达到同一目的。"参见〔美〕麦金太尔《德性之后》，龚群等译，中国社会科学出版社，1995，第187~188页。
② 东方朔：《仁性：价值之根与人的自觉》，《社会科学战线》1996年第4期，第152~157页。

子通过"安"与"不安"来描述仁的呈现。孔子并没有对人的道德情感和道德实践进行空洞的抽象形式化，而是以一种类似现象学的方式，通过人的生存来显明仁。

另外，在西方伦理学传统中，总在试图给"善"下一个定义，直至摩尔在《伦理学原理》中指出这种思考方式的弊端。"关于'善'，通常就犯了这样一个简单的错误。真的，一切善的事物也是某种别的事物，这正像一切黄的东西产生光的某种振动一样真实。并且，伦理学的目的在于发现什么是属于一切善的事物的其他各个性质，这是事实。然而许许多多的哲学家认为，当他们说出这些别的性质时，他们实际就是在给'善'下定义，并且认为这些性质事实上并不真正是'别的'，而是跟善性绝对完全相同的东西。"①

孔子则与此不同，他没有对行为和心理情感进行功利主义的苦乐计算，人性即仁性，其完全地、真实地展开本身即是善。孔子之仁的展开就是一种导向善的过程，它不仅仅是先验的或被规定的，它就是人本身的生命存在和人本身的生活发生的结果，可以说就是人本身和生活本身，它没有一味求善而走向禁欲主义，也没有为了平衡善与恶的博弈而借助"上帝"。实际上，在西方伦理学传统中所讨论的"善"的概念形式是无生命的，是过度抽象而无法回应生活的，它并不能带来对"善"的增加和减少，而是提供了对"善"的不同说明，这对于现实中的"善"本身并不能带来更多有益的东西。② 正如摩尔所指出的，"什么本身是善的"这样一个

---

① 〔英〕乔治·爱德华·摩尔：《伦理学原理》，长河译，上海人民出版社，2003，第36页。
② 过多繁复的概念分析只能澄清内容本身却不会增加主体德性与行为的具体操作性和实践性，对此威廉斯已经提出了尖锐批评："当那种康德式的正义感与功利主义的消极责任概念联合起来时，最终的毁灭就出现了，在任何具有重要性的层面上，人们只剩下纯粹的道德动机，而且这种动机的运用是没有极限的。""面对功利主义的那种积聚性的冷漠，康德主义有一种可敬的本能试图捍卫个体的独特性，但是，这个康德式的观点似乎把作为道德行动者的人处理为只是具有贫乏的和抽象的品格和个体，而在这个图景下，这种本能是否真的确实有效就成为一个问题。芬利德已经说道，'个人的分离性……是道德规范的一个基本事实'，而理查茨则希望自己已经尊重了这个事实。类似地，罗尔斯声称，不偏不倚并不意味着非个人性。然而，存在着一个真正的问题，即：这些康德式的理论所提供的那种对个体的看法，是否足以产生甚至康德主义者自己所要求的东西；更不用说，是否足以产生其他人所向往的东西——那些人，在同样拒斥功利主义的同时，想要在道德经验中为个人品格和个人关系的重要性保留一个比康德主义所能允许的更大的空间。"参见〔英〕伯纳德·威廉斯《道德运气》，徐向东译，第566页。

判断"仅仅意味着所讨论的行为方针是最好的做法，这样行动会得到一切可能得到的善。现在我们并未牵涉到这样的一个判断是否常真的问题。现在的问题是：如果它是真实的，那么它包含什么？并且，唯一可能的答案是：无论它真实的或者是虚妄的，都包含一个关于所论行为的善的程度（跟其他事物比较）命题和许多因果命题。因为不能否认，关于这些后果，重要的是跟这一行为本身比较，做出一个关于它们的内在价值的判断"①。

对于关涉世界的善恶价值判断的普遍性问题，孔子是从个体善恶价值选择的行动性来导向善恶的规范性，而不是由人的理性先行设立并证明出的规则来指向善与恶。道德不是人之纯粹理性下的抽象规则与形式的存在，抽象的道德存在或许能加深对道德规定性的理解，但无法推动道德实践的落实。如果换一个角度来理解善、理解道德，那么通过仁的结构化展开，人就能够通过自身的同一性的实现来确认自我的存在和道德实践的意义，同时在与他者的交互中构建起自我与社会共同体的统一性，并共同促进人类整体的善。

麦金太尔认为，"在共同价值目标是实现人类善的共同体里运用明确的善恶标准尺度，其前提条件是在这个共同体内对善与德性有广泛一致的看法，正是这种一致看法使得公民之间的连接成为可能。在任何一个时代建立一个社会共同体所涉及的东西，这个共同体要实现共同计划，要带来的某种利益是那些所有参与这一计划的人认为是他们所共同享有的"②。并且，"论证一种关于善恶的理论所需要的就是，某种关于人类的兴盛对于兴盛与幸福在于何物的深刻冲突与幸福的非常一般性的论点。这种观点忽略了我们的文化历史，也忽略了在这个问题上敌对和互不相容的信仰产生了各种德性体系"③。

孔子的仁学思想，表明了人应该站在人的真实情感和理性的存在来看待自我和道德，这种立场不一定能解决所有问题，但提供了一种积极主动的自觉态度，人只有作为自我的存在来反观自己、改善自己，道德才是

---

① 〔英〕乔治·爱德华·摩尔：《伦理学原理》，长河译，第36页。
② 〔英〕麦金太尔：《德性之后》，龚群等译，第190页。
③ 〔英〕麦金太尔：《德性之后》，龚群等译，第196页。

"生活着"的人的道德。仁通过"忠恕"的实践，以"所欲""所不欲"为界限，达成人与我、个人与共同体的道德实践。道德主体之意志选择和实践来自仁本体在人身上的结构化展开，并通过人之内在的理性提升转化为对规范的认同。理性直观的"仁性"，既合乎理性亦更合乎人性的实际，既是成就道德的先验内在基础又是道德的根本价值。康德曾说过，"实践的法则必须在我问自己是否根本上具有达到一个欲求的结果所要求的能力，或为了产生这一结果我必须做什么之前，就足以把意志作为意志来规定了。实践的规则……把行动规定为达到作为目的的效果的手段。但这种规则对于一个不完全以理性作为意志的唯一规定根据的存在者来说是一种命令，即这样一条规则，它以表达出行动的客观必要性的应当作为标志，并且也意味着，假如理性完全规定了意志，那么行动就会不可避免地按照这一规则发生"①。纯粹的道德理性对意志的规定缺少了灵活变动的长久活力，虽然它确实论证有力，但是却让人望而生畏。然而，如果以一种内外相合的动态性构成看待仁作为人的道德根据，将仁完全收归于人之内在，仁心内在，价值内具，一切德性理想的达成乃内求于自己，同时一切德性之目的和实践亦从内心开出，是仁心所显发的规范。②

虽然与伦理道德相关的知识强调人的行为或关系与某种实践性原则（道德规范）和道德经验事实的"符合"，事实上却存在着客观经验事实与道德经验事实之间微妙而重要的差异。"前者是自然的、纯客观的、外在的；而后者却是人为的或文化的、人类主体性的和人性内在的，而且也有着'知识'（真）与'价值'（善）目标的不同（从严格的科学类型意义上讲）。"所以康德说，道德理论（即道德哲学的"知识"层面，康德谓

---

① 〔英〕伯纳德·威廉斯：《道德运气》，徐向东译，第22页。
② 仁之于个人之内在所发出的兼具"情理"的特点：情是仁之感、仁之觉，理是仁所遍在而内在的普遍性、必然性，预示着一种人之自由意志的道德自律。与这种兼具情理的仁的道德构成对人的规定不同，康德的实践规则的绝对命令是抽去了人之自然情感的纯形式的表达，仁对人的道德性的规定则是含有情理的提升，是生动活泼的。理论上，纯形式空间的客观有效性虽然可以在形上的领域普遍有效，可是对于人之具体生命的存在，实践的落实必与人之情感不可分，与人之态度选择的意志不可分。相较而言，仁的构成规定性比纯形式的实践理性的绝对命令更符合人性实际，更体现出丰富的生命内容的构成，使不同生命对道德的展现拥有别具一格的多样性和宽容性，它"能近取譬"，更易于为人在道德实践中体认，同时也不缺少内在而超越的品格。

之"道德学")不能直接依据"纯粹的理性知识"来建立,而是要依据"实践理性"即道德形而上学来建立。① 康德认为必须既具有"先天分析形式"以求其理论理性的普遍效力,又保持其"后天经验综合"的内容,以求其实践理性的普遍应用。

在孔子与早期儒家这里,与康德的伦理学的逻辑形式不同的是,这种道德形而上学的基础就是仁,仁作为道德本体是先验的、内在的和普遍的,它的展开和实现过程则是经验的、主观的和具体的。人的生活过程和仁的形成和作用过程是一致的,对道德和伦理的认识不能脱离人的生活过程而完全抽象为一系列只由规则构成的形式存在,麦金太尔批评道:"现代道德哲学的一个重要问题便是普遍性及独立于任何传统的中立性……但是启蒙运动及现代道德哲学都拒绝了有关人性的目的论观点,这种道德论便成了一个抽象、自主的道德主体的人生观和一堆地位不明的道德规条,道德理性却无法显露出来。"②

的确,"一种伦理理论若拒斥了什么是值得人所追寻的生活方式这一问题,道德就可能走向相对主义。不过道德是基于主体生命的,生命诚然要理性化才能是客观的,但这种理性又不是柏拉图式的理念即对象性的'本体论的存有'(ontological being),否则道德就仍然只有形式理性(formal rationality)而不具实质性理性(substantive rationality)"③。但是,孔子仁的理论的建构方式虽不同于西方的道德哲学,其现实合理性却也并不因其现实生活经验的具体化而失去普遍意义。仁的价值导向作为一种基于"情理"的道德常识,常常具有某种公共认同的普遍效力,这种普遍效力有时甚至超过理性逻辑的普遍效力。仁作为基于普遍人性理解基础上的道德智识或智性直觉,而非逻辑基础上的道德推理,它告诉我们应当选择一种通向价值信仰的生活。可以说,孔子道德哲学的兴趣与西方传统道德哲学形而上学的主流走向相异,仁是孔子不自觉为人之主体道德依据所努力构建的一个平台,而这个平台的构成和搭建必然是在共同体之中去完

---

① 万俊人:《回应韦伯:儒家伦理的一个方法论问题》,《开放时代》1998年第3期,第29~36页。

② 〔英〕麦金太尔:《德性之后》,龚群等译,第196页。

③ 东方朔:《仁性:价值之根与人的自觉》,《社会科学战线》1996年第4期,第152~157页。

成的。

以孔子仁学思想为代表的儒家文化的走向与西方传统文化视野下对世界和人的解读路径虽然相异，却殊途同归，都是人对这个生存世界包括自然与人、社会的反思和追索。建基角度的差异势必开出各有利弊的发展道路，罗素早已经看到："科学自身在伦理上是中立的。它提供力量但它为那邪恶所提供的力量，就如同为善良所提供的一样多。若要使科学对人有利，那么我们必须诉诸情感，而非诉诸知识。"[1] 所以，舍去了生命情感的个体是无法谈思辨的，孔子所特有的生命品格与情调恰恰始于其对人的道德性的情感认同。尽管西方人始终难以理解孔子仁的寓情于理、贯通内外的特点，但也并不像马克斯·韦伯所断言的这种智慧没有思辨性："所有亚洲的政治思想都无不缺少与亚里士多德的系统方法相匹敌的思想方法，并且也确实缺少理性概念。"[2] 如果说西方式人的存在是由理性、情感双轴为主的坐标系统，那么仁学系统中人的存在则是仁性、理性、情感交叉的"人-我"系统。

在道德领域中，我们不可能取得在自然科学领域中的那种绝对客观性。我们总是从某个特定的观点来看待生活，而且，我们用来看待自身生活的观点本身就已经具有了"自我"的特点。所以，我们对生活的反思必定是内在地从"我"的观点来进行的，而仁就内在于每一个"我"中，提供给"我"看待自我生活的价值观点。只要在人类世界中生活，我们就不能否认一切价值，仁的价值信仰给予每一个希望自己的生活过得有意义的人一种力量去思考"我应该如何生活"这个问题。在这个反思中，每个人都努力去获得真的信念，都真实地面对自己的内心感受，都把它们诚实地表达出来，都相信这个表达是人性的本然之善，这一个过程就是生活的过程，其中的反思和行为就是生活的核心内容。在我们所生活的世界中，最重要的东西并不都处于理性的控制下，有的甚至并不处于人类的控制下。所以，"当理性主义的道德哲学家把理性提升到最高的地位，用一个纯粹

---

[1] 〔英〕罗素：《罗素文集》（第三卷），晏成书译，商务印书馆，2012，第 527 页。
[2] 〔德〕马克斯·韦伯：《韦伯文集——文明的历史脚步》，黄宪起、张晓琳译，上海三联书店，1988，第 306 页。

的理性意志来作为伦理生活的支柱时，他们就曲解了人类伦理生活的本来面目，低估了它的复杂性"①。也许只有在对人类群体生活和人类群体处境这一理解背景下，我们才能恰当地理解孔子思想的意义，才能明白其中人的道德价值在统一个人与共同体上的意义。

---

① 〔英〕伯纳德·威廉斯：《道德运气》，徐向东译，第23页。

第十章 代结语：儒家“心”观念
与“群”观念的融合

观念史哲学家洛夫乔伊指出，观念史研究是从哲学反思的高度出发对人类思想史中的重要观念做出的反思和研究，这种研究归于哲学研究的范畴但又不仅仅是一种哲学研究。人类在认识世界的长期过程中形成了许多观念，它们构成了我们思维的基本要素，但人们却很少过问这些观念是如何形成和发展演变的，以及它们在人类思想史上具有什么样的作用。[①] 作为一种特殊的哲学史，观念史研究观念的生成与演化并以词汇为直接载体，而词汇本身又有其生成以及被理解和解释的演变史。[②] “心”作为中国哲学思想中一个核心词语和重要观念，在早期中国对“人”的理解中产生、发展、分化，它同与之有关的观念在不断地交互演进中形塑人对于自我及其周围世界的理解。从这个意义上说，“心”观念与群己观念的形成有着密切的关联。换言之，儒家对人及其社会的理解，是从认识人之本质开始，并通过对“己”与“人”、个人与共同体关系的理解而在它们共同构筑的实践场域中完成道德之自觉与精神之超越。

第一节 自然情性的心

“心”字出现很早，在甲骨文、金文中都有书写，它从身体器官的意

---

① 〔美〕阿瑟·O. 洛夫乔伊：《存在巨链——对一个观念的历史的研究》，张传有、高秉江译，商务印书馆，2015，第3~29页。

② 高瑞泉：《词汇：中国观念史研究的进路》，《学术月刊》2021年第5期，第17~28页。

象逐渐发展为思维的实体，涉及意识、感觉、认知、意志、精神等内容。这些复杂的内容和含义熔铸在"心"字及其使用上，再与不同的思想论题结合，呈现出"心"的不同面向，成为早期中国思想理解人的基础观念。若从早期儒学的发展看，"心"通过与"性""情""命""气"等概念的交互发展，逐渐形成以孟荀为代表的两种意义系统（"心"与"性"统一以成为人之本质；"心"与"性"分立以辨明人之本质），二者均是"心"观念在战国中后期深度发展的结果。

"心"与"性"是儒家思考人自身的两个基本概念。阮元对"心""性"二字疏解道："汉刘熙释名曰：'心，纤也。言纤微无物不贯也。'此训最合本义。盖纤细而锐者皆可名曰心，但言心，而其纤锐、纤细之意见矣。"① "性字本从心从生，先有生字，后造性字"，"忄字从心，即血气心知也。有血气无心知，非性也。有心知，无血气，非性也"。② "性"字早期与人之"生"相关，尔后才与人之"心"相连，"性"字从"心"，既揭示了两个概念的内在联系，也表明"心"与"性"最初是作为两个观念独立发展的。丁四新指出，"性"字由"生"孳乳而出，经历了借用"生""眚"等字而为之的过程，先秦至西汉中期甚至还没有产生从心从生的"性"字。③ 与此形成对照的是，"心"字的出现和使用则非常早，而且随着"心"观念在思想视野中的展开，到了春秋战国时期，其已经获得了更多层次的含义：从最初作为人的身体器官到作为思维功能的载体，涵盖了意识、情感、欲望、认知、精神、心态等诸多方面，由此而逐渐成为中国早期思想中的重要概念。如果说"性"概念的出现来自人对自身与万物生命本原的追问，④ 那么"心"概念的出现则是建基于人的自我探索，与人身体的生理功能与心理功能关系紧密，呈现出身心一体的特点。尽管"心""性"文字的使用都很早，具有思想或哲学意义的"心""性"观念

---

① （清）阮元：《揅经室集上（卷一·释心）》，邓经元点校，中华书局，1993，第 5 页。
② （清）阮元：《揅经室集上（卷一·释心）》，邓经元点校，第 217 页。
③ 丁四新：《作为中国哲学关键词的"性"概念的生成及其早期论域的开展》，《中央民族大学学报》（哲学社会科学版）2021 年第 3 期，第 24~38 页。
④ 丁四新认为"性"字与人自身生命的追问有关。参见丁四新《作为中国哲学关键词的"性"概念的生成及其早期论域的开展》，《中央民族大学学报》（哲学社会科学版）2021年第 3 期，第 24~38 页。

的形成与概念使用则要到春秋战国时期，即使在孔子思想中也还未得到特别的关注。杨儒宾认为，"与儒家思想之后对触及身体与意识（心），以及外在身体（形）与内在身体（气）的关联的讨论相比，孔子时期的身心关系尚未成为重要的哲学问题，所以孔子不仅少谈'心'，更没有触及'身'与'心'的关联。或者说孔子本身另有关怀，比如仁与礼，仁与知，仁与忠恕，这些德目间的关系及体现才是其主要着力点"①。大概于孔子而言，其致思的首要问题在于"复周礼"，再由此寻求秩序与人伦重建的基础——仁。不过，"仁"的内在性及其对制度秩序奠基的设定已然显现出"仁"统摄人自身精神活动与行为外化的主体价值。从"仁"与诸德目的关系看，"心"开始与"德"之求取相关；从求"仁"成德的路径看，"心"的意识机能与精神自觉能力与人的特殊性相关。

我国早期思想家对"心"的集中关注，学界多认为在战国中后期，此时期的传世文献与出土简帛文献中可以明确看到"心"是一个讨论重心。在儒家文献中，涉及"心"的论说见于《孟子》《荀子》《礼记》等传世文献，以及《性自命出》《心是谓中》《五行·经》等简帛篇目。此外，《管子》《庄子》中也都有对"心"的讨论。上述文献的心论，反映了早期思想家对"心"的深入思考，展示出战国中后期"心灵概念图像的多样性"，因此，厘清孔子之后、孟荀之前的儒者对"心"的认识和推进，是理解整个早期儒家"心"概念演变的基础。

依据学界一般观点，出土简帛文献的大致时间介于孔孟乃至孔荀之间，② 根据现有出土简帛文献思想的研究，可以勾勒出孔子后学通过"天-命-性-心"的逻辑结构，在"性"与"天道"的论域中描绘"心"的功能和意义，此时期的"心"论也是之后孟子、荀子依据各自的"性论"建构"心"观念的思想来源。以最具代表性的郭店楚简《性自命出》篇为例，其中提出"性自命出，命自天降""四海之内，其性一也""人之虽

---

① 杨儒宾：《儒家身体观》，台北："中央研究院"中国文哲研究所，1996，第45页。
② 该结论可参看庞朴《孔孟之间——郭店楚简的思想史地位》，《中国社会科学》1998年第5期，第88~95页；陈民镇：《清华简〈心是谓中〉首章心论的内涵与性质》，《中国哲学史》2019年第3期，第14~24页。

有性心，弗取不出"等一系列命题，① 表明"天""命"是"性"的根源，"性"则为"天"降、"命"出的结果。然而，"凡人虽有性，心无定志，待物而后作，待悦而后行，待习而后定"；"人之虽有性心，弗取不出。凡心有志也，无与不可。人之不可独行，犹口之不可独言也"。② 人有性，人亦有心，这是人之自然的实有，但人之性需要经由"心"才能从隐性潜存变为现实具象，经由"心"与"物"的交接，发展为"情"的实在，潜在的"性"和被动的"性"才能朗现。换言之，"性"的具体实在要通过与"心"有关的活动和身体反应来展现，如"喜怒哀悲之气，性也""道始于情，情出于性""好恶，性也"。类似的观点在楚简《语丛二》中也可看到，"情生于性"，"爱生于性"，"恶生于性"，"喜生于性"，"智生于性"。③ 由"性"而来的"喜怒哀悲""情""爱""恶""智"等，都是"心"所发挥出来的有形可感的情绪状态、感知表达、智虑活动。"心"既是实体又是功能，它同时涵摄对象（"物"）、发动力（"悦"），并可能获得自身的稳定性（"习"）。然而，"心"又具有活动特质（意识与思维的流动性），也就不能时刻稳定，可能有"无定志"的状态，"心"之"定志"的形成需要"习"的加持，"习"的程度不同会造成性之实现意志强弱的不同。总体上讲，"心"需要与其指向的对象产生互动，才能发挥其展现"性"之实在的作用，且它的功能表达不是单一（向）的，而是结构性的。

可见，简文的作者已经认识到，与"性"的潜在和静态有所不同，"心"是动态活动的，它表明"个体的自我意识、心志是一个成长和形成的过程，是变化、选择和适应的结果"④。"心"即"物"而显，随"物"而动，"物"的对象化生成，构成人的认知、思维、意愿的心灵域，而"心"与"物"交互形成意识后，又能够以此对人自身进行反观与认知，兼具内外两方面内容。这个时期的"心"，既包括一般"意识-精神"，也

---

① 李零：《郭店楚简校读记（增订本）》，中国人民大学出版社，2007，第136页。
② 李零：《郭店楚简校读记（增订本）》，第136页。
③ 李零：《郭店楚简校读记（增订本）》，第220页。
④ 王中江：《"心灵"概念图像的多样性：出土文献中的"心"之诸说》，《哲学研究》2019年第12期，第50~61页。

包括道德"意识-精神"，不脱离人身处的一切物事境况，也不回避人对于自我的认知及其精神成长的诉求。经孔子之后儒者的推进，"心"的发展在保有原本身体官能的基础上，分化出思维的自我意识层次以及面向经验和实践的认知层次。"心"所蕴含的意义仍是多重的，其官能表达的色彩、身心统一的特点依旧保留，还没有明确的形上含义。这些思想认识的积累，成为孟荀构建各自"心"观念的基底，并随着战国时期对人及"人性"问题的深入思考，进一步彰显出自我意志和自我认知的重要性，形成各有侧重的"心"观念系统。

第二节　道德意向的心

孟子与同时期的儒者对"人"的认识方面的最大不同，在于他主张不能只以生物属性理解人。他总结"天下之言性也，则故而已矣"（《孟子·离娄下》），指出一直以来谈论的"性"，多从表面现象上顺着"性"的自然之势来理解和把握物之常性，这对于理解人的本质性是不够的。他质疑道："生之谓性也，犹白之谓白与？……白羽之白也，犹白雪之白；白雪之白，犹白玉之白与？……然则犬之性，犹牛之性；牛之性，犹人之性与?"（《孟子·告子上》）简言之，若顺着"生之谓性"的思路，体现不出人区别于动物的特质，耳目口腹等生物属性不能作为人性本质的标志，所谓"性"，应当是人的属类的特殊性。如果说孟子之前的早期儒者在讨论"性"时并没有特别明确规定它的指称而是笼统地称为"性"，那么孟子则有意识地限定了他所要指称的"性"所表达的是"本质"而不是"本能"。在这一点上，孟子"将人性明确视为人之所以为人的根本规定进而将人的特性表达为'本质'（essence）。这种本质意义上的人性可以为德性所充实且在此意义上是'善'的，成为划分人之不同于禽兽之类的根本所在"。①

尽管孟子提出人的特性本质，且其内容表现为德性之"善"，然而

① 匡钊：《"四端"之心——对孟子德性理据性的追问》，《现代哲学》2018 年第 2 期，第 132~140 页。

"性"并非有形质的实体，如何才能表明"人性之善"呢？孟子取道"心"的意义建构来完成其与"性""善"的统一。如前述，早期儒者已认识到潜隐的"性"转换为可见可感的具体实在，需要通过身体（官能）现象化、实体化后才能把握，比如"心"发展为"情"。孟子仍从这个思路出发，认为人"性"的本质与其"生命实体性"是统一而非割裂、对立的："君子所性，仁义礼智根于心。其生色也，睟然见于面，盎于背，施于四体，四体不言而喻。"（《孟子·尽心上》）在不脱离身、心关联的前提下，孟子指出，心将性与"四体"联结起来，从而将精神与身体都统一在人性本质之中。换言之，孟子将人的本质性与生命实体性的统一归诸心的存在及其意义。

"心"与耳目口鼻之官同为身体机能，又何以统一人的精神与身体？孟子首先以"思"作为"心"的独特能力来贯彻身体与精神："耳目之官不思，而蔽于物，物交物，则引之而已矣。心之官则思，思则得之，不思则不得也。"（《孟子·告子上》）"心官"乃至它独特的"思"的能力，是"天之所与我者"，只要能"先立乎其大"，"则其小者弗能夺"，"可为大人矣"。（《孟子·告子上》）顺从身体直接本能的"耳目之官"，就流于"小体"而为小人；顺从可以"思"的"心官"，则立其"大体"而为大人。"小体"者，是人与禽兽都拥有的直接本能，它会为外物所左右，并不能显示出人稳固的本质。"大体"者，是"心"的喜好意向，它主宰人的意志与行为，是人区别于禽兽的根本所在。从实际情况看，人大多以耳目之官的喜好而非以"心"之喜好（仁义礼智）为先，正因为耳目之官的喜好不言自明，而心之官的喜好则并非如此，孟子才要指明"心"之大体的优先性是保证人成其为人的关键。"心"的喜好的优先性又如何得到保证与实现？首先要有"思"，即自我意识的启动，自我意识能自觉自动地向"心"寻求人之为人的正当性根据（善）。正因为"心"知道何为正当、正确，只要"思"（自我意识的意向）就"得之"，"不思"则"不得"，经由朝向"心"的自我省察就能揭示何为正当、正确。虽然人的行为经常偏离人之为人的正当性要求（善），但仍可以通过对"心"的"反求"，即"思"的另一种表现方式——纠正偏差。需要辨明的是，孟子不否认耳目等身体官能，也没把耳目等身体官能与"心"的官能完全对立，借末永高康的话说就是，孟子强调了二者的优先性次序。因为任何人的"心"都喜好的东西（仁义礼智）才是对人而言"善"的东西，实践"心"所喜好的仁义礼智，是人天生的特质，符合人之为人的根本实情，是区别人与非人的关键。因此，末永高康断言："如果真挚地向所谓的'心'询问，则心必然会向人揭示什么是正确正当的。也就是说，对于能够知道正当正确的'心'的探求，才应该是促使孟子趋向性善论的动机。"①

其次由"志"。"志"是在"思"与"求"基础上实现"从其大体"的发动力和执行力。"小，口腹也。大，心志也……治心志者为大人。""大体，心思礼义。小体，纵恣情欲。"②"大体"意谓心中之"志"的重要，意志的兴发是保证"心"喜好仁义（道德的意向）的原动力，它为"心官"对仁义礼智的喜好意向提供使这个意向能持续、稳定实现的保证。正所谓扩而充之、立其大（兴发"心"中的道德意向并提供意志保证）而成其善（以实现德性生命的人之特性），不扩而充之、从其小（追随耳目口腹之本能）而碍于善。概言之，"志"确保"心"提供的正当性根据（仁义礼智）能够被"思"而"得之"，并同时经由"心"的认知力实现扩充"四端"的修养实践，让人真正成为人。唐君毅先生对孟子所言"心志"也有着类似的体会："……吾对整个孟子之学之精神，遂宛然见得其中有一'兴起一切人之心志，以自下升高，而向上直立之道'……斯道也，简言之，可姑名之为'立人'之道。"③"心志"，可谓孟子所论成人的关键。

孟子还强调，如同耳目口腹喜好的普遍性一样，心的"喜好"也是众人皆同的："口之于味也，有同耆焉；耳之于声也，有同听焉；目之于色也，有同美焉。至于心，独无所同然乎？心之所同然者何也？谓理也，义也。圣人先得我心之所同然耳。故理义之悦我心，犹刍豢之悦我口。"（《孟子·告子上》）这表明"心"除了可以"思"，能够"求"，兴发

---

① 〔日〕末永高康：《孟子和郭店楚简〈性自命出〉的性论》，《科学·经济·社会》2020年第 4 期，第 1~15 页。
② （清）焦循：《孟子正义》，沈文倬点校，中华书局，2015，第 653 页。
③ 唐君毅：《中国哲学原论·原道篇（上）》，中国社会科学出版社，2006，第 94 页。

"志"以外，还具有感通能力。既然心是身体官能的一部分，其感通的能力应当与人的耳目口腹的喜好一样，是人皆有之且同然的，① 唯一不同的是，"心"所感通（喜好）的对象是"理义"。这样的感通（喜好），实质上就是"心"的道德意向性。对"理义"的"心悦"与对"刍豢"的"口悦"，实质上乃是人的本性与本能的区别：人之为人除了生命本能还要以达成其本质性（仁义礼智）为目的，这种达成的主体保证就在于"心"所本有的对于"理义"的意向性。孟子不断申明"心"对仁义礼智的倾向性（四端）是"我固有之""非由外铄"的，旨在以心灵本有的道德意向性为主宰，在此之下发动心志，借助四体（身体）的实践，自然而然由心及事、由内及外、由己及人，以此成就人之为"人"。

由此来看，史华兹的如下评论是中肯的："事实上，'心'是使得人类和其他动物区分开来的那部分本性的终极'处所'（locus）。如果正确地加以理解，'性'只是人心（heart）朝向充分实现其道德能力的天赋趋向。的确，孟子在处理人的问题时，其问题意识（problem conscious）的中心实际上并不是本性（性）而是人心/心灵。"②

第三节 经验/实践的心

与孟子不同，在荀子看来，"人是什么"并不完全由"性"（"生之自然之资"）来显发。人既能接纳自身的生物性（"本始材朴"），又能展现自身与其他生物的区别，这个区别就在于人能"群"且有"义"能"分"。荀子不以人的性而以人具备达成人类群体之礼义生活的能力判定人的本质，而这个能力的核心就在于"心"。换言之，在实现礼义（之善）的群体生活中，人才能在实现自身的善（仁义德性）的同时获得反映自己本质的社会性，"心"是人达成此礼义秩序的主体依据。每个人通过"养

---

① 末永高康认为，孟子基于嘴巴、耳朵、眼睛的选择，所体现的齐一性，是在现实中可以看到的，而心的选择的齐一性在现实中是无法观察到的，尽管如此，孟子仍然主张"选择的齐一性"在心的选择中也应该存在。参见末永高康《孟子和郭店楚简〈性自命出〉的性论》，《科学·经济·社会》2020年第4期，第1~15页。

② 〔美〕史华兹：《古代中国的思想世界》，程钢译，江苏人民出版社，2004，第280页。

心之术""治心之道"，使"心"与"道"进行沟通，以达成个体之善和共同体之善的统一。因此，"心"也是实现人禽之别最重要的因素。相对于孟子把"心"上升为形上本体从而保证了德性对人性本质的充实进路，荀子则从经验性的人类实践着手，更具体地刻画了心作为意识、思维等认知能力的运用，指明它在人的（道德）实践中的功能和重要意义。

"心"在荀子处的实质内涵是"心知"，"心"如何实现"知"是荀子心观念系统的关键。荀子以"治乱之道"为前提指出了"心"关涉人类社会治乱兴衰的重要性。在他看来，"治乱之要在于知道"，"人何以知道"则在于"心"，"心何以知？曰：虚一而静"；"心不可以不知道。心不知道，则不可道而可非道"。（《荀子·解蔽》）然而，心知"道"能力的实现还需后天的实践修养，因为"心"时刻与外物交互感应，容易受到遮蔽，"凡万物异则莫不相为蔽"（《荀子·解蔽》）。

心通过耳目口鼻形体与外物相交接，事事物物的表象、运动以及心灵自身的意识变化都会影响心的意向和判断。所谓"蔽"，就是对心的识别与判断合理性的干扰，"解蔽"就是要去除干扰，使心的意向合于"道"，以为人之主宰。非与乱的根源在于人放任"诚心""不求正"而让其"自为"，是心"蔽于一曲"而"失正求"，以至于"心不使焉"，"黑白在前而目不见，雷鼓在侧而耳不闻"。（《荀子·解蔽》）心之"蔽"与"不求正"正是不能实现"知"的主宰约束（"辨""知"），不能回复合于理性的意向状态。视而不见、听而不闻不是心的不作为，而是心的"辨"与"知"的不出场，"蔽"作为干扰合于理性的意向、阻挡"辨""知"的"心术之公患"（《荀子·解蔽》），需要被克服，这就是心"求正"的过程逻辑。对于心之"求正"的根据是什么，荀子给出的回答与孟子不同。孟子说，心之能"求正"在于先天的本心（四心）就为正（善），只需复归而已；荀子则将"正"归之于"道"，以"道"为正，心发挥"辨""知"才能"知道"，然后"可道"而不"可非道"（"道"指人道而非天道，就是礼义法度）。

"辨""知"以"学"出场，"学"为心"知"能力的外化形式，将"心"的智识能力引向以礼义之德为目的："学至乎礼而止。"（《荀子·劝学》）它不仅将智识的实践活动具象化，还把人的身体与心灵统一起来，通过"心知"的实践达到"布乎四体""形乎动静"而"美其身"。心的智识（"辨""知""学"）能促成"美其身"的德性塑造，也再一次体现了人禽乃至君子小人的不同："君子之学也，以美其身，小人之学也，以为禽犊。"（《荀子·劝学》）"学"的实质由"礼"规定，"学"的能力则源于"心"，人无礼则禽犊，学习"礼"晓明"义"是作为类群体的人的本质需要，"义"贯穿"学"的始终"不可须臾舍也"，"为之，人也，舍之，禽兽也"。（《荀子·劝学》）可见，操存舍亡，在孟子是"心"也是"性"，具体做法是操习扩充先天先验的"心之四端"。在荀子，为之舍之是且只是"心"，无关乎"性"，具体做法是"解蔽""修身"。与礼义对应的是"道"，"心"只是"礼"（道）的呈现原则，而非创造原则，也就是礼义不出自"心"，但非由人心不能实现。在荀子这里，"心"与"礼"（"义"）为二，"心"与"性"分立，正是"性""心"分立而各为一观念，从而才会强调心的主宰却不承认性善。[1]

值得注意的是，荀子也提及"志"（"心一"）："螾无爪牙之利，筋骨之强，上食埃土，下饮黄泉，用心一也。"（《荀子·劝学》）"一"点出心的意向，或者说心的意志力的重要性，但是它的强弱在实践中又难以保持："人心之危，道心之微。"（《荀子·解蔽》）可见，与孟子之"心"的意向性（意志）决定成德不同，荀子只是将"志"（"心一"）视作成德的方法论。在孟子看来，"心"（良心、四端之心）就是成德意向和意志的根据，就是道德实践的动力；而在荀子看来，"志"（"心一"）并不是成德的根据，而体现出"工具"的色彩。在他看来"志"在于"心"，但"心"不等于"心一"，"志"不能保证德性的实现，而是有待于社会人的逻辑前提——人的"群"性设定，即人对其本质属性的实现统一于群体生活之共同善（圣人所制之礼义），个人作为群体之一部分必要以礼义之善的实现来成为"人"，这个实现有赖于人的"心知"，表现为心理过程的"辨""知""思""虑"和行为过程的"学""解蔽""修身""正名"。如果说孟子心概念的建构方向是"先验-意志"的维度，那么荀子则是

---

[1] 韦政通：《荀子与古代哲学》，台北：商务印书馆，1966，第146页。

"经验-实践"的维度，他建构的心灵运作场域是对意识与思维复杂进程的经验性或实践性描述：从"知"到"智"，是由意识到道德意识的进阶，是"心"之智识的实践。

第四节　从身心观到群己观：儒学现代化的进路

"心"概念伴随着早期中国思想对"人"的理解的不断深入而发展演变，并在与其他思想观念的交互中，形成了以"心"为主轴的一系列概念，它们继而又共同构成了认识"人"的思想基础。先秦时期的"心"观念，内容广泛，含义多重，其复杂交错的意义层次被包裹在边界模糊的"心"概念的使用之中，再通过与各个特定时期其他思想论题的结合，推动着对人性问题的思考。这种思考既可能是对心灵内在之精神本体及其意向的追寻，也可能是对心灵映射对象方式、机制的探索。在早期儒家那里，我们最终看到了以孟荀为代表的两种"心"概念的发展进路，这两种进路其实都是心观念在战国中后期加速演变的表现和结果，并且影响了之后儒学"心-性"论题的发展和现代儒学的反思、重构。

首先，以战国早中期儒者对"心"的探索为基础，孟子、荀子结合"性""情""志"等概念阐明"心"的内涵与意义指向，基本奠定了"心"概念的结构性内容。以"心"概念为主轴还原早期儒家从追问"人"到论辩"性"继而彰显"心"的观念演进，既反映了早期思想家在"心灵-精神"向度对人的本质的理论思考，又展示了早期儒学中各重要概念及其哲学内涵之间的动态关联与交互性。虽然围绕"心"的概念群在不同思想体系中的意义偏重有所不同，但以这些核心概念为代表的观念认识与思想论域其实已经表明早期儒者从自然人到道德人的探索，也预示着儒家后学在这一问题上不断丰富和展开的可能。

其次，早期儒学"心"概念建构的不同进路，对宋明以来心性论的发展以及"理学-心学"的分歧，尤其对今日儒家与西方哲学的沟通具有深远影响。现代新儒家以牟宗三、李明辉为代表，试图从康德的"自律"概念出发，以道德形而上学的方式对心（良心）的意义予以现代阐释，并分判孟荀以及程朱、陆王的思想特征何为"自律"何为"他律",拓展心概念的哲学内涵。① 而以耿宁为代表的心性现象学则以现象学方法解析心在现代语境中的意识(精神)－心理机制,并概括出儒学的三种伦理学类型:以社会的福祉、秩序、和谐为标准的伦理论证类型,荀子、墨子为其代表。以人的个体本性即个体人的精神本性的伦理论证类型,孟子、王阳明为其代表。以自然法则或宇宙法则为伦理行为根据的论证类型,朱熹为其代表。② 由此可见,"心"概念的分析是深入地认识儒家伦理学的一个基础且重要的论题。然而,需要强调的是,不论以何种哲学理论为参照的阐释都应当在"心"之意义构建的观念史线索之上申论其现代的哲学价值。

最后,与西方心灵理论中身心二分的立场不同,传统儒学中的"心"概念折射出中国古代思想视界中身心统一的一贯立场。早期儒者建构"心"观念的不同进路,都保有"心"作为人之官能的原初意义,并在此基础上发展心的成德意志与智识认知的精神内涵,强调身体参与心灵(精神)实践的相互统一。无论如何,只有将"心"置于"自我、心灵和世界"的整体关系图景中进行检视,才能更加全面地揭示它的哲学价值与观念史意义。

肇始于先秦儒家的群己观念并建基于道德之上形成的对群己关系的理解,遵循了群己互益的原则,肯定了人伦义务的相互性,体现出一种道德平等的意识。早期儒家之后的群己观念历经发展和流变,近现代以来接受西方的平等、自由理念,以此为核心来改造儒家传统的群己观念,调整对群己关系的认识,一方面拓展充实了传统儒家群己观念的内容,另一方面尝试构建现代的群己关系论并未真正获得实质性的突破。其原因有二:一是传统儒学群己基本范围的宽泛边界和内涵具有动态性;二是群己既是分别在伦序中得以定位和认同的,又是必然在伦序关联中得到协调统一的。从家庭开始到邦国天下,一直在凝聚和融合每个人,以至于使人们只见森林(家庭、邦国天下)而难辨树木(个体)。因此,张东荪曾指出:"中

---

① 李明辉:《儒家与康德》,联经出版公司,1990,第16～19页。
② 〔瑞士〕耿宁:《后期儒学的伦理学基础》,载《心的现象——耿宁心性现象学研究文集》,商务印书馆,2012,第271～273页。

国的社会组织是一个大家庭套着多层的无数的小家庭。可以说是一个'家庭的层系'（A Hierarchical System of Families），所谓君就是一国之父，臣就是国君之子。在这样的层系组织之社会中，没有'个人'观念。所有的人，不是父，即是子。不是君，就是臣。不是夫，就是妇。不是兄，就是弟。"①（《理性与民主》）在中国传统社会中到底有没有个人观念，仁者见仁，智者见智，但以家庭为基础而作为各类人伦角色的个体，的确造成只见人伦而忽略个体之弊。

儒家对个人和共同体的理解，从一开始就是分别站在个人与群体的角度去协调二者，而同时他们对个体和群的理解具有自身的特点。虽然不同于现代西方的个人和共同体，但是却具有可以接纳和调适的可能。当从群体角度出发时，儒家主要论证了人类群体存在的必然性和合理性、群体的现实形式、群体的价值和责任以及群体所运行的理想状态。当站在对个体之人的认识角度，儒家注重的是对个体内涵之己我的规定以及个人如何实现自我价值的可能。这种个人价值的本有，并非源于自然主义的天赋权利，而在于自然主义的人禽之别。

肯定人的群体生存形式与发展，表达出个人对群体其实承担着无法推卸的责任。现实中群体的组织形式，被儒家划分为天下、国（邦）、家（族）三个层次。群体对于个体的价值构成了群形成特定形式的动因。群作为人禽之别的根据，区别于禽兽的群居本质，在于人群有仁义，有仁义则秩序制度生，从而能够将个体智慧和力量统合起来而胜于禽兽，独立于天地间。那么，如何去激发和保持这种群体的凝聚力，发挥个体的力量来实现群体价值和责任，实现群体价值呢？儒家以"和"来达致。此"和"又落实在以"家"为本的人伦层次当中。家庭或家族成为传统社会中群体生活和个体生活的极其重要的组织形式，无怪乎梁启超会认为："吾国社会之组织，以家族为单位，不以个人为单位；所谓家齐而后国治也。"（《新大陆游记》）

儒家以家庭或家族为群体和个体生存发展的基础，将道德调节功能首先放在家，并由此修筑治国平天下的经世之道。自清代到近现代，思想家

---

① 王齐彦：《儒家群己观研究》，第215页。

们逐渐认识到家与国、天下的差异。王夫之提出："乃国之于家，人地既殊，理势自别，则情不相侔，道须别建。虽其心理之同，固可类通，而终不能如家之人，可以尽知其美恶以因势而利导之。乃君子因其理之一，而求之于大公大矩，既有以得其致远而无差者，则不患夫分之悬殊，而困于美恶之不知，使教有所不行也。"（《读四书大全说》）家与国有区别，齐家之教由家人相处亲近，美恶相知，可以有的放矢、因势利导。而国人之间则美恶难相知，若拘泥于齐家之教，则往往难收到跟齐家一致的功效。恩格斯也曾引述埃斯潘纳斯《论动物的社会》中的一段话："群是我们在动物中所看到的最高的社会集团，它看来是由家庭构成的，但是家庭和群一开始就处在对抗之中。"① 恩格斯评论道："高等动物的群和家庭并不是互相补充，而是相互对立的。"（《家庭、私有制和国家的起源》）应当看到，儒家在关于家庭或家族的思考发展中，伴随着宗法立家的思想，这导致整体主义掩盖个体立场的进一步加深。

群体价值的实现和责任的履行一般需要落实到对民众的庶、富、教之中，并需要强调对公私关系的调节以实现群体的公正平等。于是，义利、公私问题及其关系的调节，是儒家群己关系之中的一个应有之义。可以说，义利、公私关系的调节效果，决定着群体价值的实现程度。从孔子开始就谈论的义利问题一直是早期儒家思想中的一个重要论题。总体上，重义轻利的早期儒家的价值取向，并不必然导致义利的截然对立，而是将义利区分的标准置于礼的规定之上，并非全然否定利。

孔子说，"君子喻于义，小人喻于利"，是由于"君子"明白"放于利而行，多怨"。（《论语·里仁》）这会破坏群的凝聚力，因而"喻于义"，义者宜，即不要超越现实的"礼"（制度）规定的那个限度，得其名分规定所应得者，是为"义"。小人不明白这个道理，总是只看见眼前的利益而忘记哪些才是自己应得的部分，"放于利而行"会破坏等级名分（制度）的规定。《左传·成公二年》载孔子说："礼以行义，义以生利，利以平民，政之大节也。"关键是要合义："不义而富且贵，于我如浮云。"孟子之谓"何必曰利，亦有仁义而已矣"是对孔子义利观的发挥。君王若

---

① 王齐彦：《儒家群己观研究》，第 217~218 页。

与民一样去争利而行，即使以强国之名义不顾民生，也是一种不义。统治者不与民争利，因而荀子主张"上重义则义克利，上重利则利克义"。（《荀子·大略》）义克利可以保证群体安治，利克义则群必生祸乱。从群体的立场出发，重义利群就是公，重利乱群就是私。义利与公道私欲相通："并己之私欲，必以道，夫公道通义之可以相兼容者。"（《荀子·强国》）

任何个体都必然以群体的形式生存发展，人或多或少都具有"恶独而欲群"的天然趋向。这可以说是儒家群己观对个人的首要规定。"夫喜群而恶独，相扶而相植者，人情之所乐也。故有父子、夫妇、兄弟之相亲、相爱、相收、相恤者。"（康有为《大同书》）人伦是人之大本，个体总是归属于一定的人伦关系网，并在这个网络中确定自己的位置，即所谓"君臣父子兄弟夫妇，始则终，终则始，与天地同理，与万世同久，夫是之谓大本"。（《荀子·王制》）

儒家涉及的个体，一般不作纯粹的抽象个体来理解，总是将其指定在人伦关系网中某一具体之"己""我"之上。因而，儒家的个人必然是在人伦关系中扮演一定人伦角色的归属于人伦网络的"己""我"。从个体的角度看，儒家对个体的内涵的另一规定在于强调任何个体都是承担相应人伦义务的主体。个人具有多个人伦角色，也就同时需要承担多重人伦关系中的义务和责任。

在儒家看来，在人类社会中，个体由于必然归属于一定的人伦网络，生存于其中、成长于其中，因此也就产生出对该人伦网络以及构成人伦关系的双向义务的必然性。这显示出传统儒家对个人理解的义务本位。那么，如何在群体中实现人伦义务主体的自我呢？儒家通过个体自我的修身造就恰当的伦序定位，履行人伦义务。这一具体的践行，既是自我之主体义务的完成，也是群体安定有序及其价值的实现。这种以人伦义务主体自我的道德修养为基础的个体与群体的价值实现论，是一种个体本位的实现论。

总体上说，儒家的个体，最主要的内容就是诉诸个体自身的道德修养来造就个体的自主、自觉性。传统儒家强调个体自主、自觉，主要是要求个体自觉地为等级制国家（包括君主）和人伦网络尽义务以成就独立人格。这同时也就必然压制个体的个性发展和为自身争取权利的思想和行为，难以成就具有现代平等自由意识的个人主义人格。近现代以来，思想家们一方面力图冲破封建等级制及其观念的罗网，接纳西方平等、自由、民主思想来转化传统儒家的个体修养论，以实现人的个性解放；另一方面又试图改造传统儒家志士仁人公天下的思想，用以防止个人主义流弊导致的思想与社会问题。这种个人与共同体关系的理解不断进行双向的交流、转化，也意味着需要我们在现代性的具体生存境遇中不断地回溯、反思和重构。

参考文献

一　著作类

[1]　胡适：《中国哲学史大纲》（卷上），商务印书馆，1919。

[2]　温裕民：《论语研究》，商务印书馆，1920。

[3]　张栻：《癸巳论语解》，商务印书馆，1937。

[4]　车铭深：《论语与儒家思想》，商务印书馆，1937。

[5]　徐英：《论语研究》，正中书局，1943。

[6]　唐君毅：《道德自我之建立》，商务印书馆，1944。

[7]　谭嗣同：《谭嗣同全集》，生活·读书·新知三联书店，1954。

[8]　〔日〕加藤常贤：《中国古代的宗教与思想》，哈佛燕京同志社，1954。

[9]　杨树达：《论语疏证》，科学出版社，1955。

[10]　熊十力：《原儒》，中国人民大学出版社，1956。

[11]　严北溟：《孔子的哲学思想》，上海人民出版社，1959。

[12]　〔德〕黑格尔：《哲学史讲演录》（第一卷），商务印书馆，1959。

[13]　（汉）许慎：《说文解字》，中华书局，1963。

[14]　韦政通：《荀子与古代哲学》，台北：商务印书馆，1966。

[15]　王靖之：《论语通议》，三民书局，1977。

[16]　侯外庐：《中国思想史纲》，中国青年出版社，1980。

[17]　唐华：《中国论语学术思想发达史》，中国图书公司，1980。

[18]　蔡尚思：《孔子思想体系》，上海人民出版社，1982。

[19]　高明：《孔子思想研究论集》，黎明事业文化公司，1983。

[20]（清）王聘珍：《大戴礼记解诂》，王文锦点校，中华书局，1983。

[21] 朱伯昆：《先秦伦理学概论》，北京大学出版社，1984。

[22]（宋）程颢、程颐：《二程集》，中华书局，1984。

[23] 韦政通：《中国思想史》，水牛出版社，1986。

[24] 唐君毅：《中国哲学原论》，学生书局，1986。

[25] 傅佩荣：《儒道天论发微》，学生书局，1986。

[26]〔德〕马克斯·韦伯：《韦伯文集——文明的历史脚步》，生活·读书·新知三联书店，1986。

[27]〔美〕杜维明：《人性与自我修养》，中国和平出版社，1988。

[28]〔美〕R.T. 诺兰等：《伦理学与现实生活》，华夏出版社，1988。

[29] 蒙培元：《理学范畴系统》，人民出版社，1989。

[30] 梁启超：《饮冰室合集》，中华书局，1989。

[31]〔法〕柏格森：《创造进化论》，湖南人民出版社，1989。

[32]（清）孙希旦：《礼记集解》，中华书局，1989。

[33] 李明辉：《儒家与康德》，台北联经出版事业股份有限公司，1990。

[34]〔美〕汤姆.L. 彼彻姆：《哲学的伦理学——道德哲学引论》，雷克勤译，中国社会科学出版社，1990。

[35]〔英〕李约瑟：《中国科学技术史》（第二卷），上海古籍出版社，1990。

[36]〔日〕井上靖：《孔子》，人民日报出版社，1990。

[37] 汤一介：《儒道释与内在超越问题》，江西人民出版社，1991。

[38] 金景芳：《孔子新传》，湖南出版社，1991。

[39]〔德〕卡尔·雅思贝尔斯：《苏格拉底、佛陀、孔子和耶稣》，李瑜青等译，安徽文艺出版社，1991。

[40] 谢无量：《孔子》，民国丛书第四编，上海书店，1992。

[41] 牟宗三：《道德的理想主义》，学生书局，1992。

[42] 金耀基：《中国社会与文化》，牛津大学出版社，1992。

[43]〔美〕米德：《心灵自我与社会》，赵月瑟译，上海译文出版社，1992。

[44]〔美〕顾立雅：《孔子与中国之道——现代欧美人看孔子》，山西人民出版社，1992。

［45］陈荣捷：《王阳明传习录详注集评》，学生书局，1992。

［46］〔日〕驹田信二：《论语——圣人的虚像与实像》，岩波书店，1993。

［47］张岱年：《孔子大辞典》，上海辞书出版社，1993。

［48］〔美〕杜维明：《儒家传统的现代转化》，中国广播电视出版社，1993。

［49］（清）阮元：《揅经室集》，邓经元点校，中华书局，1993。

［50］何怀宏：《良心论：传统良知的社会转化》，上海三联书店，1994。

［51］张汝伦：《历史与实践》，上海人民出版社，1995。

［52］〔英〕麦金太尔：《德性之后》，龚群等译，中国社会科学出版社，1995。

［53］刘述先：《当代儒学论集：传统与创新》，台北："中央研究院"中国文哲研究所，1995。

［54］〔韩〕黄秉泰：《儒学与现代化：中韩日儒学比较研究》，社会科学文献出版社，1995。

［55］刘述先：《当代中国哲学论：问题篇》，美国八方文化公司，1996。

［56］林安梧：《当代新儒家哲学史论》，明文书局，1996。

［57］陈来：《古代宗教与伦理：儒家思想的根源》，生活·读书·新知三联书店，1996。

［58］钱穆：《中国近三百年学术史》，商务印书馆，1997。

［59］钱穆：《国学概论》，商务印书馆，1997。

［60］牟宗三：《中国哲学的特质》，上海古籍出版社，1997。

［61］梁漱溟：《东西文化及其哲学》，商务印书馆，1997。

［62］张东荪：《思想与社会》，辽宁教育出版社，1998。

［63］万俊人：《比照与透析——中西伦理学的现代视野》，广东人民出版社，1998。

［64］〔德〕马克斯·韦伯：《学术与政治》，生活·读书·新知三联书店，1998。

［65］李泽厚：《论语今读》，安徽文艺出版社，1998。

［66］〔美〕本杰明·史华兹：《古代中国的思想世界》，中国文史出版社，1998。

[67]（汉）赵岐：《四部要籍注疏丛刊·论语》，中华书局，1998。

[68] 余英时：《现代儒学论》，上海人民出版社，1998。

[69] 杨儒宾：《儒家身体观》，中国文哲研究所筹备处发行，1999。

[70] 国际儒学联合会编《国际儒学研究》第六辑，中国社会科学出版
社，1999。

[71] 李学勤：《毛诗正义·十三经注疏（标点本）》，北京大学出版社，
1999。

[72]〔德〕斐迪南·滕尼斯：《共同体与社会》，商务印书馆，1999。

[73] 牟宗三：《心体与性体》，上海古籍出版社，1999。

[74] 朱熹、吕祖谦：《近思录》，上海古籍出版社，2000。

[75] 章太炎：《中国现代学术经典·章太炎卷》，河北教育出版社，2000。

[76] 杨泽波：《孟子与中国文化》，贵州人民出版社，2000。

[77] 钱穆：《孔子与论语》，台北联经出版事业股份有限公司，2000。

[78] 国际儒学联合会：《纪念孔子诞辰 2550 周年国际学术讨论会论文
集》，国际文化出版公司，2000。

[79] 葛兆光：《中国思想史》，复旦大学出版社，2000。

[80]〔美〕杜维明：《道 学 政——论儒家知识分子》，上海人民出版社，
2000。

[81] 张汝伦：《现代中国思想研究》，人民出版社，2001。

[82] 李明辉：《当代儒学的自我转化》，中国社会科学出版社，2001。

[83]〔美〕杜维明：《文明的冲突与对话》，湖南大学出版社，2001。

[84] 慈继伟：《正义的两面》，生活·读书·新知三联书店，2001。

[85] 成中英：《合内外之道——儒家哲学论》，中国社会科学出版社，2001。

[86] 陈来：《现代中国哲学的追寻》，人民出版社，2001。

[87]〔法〕米歇尔·福柯：《词与物——人文科学考古学》，莫伟民译，
上海三联书店，2001。

[88]〔美〕迈克尔·J.桑德尔：《自由主义与正义的局限》，万俊人等译，
译林出版社，2001。

[89] 周立升、颜炳罡：《儒家文化和当代社会》，山东大学出版社，2002。

［90］ 余英时：《中国传统思想的现代诠释》江苏人民出版社，2002。

［91］ 杨国荣：《伦理与存在》，人民出版社，2002。

［92］ 唐文明：《与命与仁：原始儒家伦理精神与现代性问题》，河北大学出版社，2002。

［93］ 钱穆：《论语新解》，生活·读书·新知三联书店，2002。

［94］ 牟博：《中西哲学比较研究卷》，商务印书馆，2002。

［95］ 蒙培元：《情感与理性》，中国社会科学出版社，2002。

［96］ 刘耘华：《诠释学与先秦儒家之意义生成：〈论语〉〈孟子〉〈荀子〉对古代传统的解释》，上海译文出版社，2002。

［97］〔德〕康德：《道德形而上学原理》，上海人民出版社，2002。

［98］ 傅斯年：《民族与古代中国史》，河北教育出版社，2002。

［99］〔美〕杜维明：《杜维明文集》，武汉出版社，2002。

［100］ 陈来：《古代思想文化的世界——春秋时代的宗教、伦理与社会思想》，三联书店，2002。

［101］〔美〕罗尔斯：《道德哲学史讲义》，顾肃、刘雪梅译，上海三联书店，2002。

［102］〔美〕赫伯特·芬格莱特：《孔子——即凡而圣》，彭国翔、张华译，江苏人民出版社，2002。

［103］ 朱贻庭：《中国传统伦理思想史》，华东师范大学出版社，2003。

［104］ 任剑涛：《道德理想主义与伦理中心主义：儒家伦理及其现代处境》，东方出版社，2003。

［105］〔英〕摩尔：《伦理学原理》，上海人民出版社，2003。

［106］ 葛瑞汉：《论道者：中国古代哲学论辩》，中国社会科学出版社，2003。

［107］〔法〕米歇尔·福柯：《知识考古学》，谢强、马月译，生活·读书·新知三联书店，2003。

［108］ 江文也：《孔子的乐论》，杨儒宾译，乐学书局、喜玛拉雅基金会，2003。

［109］ 徐复观：《中国思想史论集》，上海书店出版社，2004。

［110］ 李幼蒸：《仁学解释学：孔孟伦理学结构分析》，中国人民大学出版

社，2004。

[111] 托马斯·内格尔：《人的问题》，万以译，上海译文出版社，2004。

[112] 〔德〕马克斯·韦伯：《儒教与道教》，洪天富译，江苏人民出版社，2004。

[113] 〔德〕哈贝马斯：《现代性的哲学话语》，曹卫东译，译林出版社，2004。

[114] 〔德〕哈贝马斯：《交往行为理论》，曹卫东译，世纪出版集团，2004。

[115] 朱维铮：《中国经学史十讲》，复旦大学出版社，2005。

[116] 张岱年：《中国伦理思想研究》，江苏教育出版社，2005。

[117] 韦政通：《中国文化与现代生活》，中国人民大学出版社，2005。

[118] 王尔敏：《中国近代思想史论续集》，社会科学文献出版社，2005。

[119] 唐君毅：《中国文化之精神价值》，广西师范大学出版社，2005。

[120] 任剑涛：《伦理王国的构造：现代性视野中的儒家伦理政治》，中国社会科学出版社，2005。

[121] 牟宗三：《中国哲学十九讲》，上海世纪出版集团，2005。

[122] 梁漱溟：《梁漱溟全集》，山东人民出版社，2005。

[123] 李明辉：《儒家视野下的政治思想》，北京大学出版社，2005。

[124] 李明辉：《四端与七情：关于道德情感的比较哲学探讨》，台湾大学出版中心，2005。

[125] 劳思光：《新编中国哲学史》，广西师范大学出版社，2005。

[126] 陈昭瑛：《儒家美学与经典诠释》，台湾大学出版中心，2005。

[127] 张君劢：《儒家哲学之复兴》，中国人民大学出版社，2006。

[128] 杨国荣：《善的历程——儒家价值体系研究》，上海人民出版社，2006。

[129] 王齐彦：《儒家群己观研究》，中国社会科学出版社，2006。

[130] 唐君毅：《中国哲学原论·原道篇》，中国社会科学出版社，2006。

[131] 林语堂：《孔子的智慧》，陕西师范大学出版社，2006。

[132] 干春松：《制度儒学》，上海人民出版社，2006。

[133] 丁耘主编《什么是思想史》，上海人民出版社，2006

[134] 陈居渊：《阮元焦循评传》，南京大学出版社，2006。

［135］李零：《郭店楚简校读记（增订本）》，中国人民大学出版社，2007。

［136］康有为：《康有为全集》，中国人民大学出版社，2007。

［137］白奚：《先秦哲学沉思录》，中国社会科学出版社，2007。

［138］〔英〕伯纳德·威廉斯：《道德运气》，徐向东译，上海译文出版社，2007。

［139］〔美〕史华兹：《古代中国的思想世界》，程钢译，江苏人民出版社，2004。

［140］张德胜：《儒家伦理与社会秩序：社会学的诠释》，上海人民出版社，2008。

［141］费孝通：《乡土中国》，人民出版社，2008。

［142］李景林：《教养的本原：哲学突破期的儒家心性论》，北京师范大学出版社，2009。

［143］金观涛、刘青峰：《观念史研究：中国现代重要政治术语的形成》，法律出版社，2009。

［144］（清）阮元：《十三经注疏》，中华书局，2009。

［145］唐文明：《近忧：文化政治与中国的未来》，华东师范大学出版社，2010。

［146］吕思勉：《先秦学术概论》，中国人民大学出版社，2011。

［147］赵汀阳：《天下体系：世界制度哲学导论》，中国人民大学出版社，2011。

［148］〔英〕以赛亚·伯林：《反潮流：观念史论文集》，冯克利译，译林出版社，2011。

［149］刘笑敢主编《中国哲学与文化》（第十辑），漓江出版社，2012。

［150］〔瑞士〕耿宁：《心的现象：耿宁心性现象学研究文集》，商务印书馆，2012。

［151］马一浮：《马一浮全集》，浙江古籍出版社，2013。

［152］（汉）司马迁：《史记》，中华书局，2013。

［153］萧高彦编《政治价值的系谱》，台北联经出版事业股份有限公司，2014。

［154］王中江：《莫若以明：集虚室随笔》，北京大学出版社，2014。

［155］陈来：《仁学本体论》，生活·读书·新知三联书店，2014。

［156］汪晖：《现代中国思想的兴起》，生活·读书·新知三联书店，2015。

［157］蒋孝军：《"群"与"独"：个体性问题：康有为政治儒学研究》，安徽人民出版社，2015。

［158］〔美〕阿瑟·O. 洛夫乔伊：《存在巨链——对一个观念的历史的研究》，张传有、高秉江译，商务印书馆，2015。

［159］赵汀阳：《天下的当代性：世界秩序的实践与想象》，中信出版社，2016。

［160］黄克武：《近代中国的思潮与人物》，九州出版社，2016。

［161］〔美〕本尼迪克特·安德森：《想象的共同体：民族主义的起源与散布（增订版）》，吴叡人译，上海人民出版社，2011。

［162］〔美〕张灏：《梁启超与中国思想的过渡 1890—1907》，崔志海、葛夫平译，中央编译出版社，2016。

［163］〔美〕张灏：《烈士精神与批判意识——谭嗣同思想的分析》，崔志海、葛夫平译，中央编译出版社，2016。

［164］梁涛主编《美德与权利：跨文化视域下的儒学与人权》，中国社会科学出版社，2016。

［165］梁涛主编《中国政治哲学史（第一卷）》，中国人民大学出版社，2017。

［166］景天魁等：《中国社会学：起源与绵延》，社会科学文献出版社，2017。

［167］〔美〕安乐哲：《儒家角色伦理学：一套特色伦理学词汇》，〔美〕孟巍隆译，山东人民出版社，2017。

［168］（清）焦循：《孟子正义》，沈文倬点校，中华书局，2017。

［169］向世陵主编《"克己复礼为仁"研究与争鸣》，新星出版社，2018。

［170］干春松：《伦理与秩序：梁漱溟政治思想中的国家与社会》，商务印书馆，2019。

［171］程奇立：《"三〈礼〉"真精神》，广东高等教育出版社，2019。

［172］黄宗智：《国家与社会的二元合一》，广西师范大学出版社，2022。

［173］黄宗智：《梁启超与近代中国自由主义》，西北大学出版社，2023。

［174］John. k. Shryock，*The Origin and Development of the State Cult of eCon-fucius*，The Century Co，New York，London，1932.

［175］E. R. Hughes，*Chinese Philosophy in Classical Times*，The Temple Press，1942.

［176］Tu Weiming，*Humanity and Self-Cultivation*：*Essays in Confucian Thought*，Berkeley：Asian Hunmantities Press，1979.

［177］Irene Ebre，*Confucianism*：*the Dynamics of Tradtion*，NewYork：Mac-millan，1986.

［178］Harles Taylor，Source of Self，*The Making of the Modern Identity*，Cam-bridge/Mass，Harvard University Press，1989.

［179］Wm Theodore De Bary，*The trouble with Confucianism*，Harvard Univer-sity Press，1991.

［180］Shun Kwong-loi，*Confucius and the Analects*，Oxford University Press，2002.

二　论文类

［1］陈旭麓：《戊戌时期维新派的社会观——群学》，《近代史研究》1984 年第 20 期。

［2］张立文：《孔子的仁学形上学》，《孔子研究》1995 年第 1 期。

［3］李景林：《孔子知论之精义》，《孔子研究》1995 年第 4 期。

［4］东方朔：《仁性：价值之根与人的自觉》，《社会科学战线》1996 年第 4 期。

［5］李景林：《论孔子的仁学思想》，《鹅湖月刊》1997 年第 11 期。

［6］万俊人：《回应韦伯：儒家伦理的一个方法论问题》，《开放时代》1998 年第 3 期。

［7］庞朴：《孔孟之间——郭店楚简的思想史地位》，《中国社会科学》1998 年第 5 期。

［8］郑家栋：《"全球化"大潮中的孔子儒家》，《孔子研究》1999 年第 3 期。

[9] 杨国荣:《人生之境与意义世界——儒学的一个向度》,《孔子研究》1999 年第 3 期。

[10] 白奚:《"仁"字古文考辨》,《中国哲学史》2000 年第 3 期。

[11] 白奚:《"仁民而爱物"的现代启示》,《河北学刊》2001 年第 2 期。

[12] 王庆节:《道德金律、忠恕之道与儒家伦理》,《江苏社会科学》2001 年第 4 期。

[13] 颜炳罡:《论孔子的仁礼合一说》,《山东大学学报》(哲学社会科学版) 2001 年第 2 期。

[14] 杨国荣:《道德认识之维》,《江苏社会科学》2002 年第 6 期。

[15] 白奚:《"全德之名"和仁圣关系——关于"仁"在孔子学说中的地位的思考》,《孔子研究》2002 年第 4 期。

[16] 张旭:《技术时代的责任伦理学:论汉斯·约纳斯》,《中国人民大学学报》2003 年第 2 期。

[17] 陈赟:《从仁爱到正义:道德中心词语的现代转换及其困境》,《人文杂志》2004 年第 4 期。

[18] 陈卫平:《后现代社会的文明形态:现代与传统的互补》,《中山大学学报》2005 年第 6 期。

[19] 梁涛:《郭店楚简"身心"字与孔子仁学》,《哲学研究》2005 年第 5 期。

[20] 龚群:《公民社会与孔孟精神》,《中国思想史研究通讯》2005 年第 3 期。

[21] 魏义霞:《仁——在孔子与孟子之间》,《社会科学战线》2005 年第 2 期。

[22] 贺来:《"群"与"己":边界及其规则——对"群己权界"的当代哲学反思》,《哲学动态》2006 年第 10 期。

[23] 杨泽波:《从以天论德看儒家道德的宗教作用》,《中国社会科学》2006 年第 3 期。

[24] 胡伟希:《儒家社群主义略论》,《文史哲》2006 年第 4 期。

[25] 张燕婴:《孔子"为仁"诸说辨义》,《孔子研究》2007 年第 1 期。

[26] 谢晓东:《"社会儒学"何以可能》,《哲学动态》2010 年第 10 期。

[27] 李里峰：《概念史研究在中国：回顾与展望》，《福建论坛》（人文社会科学版）2012 年第 5 期。

[28] 丁耘：《大陆新儒家与儒家社会主义——以梁漱溟为例》，《文化纵横》2012 年第 2 期。

[29] 陈来：《仁学本体论》，《文史哲》2014 年第 7 期。

[30] 郭齐勇、李兰兰：《安乐哲"儒家角色伦理"学说析评》，《哲学研究》2015 年第 1 期。

[31] 孙向晨：《现代个体权利与儒家传统中的个体》，《文史哲》2017 年第 3 期。

[32] 范丽珠：《从杨庆堃宗教社会学的功能主义视角看儒学的宗教特质》，《复旦学报》（社会科学版）2018 年第 5 期。

[33] 冯时：《群聚与群分：荀子群学思想探源》，《中国文化》2019 年第 2 期。

[34] 李宏图：《观念史研究的回归——观念史研究范式演进的考察》，《史学集刊》2018 年第 1 期。

[35] 孙江：《概念史研究的中国转向》，《学术月刊》2018 年第 5 期。

[36] 匡钊：《"四端"之心——对孟子德性理据性的追问》，《现代哲学》2018 年第 2 期。

[37] 方达：《涂人何以为禹——诸子学视域下荀子"群"思想的再考察》，《人文杂志》2019 年第 4 期。

[38] 陈民镇：《清华简〈心是谓中〉首章心论的内涵与性质》，《中国哲学史》2019 年第 3 期。

[39] 王中江：《"心灵"概念图像的多样性：出土文献中的"心"之诸说》，《哲学研究》2019 年第 12 期。

[40] 陈来：《中国近代以来重公德轻私德的偏向与流弊》，《文史哲》2020 年第 1 期。

[41] 末永高康：《孟子和郭店楚简〈性自命出〉的性论》，《科学·经济·社会》2020 年第 4 期。

[42] 方维规：《概念史与历史时间理论》，《近代史研究》2021 年第 6 期。

［43］陈来：《中国哲学史的学科属性与方法》，《中国哲学史》2021 年第
　　　4 期。

［44］高瑞泉：《词汇：中国观念史研究的进路》，《学术月刊》2021 年第
　　　5 期。

［45］丁四新：《作为中国哲学关键词的"性"概念的生成及其早期论域的
　　　开展》，《中央民族大学学报》（哲学社会科学版）2021 年第 3 期。

后　记

我对儒家群己观念的思考是从 7 年前开始的。这一思考最初是为了帮助自己走出长期不佳的健康状况以及缓解由此带来的心理抑郁。在完成博士论文之后的 8 年间，我频繁地进出各大医院接受种种治疗和手术，这消磨了我的意志，也几乎中断了我的学术研究工作。为了找回生命新的意义，回归乐观的生活态度，我试图回到思想研究之中。尽管极度怀疑自己是否有能力和勇气在时隔 8 年之后迎头追赶学术研究的新浪潮，但我还是迈出了第一步。

2016 年 10 月底，我回到母校复旦大学参加"哲学与现时代"国际学术会议暨哲学学院（系）成立 60 周年庆，这是我中断了 8 年学术研究后参加的第一个研讨会。即将在分会场进行英文报告的我焦虑不安。所幸，因为一块蛋糕，我遇到了温暖善良的 Aud V. Toennessen 教授，在茶歇期间的交流中，我表达了自己的焦虑，她不但用贴心的言语鼓励我，还在做完自己的报告后专门跑到我的分会场，给我加油鼓劲。会后我才知道，她是挪威奥斯陆大学哲学系的系主任且在欧洲的哲学界小有名气，可是她没有任何架子，后来我们又一起分享了作为女性在学术研究中常常遇到的困难和挑战。我要感谢 Toennessen 教授，她不仅让我看到女性学者的力量和魅力，也让我不再惧怕时隔多年的重新回归，"苔花如米小，也学牡丹开"，只要有不断追求自我完成的勇气，也可以绚烂绽放。

真正促使我基于个人与共同体的视野重新认识早期儒家群己观念的，是陈来老师的《仁学本体论》一书。书中，他谈到儒家的形而上学可以以伦理学作为自己的哲学基础，所谓"仁"的伦理从一开始就是走出自我而走向他人的。因为人的价值是在与其家庭、与他人发生关联的关系环境中产生的，所以自我不是孤立的，是在共同体中形成的。从仁的存在论或人的本体论角度看，人的存在本质不是个体的独自生存，而必定是在于人的关系，因此儒家的群的观念，包含了人们共同生活在共同体的理想，个体是共同体中的个体，仁是个体通向共同体的交往方式和规范，人在与他人的交往过程中成为共同生活的整体。不止如此，儒家不仅重视作为个人的他者，更重视作为他者延伸的共同体。上述讨论特别引发了我的兴趣和思考，即从早期儒学中就发端的对于个人与共同体的这种整体性观念是如何在儒家的仁学构建中形成、发展并进而不断整合到整个传统文化中的？到了近代以后我们又何以反思这种整体性的优长与缺失，在传统的"断裂-延续"之中重新获得对个人与共同体的现代性理解，进而影响社会和国家的现代转型？本书的研究正是对上述问题的初步回应。

带着对问题的思考，2019 年 9 月，我前往北京大学哲学系进行访问学者研究。在京期间受到了王中江、干春松、梁涛、白奚、陈鹏等老师深厚学养的熏陶，如沐春风，受益匪浅。特别是跟王中江、干春松老师的互动交流，以及他们精彩纷呈的讲解对我的研究助益极大，不但在研究的方法论上找到了新工具，而且还在研究视野上拓展了学科之间的交叉领域，不仅激发我在访学结束后发表了论文《早期儒家"心"之意义构建的观念史线索》，后被人大复印资料全文转载，还推动我在 2020 年新冠疫情发生期间，将自己对上述问题的思考进一步深化拓展为对近代以来儒家群观念的研究并获得国家社科基金的立项。此外，在北京访学期间还有幸与盛珂、皮迷迷、陈睿超等优秀青年教师交流学习，收获良多。

在一定意义上，对早期儒家群己观念的考察，可以视作近代以来儒家群观念研究的学术史梳理部分。这是一个持续且艰苦的研究工作，要梳理整个儒学史的难度超过了已有的估计，尤其在它与近代儒家群观念的研究叠加在一起进行的时候。于是，由于时间、精力限制，来不及考察汉唐宋明这一时期的儒家群己思想，我放弃了原计划中关于"天人关系与群己观念"部分的讨论，这些未能改进的部分都将成为一种遗憾，当然也有可能是未来研究的起点。

　　我的研究工作能够开展和完成，还要感谢谢青松、钱姝璇等老师，应思源、汤凌峰、胡瑞等同学的无私帮助。无论如何，对于自己尽力整理出来的一些思想线索和一点点浅薄的见识究竟有多大价值，我其实并没有太大信心，我知道还有一些问题并没有完全梳理清楚。或许，只有当近代以来儒家群观念的研究付梓之时，忐忑的心才能真正放下。

　　小雪已过，大雪将至，7 年韶华回归路，病痛仍在，抑郁渐消。

　　是为记。

洪晓丽

2023 年 12 月 5 日于云大晟苑

图书在版编目（CIP）数据

早期儒家群己观念流变考 / 洪晓丽著. -- 北京：
社会科学文献出版社，2024.7
ISBN 978-7-5228-3565-5

Ⅰ. ①早…　Ⅱ. ①洪…　Ⅲ. ①儒家-哲学思想-研究
Ⅳ. ①B222.05

中国国家版本馆 CIP 数据核字（2024）第 080629 号

早期儒家群己观念流变考

著　　者 / 洪晓丽

出 版 人 / 冀祥德
组稿编辑 / 袁清湘
责任编辑 / 郑凤云
责任印制 / 王京美

出　　版 / 社会科学文献出版社·人文分社（010）59367215
　　　　　　地址：北京市北三环中路甲 29 号院华龙大厦　邮编：100029
　　　　　　网址：www.ssap.com.cn
发　　行 / 社会科学文献出版社（010）59367028
印　　装 / 三河市龙林印务有限公司

规　　格 / 开　本：787mm×1092mm　1/16
　　　　　　印　张：18.5　字　数：283 千字
版　　次 / 2024 年 7 月第 1 版　2024 年 7 月第 1 次印刷
书　　号 / ISBN 978-7-5228-3565-5
定　　价 / 98.00 元

读者服务电话：4008918866